अंतरंगता का स्वप्न

भारतीय समाज में प्रेम और सेक्स

अंतरंगता का स्वप्न

भारतीय समाज में प्रेम और सेक्स

सामयिक विमर्श

सुधीर कक्कड़

अनुवाद
अभय कुमार दुबे

वाणी प्रकाशन

भारतीय भाषा कार्यक्रम
विकासशील समाज अध्ययन पीठ

मूल्य : ३०० रुपये

पहला संस्करण :

प्रकाशक : वाणी प्रकाशन
४६९७ / ५, २१ / ए, दरियागंज, नयी दिल्ली-११० ००२

आवरण : वाणी चित्रांकन

मुद्रक : नांगरी प्रिंटर्स, शाहदरा

ANTARANGATA KA SWAPN
BARATIYA SAMAJ MEIN PREM AUR SEX
SUDHIR KAKAR
TRANSLATION: ABHAY KUMAR DUBEY

ISBN : 978-93-5229-108-3

एलिज़ाबेथ और मानफ्रेड,
अनिता और विक्रम के लिए

अनुक्रम

आभार

इस पुस्तक का ज्यादातर हिस्सा उन दो सालों में लिखा गया जब मैं नेहरू फैलोशिप के तहत काम कर रहा था। शुरू में मेरा इरादा लोककथाओं के माध्यम से भारतीय पारिवारिक संबंधों का अध्ययन पेश करने का था। लेकिन, जल्दी ही पुस्तक की विषयवस्तु स्त्री-पुरुष संबंधों पर केंद्रित रह गई। लेकिन, लोककथाओं के साथ-साथ अन्य कथारूपों को भी शामिल करने के कारण पुस्तक का विस्तार होता चला गया। मैं जवाहरलाल नेहरू मेमोरियल फंड का कृतज्ञ हूँ कि उसने इसके लिए वित्तीय सहायता प्रदान की। दिल्ली की झोपड़पट्टियों में रहने वाली स्त्रियों के बड़ी कुशलता और संवेदनशीलता के साथ साक्षात्कार लेने के लिए मुझे डॉ. रेणुका सिंह का शुक्रिया अदा करने में भी बेहद खुशी हो रही है। इस पुस्तक का पाचवाँ अध्याय साक्षात्कारों की इसी सामग्री पर आधारित है।

पुस्तक के कई अंश अलग-अलग मंचों पर संक्षिप्त रूपों में प्रस्तुत किए जा चुके हैं। केलिफोर्निया विश्वविद्यालय, बर्कले के मानवशास्त्र विभाग द्वारा आयोजित जार्ज डि वोस व्याख्यानमाला के तहत दूसरा और तीसरा अध्याय पेश किया जा चुका है। दिल्ली विश्वविद्यालय के समाजशास्त्र विभाग द्वारा आयोजित एक व्याख्यान में भी मैंने दूसरे अध्याय को आधार के रूप में इस्तेमाल किया था। प्रिंसटन विश्वविद्यालय के मानवशास्त्र विभाग और कॉरनेल विश्वविद्यालय के राजनीति शास्त्र विभाग

द्वारा प्रिंसटन के इंस्टीट्यूय ऑव एडवांस स्टडीज़ में आयोजित एक समाज विज्ञान सेमिनार में छठा अध्याय प्रस्तुत किया गया था। मैं अपने दोस्त जान रॉस को भी उनकी टिप्पणियों और सुझावों के लिए धन्यवाद देना चाहता हूँ। पुस्तक का सातवाँ अध्याय शिकागो विश्वविद्यालय और स्विस साइकोएनालैटिक सोसाइटी, जूरिख द्वारा किए गए मानव विकास सम्मेलन में एवं डेल्फी में हुए द्वितीय अंतर्राष्ट्रीय साइकोएनालैटिक सम्मेलन में पेश किया गया था। इसका प्रकाशन 'दि मेटरनल-फेमिनिन इन इंडियन साइकोएनालैसिस' शीर्षक से *इंटरनेशनल रिव्यू ऑल साइकोएनालैसिस,* १६ (३), १९८९ में हो चुका है। इसे दोबारा छापने की अनुमति देने के लिए मैं लंदन के इंस्टीट्यूट ऑव साइकोएनालैसिस का कृतज्ञ हूँ। अंत में मैं पुस्तक की टंकित पांडुलिपि बनाने में सहायता करने के लिए विकासशील समाज अध्ययन पीठ (सीएसडीएस) में कार्यरत जयश्री जयनाथन और आर. शंकर को भी धन्यवाद दूँगा।

— सुधीर कक्कड़

परिचय

यह पुस्तक भारत में नर-नारी संबंधों का मनोवैज्ञानिक अध्ययन है। औरत-मर्द को प्रेमी-प्रेमिका और पति-पत्नी के रूप में देखने वाली यह किताब उन अंतरंग स्थितियों का जायजा लेती है जिनके तहत इनसान बड़े उल्लास के साथ मन और शरीर के द्वार अपने प्रतिलिंगी साथी के सामने खोल देता है; उसी प्रक्रिया में खतरनाक ढंग से उसकी दुर्बलताएँ भी उजागर हो जाती हैं। इस अध्ययन में भारतीय किस्म की सेक्शुअल राजनीति और उसके मनोभावों की विशिष्ट भाषा का संधान किया गया है। जाहिर है कि यह पड़ताल न तो लैंगिक संबंधों के बारे में संस्कृति के आग्रह दरकिनार करके की जा सकती है, न ही यह सांस्कृतिक हिदायतों से होने वाले वे विचलन नजरअंदाज कर सकती है जो ऐसे अंतरंग रिश्तों के व्यावहारिक परिणाम होते हैं। इसके बावजूद इस जाँच-पड़ताल के लिए मैंने जो मुख्य रास्ता चुना है, वह कुछ अलग तरह का है। मैंने जो जमीन चुनी है वह अंतरंग स्थितियों की स्वैर-कल्पनाओं से बनी है। उस जमीन के मानचित्र में उन धुँधली कामनाओं और भयों की रेखाएँ और रंग हैं जो स्त्री-पुरुष एक-दूसरे के लिए महसूस करते हैं, और यौन-मिलन के क्षणों में जिनका साक्षात्कार होता है। मैं न केवल *इरोस* यानी काम की भारतीय कथा में निहित स्वप्न (ओनीरस) की अहमियत पर जोर देना और उसके रहस्य का अनावरण करना चाहता हूँ, बल्कि मेरा मकसद इस कथा की

नायिका यानी भारतीय स्त्री के स्वप्नों पर रोशनी डालना भी है।

यहाँ कथा से मतलब किस्से से है। मेरे अध्ययन के लिए किस्से की अहमियत महज अलंकारिक शब्द योजना तक सीमित नहीं है। बल्कि, किस्से को मैंने अध्ययन के मुख्य माध्यम की तरह चुना है। मैं समझता हूँ कि भारतीय लैंगिक संबंधों के अध्ययन में ही नहीं, बल्कि किसी भी भारतीय सांस्कृतिक परिघटना के अध्ययन में किस्सा एक विशेष भूमिका निभा सकता है। इसलिए, यहाँ किस्से के महत्त्व पर कुछ प्रकाश डालना आवश्यक है।

भारतीय वाचिक परंपरा में किस्से की जादुई ताकत की खास अहमियत है। किस्सागोई की वर्णनात्मक डिजाइन के जरिये अपने केंद्रीय और सामूहिक तात्पर्य व्यक्त करना भारतवासियों की चारित्रिक विशेषता रही है। इस मामले में भारत और पश्चिम में अंतर है। बीसवीं सदी के पश्चिम ने एकीकृत किस्म की कथात्मक संरचनाओं में से दर्शन, इतिहास और अन्य मानवीय सरोकार खींच निकाले, और परस्पर विलग समाजविज्ञानों का विमर्श रचा। पर भारत में मनोवैज्ञानिक, तत्त्वमीमांसक और सामाजिक विचार की शिक्षा देने और एक पीढ़ी से दूसरी पीढ़ी तक उन्हें ले जाने के लिए किस्से के माध्यम को ही प्राथमिकता दी गई।

यही कारण है कि चाहे किसी विषय पर मनन करना हो, जटिल गुत्थियाँ सुलझाना हो या यथार्थ की प्रकृति का पता लगाना हो, भारत में किस्सागोई का बड़े पैमाने पर प्रयोग होता रहा है। उड़ीसा में अपने नृतत्त्वशास्त्रीय अनुभवों का जिक्र करते हुए रिचर्ड श्वेडर ने बताया है कि परंपरा के साथ बँधा हुआ कोई पुरुष या स्त्री अपनी बात किस तरह समझाएगा या कैसे बताएगा कि दुनिया क्या है और कैसी होनी चाहिए। श्वेडर के अनुसार आम तौर पर बात शुरू करने से पहले ही उसके स्वर में एक खास तब्दीली आ जाएगी और उसका पहला वाक्य 'मैं तुम्हें एक किस्सा सुनाता हूँ' ही होगा।[१] दरअसल, भारतीय समाज में यह मान्यता बहुत व्यापक है कि महाकाव्यों और धर्मशास्त्रों में मिलने वाले दृष्टांतों में हमारे पूर्वजों की प्रज्ञा भरी हुई है। वह प्रज्ञा, जिसके जरिये उन्होंने अस्तित्व की उलझनें सुलझाई थीं, और जिसमें उनके सांसारिक अनुभवों का सार निहित है। इन्हीं दृष्टांतों के स्थानीय संस्करण किस्सों के रूप में सुनाये जाते हैं। अधिकतर परंपरानिष्ठ हिंदू किस्सों के जरिये ही यथार्थ की कार्य-कारण

समझ बनाते हैं। मिथक अपने बुनियादी अर्थों में प्राकृतिक और सांस्कृतिक परिघटनाओं की व्याख्या ही तो है। वह मानवीय अनुभव सुव्यवस्थित करता है। इसीलिए, वस्तुतः हर बात के मर्म में मिथक की उपस्थिति रहती है।

पारंपरिक भारतवासी किस्सों की दुनिया में इस हद तक रमे हुए हैं कि आधुनिक व्यक्ति, चाहे भारत का हो या पश्चिम का, उस बारे में सोच भी नहीं सकता। जो कहानियाँ वे सुनते हैं (या नाटकों में जिनका अभिनय या फिल्मों में जिनका चित्रण देखते हैं), और जो कहानियाँ वे खुद सुनाते हैं, उनमें दरअसल उनकी जिंदगी ही तरह-तरह से बार-बार झलकती है। इन कहानियों के चौराहों पर इनसान की जिंदगी लंबी-लंबी अवधियों तक ठहरी रहती है। कहानियाँ उसकी अपनी भी हो सकती हैं, देवताओं और पराक्रमी वीरों की भी। तमिल परिवार पर शोध करते हुए मार्गरेट एगनर ने इन कहानियों की तुलना उन निराकार आत्माओं से की है जो कभी थोड़े या कभी ज्यादा समय तक (बतौर मुहावरे ही नहीं, कभी-कभी तो वास्तव में) लोगों को प्रेतबाधा की तरह जकड़ लेती हैं।[२] भारत में अगर किसी व्यक्ति को समझना है, उसके डरों और कामनाओं यानी उसकी फैंटेसी का अनकहा किस्सा समझना है तो उसकी कहानियों को समझना होगा।

सवाल यह है कि भारतीय लोग सुसंगत और एकीकृत संसार की निर्मिति के लिए कहानी-किस्सों का इस्तेमाल क्यों पसंद करते हैं? आखिर भारतीय चिंतन और संस्कृति में अधिक अमूर्त और अवधारणात्मक सूत्रीकरणों के ऊपर मूर्तवाचक, बिम्बात्मक और प्रतीकात्मक भाषा को प्राथमिकता क्यों दी गई है? इसका एक कारण तो वही है जो आम तौर से सारी दुनिया के लोगों के रवैये में मिलता है। अर्थात लोग प्रायः जटिल मसलों को कहानी के रूप में समझने की कोशिश करते हैं, क्योंकि उन्हीं मसलों को अवधारणाओं के तौर पर ग्रहण करने में उन्हें दिक्कत होती है। इसका मतलब यह नहीं निकाल लेना चाहिए कि 'अवधारणात्मक' किन्हीं अर्थों में 'प्रतीकात्मक' से श्रेष्ठ होता है, या प्रतिमानमूलक विधियाँ कथात्मक विधियों से श्रेष्ठ होती हैं। न ही इसका मतलब यह निकाला जा सकता है कि किसी बात का केंद्रीय अर्थ जान लेने का गहन संतोष अर्थग्रहण करने के सहज आनंद से बेहतर होता है। असल में कहानी की मूर्तवाचक प्रकृति और उसकी रूपकीय विशेषता के जरिये भावनाओं और

कल्पना की गहराइयों तक ज्यादा अच्छी तरह पहुँचा जा सकता है। कहानी अपनी खूबियों के कारण मनुष्य की चेतना के मर्म का पता दे सकती है। इसी आयाम को ओलीवर सैक्स ने 'मनोजगत के रागात्मक और नाटकीय स्वभाव' एवं 'स्मृति और मन की प्रूस्तियन प्रकृति' के रूप में व्यक्त किया है।[3] सैक्स इसके भी आगे जा कर कहते हैं कि अनुभवों और क्रियाओं का मस्तिष्कीय प्रतिनिधित्व शुरू में भले ही गणितीय और क्रमगत होता हो, पर बाद में मस्तिष्क उनका रिकॉर्ड कुछ इसी तरह से दर्ज करता है जैसे कि उसमें कुछ मूर्तियाँ बनती चली गई हों। सैक्स के अनुसार यही चीज 'कला' होती है।

जहाँ तक किस्से-कहानियों के प्रति भारतीय मानस की दिलचस्पी का सवाल है, जाहिर है कि इनसानी दिमाग की बनावट में तो उसका आधार हो ही सकता है, पर कथात्मकता (और नाटकीयता) को हाथों-हाथ लिए जाने का स्रोत उन सांस्कृतिक आस्थाओं में देखा जाना चाहिए, जिनकी प्रकृति अधिक स्थायी है और जिनकी इस समाज में बहुत कदर की जाती है। ये आस्थाएँ कहती हैं कि हमारे संसार, हमारी देह और हमारी भावनाओं की एक हकीकत तो वह है जिसे हम मिल-जुल कर महसूस करते हैं, जिसकी अभिपुष्टि की जा सकती है और जिसकी तथ्यगत शिनाख्त की जा सकती है; लेकिन इससे परे जाने वाली एक ज्यादा बड़ी हकीकत भी है। हिंदू धर्म और बौद्ध धर्म की अधिकांश वैचारिक शाखाएँ एक 'परम' यथार्थ के अस्तित्व में यकीन करती हैं। जिस प्रकार दैनंदिन यथार्थ स्वप्न से जुड़ा रहता है, उसी प्रकार इस परम यथार्थ का संबंध भी स्वप्न से होता है। हिंदू संस्कृति की यह निर्विवाद खूबी उसके गुरुओं, स्वामियों और अन्य रहस्यदर्शियों की शिक्षाओं में समान रूप से पायी जाती है। अवधारणात्मक चिंतन और मस्तिष्क की क्षमताओं से परे रहने वाले इस परम यथार्थ का बोध ही मानवीय जीवन का चरम लक्ष्य माना जाता है। यही उसकी सार्थकता समझी जाती है। चाहे बौद्धिक चिंतन हो, प्राकृतिक-विज्ञान, या भौतिक जगत की प्रकृति जानने की इच्छा रखने वाली कोई भी दिमागी गतिविधि, भारतीय संस्कृति में उसका दर्जा ध्यान की पद्धतियों और यहाँ तक कि कला के मुकाबले भी कमतर माना जाता है। राबर्ट गोल्डमेन के अनुसार सौंदर्यपरक और रहस्यवादी अनुभव में बहुत नजदीकी ताल्लुक है। इतना नजदीकी कि उसके कारण संगीत और कविता की सौंदर्यपरक शक्ति,

खूबसूरती से कही गई कोई कहानी या एक सुमंचित नाटक का प्रभाव जीवन से कम नहीं, बल्कि अधिक यथार्थपरक हो जाता है।[५] चूँकि उस परम यथार्थ का अनुभव बोध के जरिये ही किया जा सकता है, इसलिए साधारण जीवन के लिए उसके रंग, स्वाद और परिणामों का महत्त्व कहानी के माध्यम से व्यक्त करना आसान रहता है। इसीलिए संस्कृति के क्षेत्र में अदीक्षित जन-जाँगर तक परम यथार्थ का यह बोध मिथकों, पुराकथाओं, लोकगाथाओं और किस्सों के जरिये पहुँचता है। इस प्रकार कथात्मक रूपों की प्रतिष्ठा और बढ़ जाती है। यही कारण है कि कहानी बीच में भंग करने का पाप कहीं-कहीं ब्रह्महत्या के समान भी माना गया है।[६]

कुछ समय से पश्चिमी चिंतन पर तार्किक प्रत्यक्षवाद का असर घटने लगा है। व्यक्ति व समाज से संबंधित विज्ञानों ने सार्वभौम और अनैतिहासिक होने की दावेदारियाँ छोड़ी हैं। इसी के साथ समाज वैज्ञानिकों की नयी पीढ़ी के विचार पारंपरिक भारतीय चिंतन के नजदीक आए हैं। मसलन, कई मनोविदों की मान्यता है कि कथात्मक चिंतन या 'कथाकरण' न केवल समझ, विचार, चिंतन और क्रिया के संगठन की बेहतर विधि है, बल्कि दैनंदिन अंतर्वैयक्तिक अनुभव के (स्वाभाविक रूप से उसके अपने) दायरे में यह सर्वाधिक प्रभावी साबित होता है।[७] अन्य चिंतक भी यकीन के साथ मानते हैं कि किसी समाज को ठीक से समझने के लिए उसकी कथाओं के भंडार से अधिक उपयोगी कुछ नहीं होता।[८] जहाँ तक मनोविश्लेषक का सवाल है, उसे तो कहानी की विधि अधिक उपयोगी लगती ही है, क्योंकि वह अपने मरीज को उसकी इयत्ता का विस्तृत कथानक रचने के लिए प्रोत्साहित करता है। एक ऐसा कथानक जिसमें उसकी इयत्ता के पहले से दमित और परित्यक्त पहलू भी आ जाएँ, ताकि मनोविश्लेषक मरीज के लक्षणों और व्यवहार की बेहतर समझ हासिल कर सके। यही कारण है कि ज्यादातर मनोविश्लेषकों को इस भारतीय आग्रह से कोई दिक्कत नहीं होती कि कहानी मनोवैज्ञानिक सत्य का आगार है। रिकूर, हेबरमास, स्टील और उन जैसे कुछ विद्वानों ने तो यह मान लिया है कि मनोविश्लेषण किसी विशिष्ट जीवन की कहानी तरह-तरह से बयान करने के अलावा कुछ नहीं है।[९] यह विचार मनोविज्ञान के क्षेत्र में आदर से देखा जाता है। यही कारण है कि मनोविश्लेषण में व्याख्या परिकल्पनात्मक और निगमनात्मक न हो कर कथात्मक होती है। उसका

'सत्य' सुसंगत, नैरंतर्ययुक्त और कथात्मक बोधगम्यता के मिले-जुले दायरे में उपलब्ध होता है। विश्लेषक और विश्लेषित और चाहे जो भी करें, एक इनसान के जीवन की कहानी रचने में दोनों का साझा तो होता ही है।

लैंगिक संबंधों की जो कहानी मैं यहाँ सुनाने का प्रयास करने जा रहा हूँ वह भारतीय कल्पनाशीलता के साथ गुँथे हुए कई तत्त्वों से मिल कर बनी है। ऐसे कई किस्से हैं जो लोकगाथाओं के रूप में सामने आते हैं। ऐसे मिथक हैं जिनकी कहानियाँ या तो परिवार के बुजुर्गों और धार्मिक कथावाचकों के मुँह से सुनी जाती हैं, या फिर उन्हें अभिनेताओं और नर्तकों द्वारा अभिनीत किया जाता है। जीवन के इन पहलुओं के बारे में पहले आम तौर पर सांस्कृतिक नृत्तत्त्वशास्त्र के अध्येता ही दिलचस्पी लेते थे। आजकल लोकप्रिय फिल्मों, उपन्यासों और रंगमंच की दुनिया ने समकालीन समस्याओं के साथ-साथ इनमें भी दिलचस्पी लेनी शुरू कर दी है। हालाँकि मिथकों और लोकगाथाओं का सृजन सामूहिक फैंटेसी की तरह होता है, एवं फिल्मों और साहित्य के उत्पादन के पीछे व्यक्तिगत रचनाशीलता होती है; पर मुझे हमेशा लगता रहा है कि भारत जैसे समाज में इन दोनों के बीच फर्क करना मुश्किल है। इसका सबसे बड़ा कारण यह है कि भारतीय समाज में व्यक्तिवाद की आहटें तो हैं, पर बहुत मद्धिम। इस समाज में व्यक्तिवाद की अभिव्यक्ति भिन्न है। हर मिथक और लोकगाथा के वृत्तांत सामूहिक होते हैं, लेकिन उस पर सुनाने वाले की व्यक्तिगत छाप होती है। कथा कहने वाला उसके ब्योरों में कुछ जोड़-घटा कर या किसी खास लहजे का समावेश करके उसे एक निजी किस्म का मोड़ दे देता है। इस प्रकार सामूहिक स्वर के बीच भी उसकी व्यक्तिगत आवाज अलग से सुनाई पड़ती रहती है। दूसरी तरफ, अधिकतर भारतीय उपन्यास साहित्यिक परंपरा के लिहाज से डिकेंस, बालजाक और स्टेंढाल जैसे उन्नीसवीं सदी के रचनाकारों के ज्यादा नजदीक हैं। उनके पात्रों के अनुभवजगत में बृहत्तर सामाजिक और नैतिक सरोकारों की प्रमुखता है। यह बात भी भारत की विभिन्न क्षेत्रीय भाषाओं के साहित्य में चित्रित काल्पनिक चरित्रों के जरिये समझी जा सकती है। इन चरित्रों के संघर्ष में, उनकी स्वैरकल्पनाओं में, उनकी असामान्य नियति, उम्मीदों और डरों की अभिव्यक्ति में उनके समाजों के लघु रूपों की नुमाइंदगी नजर आती है। मिसाल के तौर पर स्वातंत्र्योत्तर अवधि का एक सर्वाधिक विख्यात उपन्यास

मैला आँचल लिया जा सकता है, जिसकी रचना फणीश्वरनाथ रेणु ने की थी। यह बात भी आगे जा कर किसी व्यक्तिगत चरित्र के जरिये नहीं, बल्कि एक पूरे गाँव के जरिये समाज का प्रतिनिधित्व करती है। ऐसा प्रतीत होता है कि उपन्यास, फिल्में, लोककथाएँ और मिथक समय की निरंतरता के जिस धरातल पर आवाजाही कर रहे हैं, उसके एक सिरे पर व्यक्तिगत नियति का खेल है, और दूसरे सिरे पर सामूहिक आकांक्षाओं की अभिव्यक्ति है। प्रत्येक कथात्मक रूप के व्यक्तिगत चरित्र कमोबेश एक बहुत बड़े संसार का प्रतीकात्मक रहस्योद्घाटन करते नजर आते हैं।

इन कला-रूपों के साथ-साथ मैंने अपने अध्ययन में आत्मकथाओं और मानसिक इलाज के दौरान सामने आए मरीजों के क्लिनिकल इतिहास का भी इस्तेमाल किया है। ये भी कहानियाँ ही हैं और इनमें भी व्यक्ति के जीवन की पुनर्रचना दिखती है। तथ्य और कल्पना के मिश्रण से जीवन के ऐतिहासिक सत्य तक पहुँचने की कोशिश की गई है। इनके जरिये बड़े कौशल से ऐसी खिड़कियाँ खोली गयी हैं जिनमें से अंतरंग संबंधों की दुनिया में झाँका जा सकता है।

मैंने जो कथानक तैयार किया है वह मनोवैश्लेषिक परिप्रेक्ष्य की देन है। इस परिप्रेक्ष्य में एक खास तरह की कल्पनाशीलता और व्याख्यात्मक मॉडल की जरूरत पड़ती है। किसी कविता के भाषाई अनुक्रम को साहित्यिक संरचनाओं और तात्पर्यों की तरह पढ़ने में दक्ष साहित्यालोचक की तरह इस परिप्रेक्ष्य में भी एक मनोवैश्लेषिक पाठ चलता है, जिसके तहत मरीज के कथनों, किस्सों या मिथकों का तात्पर्य निकलने की कोशिश की जाती है। हालाँकि, हम आगे चल कर देखेंगे कि इस परिप्रेक्ष्य में प्रत्येक कथानक एक ही तरीके से नहीं पढ़ा जाता। डोनाल्ड स्पेंस ने जिसे 'मनोवैश्लेषिक सामर्थ्य' की संज्ञा दी है, वह कौशल निगमनात्मक विश्लेषण, क्लिनिकल प्रशिक्षण और अनुभव के जरिये प्राप्त होता है। यह मनोविश्लेषण कुछ परिपाटियों के बिना पर चलता है जो पूरी सामग्री और तात्पर्य की महत्त्वपूर्ण इकाइयों के बारे में विश्लेषक की समझ पर असर डालती हैं।[१०] इनमें से कुछ परिपाटियाँ इस प्रकार हैं : पहली, मनोविश्लेषण में एक *विषयगत एकता* होनी चाहिए अर्थात अलग-अलग ब्योरे एक तरह की समानता के रज्जु से जुड़े होने चाहिए। चाहे यह समानता रोगोपचार सत्र की हो या पाठ संबंधी। दूसरी परिपाटी *विषयगत नैरंतर्य* की होती है। इसके

अनुसार अगर मरीज अचानक विषय बदल कर रोगोपचार सत्र के दौरान एक से अधिक सपनों का विवरण देने लगे तो भी विश्लेषक उसके वृत्तांत की प्रकट विच्छिन्नताओं के माध्यम से मूल विषयवस्तु ही सुनने का प्रयास करता रहता है। अर्थात मरीज के वृत्तांत के अटक जाने या किसी भँवर में फँस जाने के बावजूद विश्लेषक उसमें बार-बार अपनी विषयवस्तु ही तलाशता रहेगा। तीसरी परिपाटी *विषयवस्तु संबंधी महत्त्व* की है। इसके मुताबिक विश्लेषक महत्त्वपूर्ण समस्याओं को लगातार चर्चा के केंद्र में रखता है, भले ही उसके ब्योरे कितने भी गैर-महत्त्वपूर्ण क्यों न हों। यह परिपाटी आग्रह करती है कि विश्लेषक हर बात पर ध्यान देगा, पर साथ में अपने अवलोकन के परिणामस्वरूप उभरे प्रकट निहितार्थों पर अविश्वास भी करता रहेगा। (एक अन्य परिपाटी भी है जिसके तहत विश्लेषक मरीज की बातें दो स्तरों पर सुनता है। प्रकट संदर्भ के बारे में वक्तव्य की तरह, और विश्लेषक के साथ मरीज के संबंध पर टिप्पणी की तरह। यह परिपाटी *अंतरण* की तरह होती है और इसका इस्तेमाल केवल रोगोपचार सत्र के दौरान ज्यादा और पाठीय विश्लेषण के दौरान कम किया जाता है।)

विश्लेषणात्मक कौशल या पाठ खोलने की पद्धति व्याखा की प्रक्रिया के साथ-साथ चलती है। इससे पाठ का पुनर्गठन होता जाता है। हालाँकि मनोविश्लेषकों के बीच पाठ खोलने की विधियों के बारे में, मनोवैश्लेषिक सामर्थ्य की परिभाषा के बारे में और विश्लेषक द्वारा 'पठन' की विधि के बारे में एक सुपरिभाषित सहमति बन चुकी है। पर वैसा मतैक्य इस बात पर नहीं रह गया है कि यह पुनर्गठन मनोवैश्लेषण के किस सिद्धांत के तहत होना चाहिए। यह तो नहीं कहा जा सकता कि मनोविश्लेषण में कई मत-मतांतर हो चुके हैं, लेकिन यह जरूर है कि अब उसमें सहज-वृत्तियों को ही मानस का चालक मानने के क्लासिकल सिद्धांत के अलावा कई अन्य सिद्धांतों को भी गुंजाइश मिलने लगी है। दरअसल, मनोविश्लेषकों की दुनिया कुछ-कुछ हिंदू परंपरा के विद्वानों जैसी है, जहाँ वैचारिक नवाचार की गुंजाइश केवल व्याख्या के आवरण में ही मिलती है। चूँकि मनोविज्ञान की दुनिया में आज तक फ्रायड का ही बोलबाला है, इसलिए इन तमाम सिद्धांतों को बार-बार यह जताना पड़ता है कि इस अनुशासन के मूल संस्थापक के इरादों और सरोकारों के प्रति वे कितने निष्ठावान हैं। सच्चाई

यह है कि इनमें से कई सिद्धांतों ने चालक सिद्धांत की लीक पर चलने से इनकार कर दिया है, और उनका यह विचलन काफी–कुछ निर्णायक किस्म का है। यही कारण है कि कई लोग इन नये सिद्धांतों को 'फ्रायडियन सिद्धांतशास्त्र' के दायरे से बाहर का मानते हैं।

कुल मिलाकर कहा जा सकता है कि इन नये सिद्धांतों की निगाह में मनोविश्लेषण अधिकांशत: एक भाष्यात्मक उद्यम जैसा है। एक ऐसा भाष्यात्मक उद्यम जो कारणों के बजाय तर्कों में ज्यादा दिलचस्पी रखता है, जो भविष्य बताने के बजाय व्याख्या करना पसंद करता है, जो भौतिकी या रसायनशास्त्र के रूपकों का इस्तेमाल करने वाले प्राकृतिक विज्ञानों की यंत्रात्मकता के बजाय तात्पर्यों और विन्यासों के विश्वदृष्टिकोण में व्यक्त होता है। इन नये सिद्धांतों को विकसित करने का श्रेय मिलेनी क्लाइन, डोनाल्ड विनीकॉट, मार्गरेट माहलर, हाइंस काहुट, एरिक एरिकसन और ओट्टो कर्नबर्ग जैसे मनोविदों को जाता है। इन्हें 'संबंधात्मक' सिद्धांत की संज्ञा दी जा सकती है। इनका जोर मानस के सहज–वृत्तिमूलक चालन की व्युत्पत्तियों पर न हो कर उन सबंधों के मानसिक निरूपण पर होता है जो व्यक्ति दूसरों के साथ स्थापित करता है। संबंधात्मक सिद्धांत मान कर चलता है कि संबंधों के इसी मानसिक निरूपण के आधार पर इनसान की दिमागी जिंदगी की बुनियादी भित्ति खड़ी होती है।[११] फर्क यह पड़ता है कि इस सिद्धांत के तहत रोगोपचार सत्र में रोगी से पूछा जाने वाला बुनियादी सवाल कुछ बदल जाता है। बजाय इसके कि यह पूछा जाए 'मरीज की वे कौन सी बचकानी इच्छाएँ हैं जिनकी यह सामग्री पूर्ति कर सकती है?', सवाल यह पूछा जाता है कि 'विश्लेषक से बात करते समय मरीज कौन है, वह विश्लेषक को क्या समझ रहा है और ऐसा कब से और क्यों है?'[१२]

जहाँ तक मेरा सवाल है, मैंने अपने व्याख्यात्मक काम के लिए सिद्धांत चुनते समय अंतत: अपनी निजी पसंद को ही प्राथमिकता दी। मेरे लिए ज्यादा महत्त्वपूर्ण यह था कि कोई सिद्धांत मेरी अपनी इयत्ता के अनुभवों और दूसरों से संबंधित मेरे अनुभवों के साथ कितनी अच्छी तरह संवाद कायम करता है। कुल मिलाकर मैं मानता हूँ कि सिद्धांत के चुनाव में उसका 'वैज्ञानिक' होना उतना निर्णायक नहीं होता, जितनी उसकी 'सौंदर्यपरकता'। प्रत्येक सिद्धांत के पटल पर उसकी मूल–छवियाँ तैरती

रहती हैं। उसे चुनने या न चुनने के पीछे उन छवियों के प्रति मेरे सापेक्षिक आकर्षण की भूमिका है। मसलन, फ्रॉयडीय सिद्धांतों के पटल पर उद्धत भावावेगों के भँवर घूमते रहते हैं और अपराध-बोध से बोझिल एक तीखी टीस किसी न किसी तलाश में व्यस्त रहती है। लेकिन, एक दूसरे और उत्तर-फ्रॉयडियन पटल पर अन्य में विलीन होने की चाह अपनी सर्वभक्षी भूख के साथ मौजूद रहती है, पर अन्य की अनुपस्थिति से वहाँ काली निराशा का खालीपन अंकित हो जाता है। मैं तो अपने मरीज को उसकी आत्मा में झाँकने की तरफ ले जाता हूँ, वह मेरी फीस अदा करता है और नतीजे के तौर पर अपनी जिंदगी की कहानी साथ ले जाता है। मैंने अपने व्याख्यात्मक काम के लिए संदर्भ की जरूरतों के मुताबिक दोनों तरह के सिद्धांतों का उपयोग किया है।

जहाँ तक साहित्यिक पाठ की व्याख्या का प्रश्न है, उसके लिए मनोवैश्लेषिक सामर्थ्य और सैद्धांतिक चयन के अलावा एक मॉडल की जरूरत भी पड़ती है। एक ऐसा मॉडल जिसके तहत साहित्यिक और वैश्लेषिक उद्यमों के बीच कोई न.कोई समीकरण बनाया जा सके। दरअसल, साहित्यिक पाठ की व्याख्या मनोविश्लेषण से उपजने वाले कथानक की तरह नहीं की जा सकती। इस तरह के कथात्मक रूपों की मनोवैश्लेषिक व्याख्या एक ऐसे मॉडल की माँग करती है जो साहित्यिक और सांस्कृतिक वृत्तांत मनोविश्लेषक वृत्तांतों की तरह देखने में मदद कर सके।

कम से कम साहित्यिक पाठों के बारे में मुश्किल है कि उनकी व्याख्या करने के लिए एक नहीं कई मॉडल उपलब्ध हैं। मॉडल का चुनाव इस बात पर निर्भर करता है कि मनोविश्लेषण के प्रति हमारा रवैया क्या है, हमारी निजी सौंदर्यमूलक प्राथमिकताओं में *बैरोक* सरीखी अतिअलंकृत सौंदर्यमूलकता फिट होती है या *क्लासिकल*। इसी से तय हो जाता है कि मनोविश्लेषण का सिद्धांतीकरण कितना सफल या समृद्ध है। इसी से फैसला होता है कि मॉडल चुनने के मामले में वह दरिद्र या नाकाम साबित होगा या नहीं। परंपरागत रूप से साहित्य का मनोविश्लेषण तीन में से कोई एक मॉडल अपनाता रहा है। इनमें पहला मॉडल काल्पनिक पात्रों के अचेत इरादों की व्याख्या पर आधारित है। दूसरा मॉडल, साहित्यिक पाठ के मानसिक उद्गम में झाँकने की कोशिश है यानी उसमें रचनाकार के

जीवन-इतिहास का मनोविश्लेषक अध्ययन किया जाता है। तीसरा मॉडल साहित्यिक कृति के प्रति पाठकीय अनुक्रिया की मनोगतिशीलता की जाँच है। काल्पनिक चरित्र, रचनाकार और पाठक की इस परंपरागत तिकड़ी में लकाँ ने चौथे कोण के रूप में साहित्यिक पाठ भी जोड़ दिया है। लकाँ के विचारों से प्रभावित साहित्यिक आलोचना में कथानक को कामनाओं की गति के रूप में देखा जाता है। कामनाओं के इस प्रवाह में उनका उद्दीपन, अपेक्षाएँ, आश्चर्य, पराजय, विलंब, निराशाएँ, रूपांतरण और इच्छापूर्तियाँ शामिल हैं।[१३] हाल ही में मेरडिथ एने स्कुरा का अध्ययन इस सिलसिले में मान्य हुआ है। उनका सुझाव है कि साहित्यिक व्याख्या के वैश्लेषिक मॉडलों को पाँच श्रेणियों में बाँटना चाहिए : साहित्य को केस हिस्ट्री, फैंटेसी, स्वप्न, अंतरण और मनोवैश्लेषिक प्रक्रिया के रूप में देखना।[१४]

उपन्यास एक मुकम्मिल साहित्यिक पाठ है। इसके विश्लेषण के लिए मैंने उसे केस हिस्ट्री के बजाय परिवार के इतिहास की तरह देखा है। घटना प्रवाह और अनुभूतियों के उतार-चढ़ाव में से मैंने उपन्यास के पात्रों के उन रहस्यों को निकालने की कोशिश की है जिनके बारे में मनोविश्लेषक आमतौर पर यह मान कर चलते हैं कि रचनाकार को खुद इन रहस्यों का पूरा भान नहीं होता। फ्रॉयड ने बहुत पहले ही यह बात मान ली थी कि मनोवैश्लेषिक अध्ययन के लिए स्त्री-पुरुष संबंधों की पड़ताल खास तौर से लाभदायक साबित होती है। इन संबंधों में अन्य के प्रति लगाव या अरुचि की विभिन्न डिग्रियाँ मिलती हैं जिनके आधार पर चेतना के अपूर्ण या भ्रांत स्तरों का पता लगया जा सकता है। अगर यह प्रयास काल्पनिक चरित्रों को वास्तविक पुरुष या स्त्री मान कर किया जाए तो हमें इससे कोई असुविधा नहीं होनी चाहिए। इस संबंध में जॉयस कैरोल ओट्स का एक अवलोकन द्रष्टव्य है :

> एक गंभीर रचनाकार केवल 'वास्तविक' अनुभवों और 'वास्तविक' मनोभावों को ही अपना विषय बनाता है। यह अलग बात है कि ये मनोभाव और अनुभव प्राय: काल्पनिक नामों वाले पात्रों में चित्रित किये जाते हैं। मैं तो यह मान ही नहीं सकता कि कोई ऐसे अनुभवों के बारे में भी लिख सकता है या लिखना चाहेगा जिनसे मिलती-जुलती भावनात्मक अनुभूतियाँ उसे निजी तौर पर न हुई हों। लेखन तो स्वप्न देखने का कहीं अधिक सचेत रूप है, और कोई ऐसे सपने

नहीं देखता जिनमें उसे कोई दिलचस्पी न हो, भले ही उन सपनों को कोई दूसरा कितना भी बेतुका या क्षुद्र मानता रहे।[१५]

इस पुस्तक के अध्यायों में दर्ज कथानकों को मैंने विश्लेषक के 'तीसरे कान' से सुना है। लैंगिक संबंधों का सुराग देने वाले ये कथानक इन संबंधों के प्रति अपनी आस्थाओं और रुझानों में अपनी उद्‌गम संस्कृतियों के समान ही विविधतासंपन्न हैं। भारतीय प्रेम संबंधों की यह कहानी उत्तर भारत के कहानी साहित्य, लोककथाओं, पिछले बीस साल की हिट फिल्मों, अपने जीवन और प्रेम संबंधों के बारे में बताने वाली दिल्ली की झुग्गीवासी अधेड़ महिलाओं, गाँधी के आत्मकथात्मक लेखन, भारतीय मनोविश्लेषकों के क्लीनिकों में सुनाई गई केस हिस्ट्री के वृत्तांतों से मिल-जुल कर बनी है। यह एक पेचीदा कहानी है जिसकी प्रस्तुति उस सांस्कृतिक-मनोवैज्ञानिक अंतराल में स्थित है जो मनुष्य के भीतरी संसार के दो पहलुओं के बीच पाया जाता है। इस अंतराल के एक तरफ हर इनसान के मन में पनपने वाली सार्वभौम कामनाएँ हैं, और दूसरी तरफ वे विशेष सीमाएँ हैं जो समाज उस पर आरोपित करता है। पाठकों को कभी तो लगेगा कि अरे, वे तो इस कहानी के पात्रों और कथायोजना के उतार-चढ़ाव से वाकिफ हैं, पर कभी उन्हें यह कहानी एकदम अजनबी लगेगी। पर, जैसा कि होता है, शायद हर मानवीय संस्कृति दूसरों के लिए एक जादुई आईने के समान होती है। कभी-कभी तो इसमें एक साधारण घरेलू आईने की तरह हमारे अपने परिचित चेहरों के नाक-नक्श, उनकी समतल पहचानों और ब्योरों का अक्स ही दिखता है। पर कभी-कभी ऐसा भी होता है कि यह आईना जादू की तरह उन दुर्बोध और भयावह आकृतियों के साथ-साथ हमारी इयत्ताओं के उन परित्यक्त पक्षों की प्रभावी सूचनाएँ भी देने लगता है जिनके बारे में हम मान चुके होते हैं कि उनका अस्तित्व खत्म हो चुका है। मेरा यह आईना भारत में ही बना है और इसी आईने में देखते हुए मैं आपको एक कहानी सुनाना चाहता हूँ।

संदर्भ और टिप्पणियाँ

१. रिचर्ज श्वेडर और एन. मच, 'डिटरमिनेशन ऑव मीनिंग्स : डिस्कोर्स एंड मॉरल सोशलाइजेशन' कमेटी ऑन ह्यूमन डिवेलपमेंट, यूनिवर्सिटी ऑव शिकागो, १९८५, अप्रकाशित।

२. मारगरेट टी. एगनर, 'दि आइडियॉलॉजी ऑव लव इन ए तमिल फेमिली', होबार्ट एंड स्मिथ कॉलेज, १९८६, अप्रकाशित।

३. ओलिवर सैक्स, *दि मेन हू मिसटुक हिज वाइफ फॉर ए हैट,* हार्पर एंड रो, न्यूयार्क, १९८७, पृष्ठ १४७

४. उपरोक्त।

५. रॉबर्ट गोल्डमेन, 'दि सर्पेंड एंड रोप ऑन स्टेज : पापुलर, लिटरेरी, एंड फिलोसोफिकल रिप्रजेंटेशन ऑव रियल्टी इन ट्रेडीशनल इंडिया', *जरनल ऑव इंडियन फिलासफी,* १४ (१९८६) : पृष्ठ १४९–६६

६. दे*वी भागवत* में दीमकों ने ब्रह्मा से कहा था : निद्राभंग कथाछेड़ो / दाम्पत्यो प्रितिभेदनाम / शिशुमातृविभेदशका ब्रह्महत्यासमाम स्म्रतम (किसी की नींद तोड़ना, किसी कहानी के बीच में टोकना, पति को पत्नी से या माता से बच्चे को अलग करना ब्रह्महत्या के समान है), वेट्टम मणि की रचना *पुरानिक इनसाइक्लोपीडिया,* मोतीलाल बनारसीदास, दिल्ली, १९८५ में पृष्ठ १८३ पर उद्धृत।

७. जॉन ए. रॉबिंसन और लिंडा हौप, 'नेरेटिव थिंकिंग इन ह्यूरिस्टिक प्रोसेस', *नेरेटिव साइकॉलॉजी : दि स्टोरीड नेचर ऑव ह्यूमन कंडक्ट,* सं. टी सारबीन, प्रेइगर, न्यूयार्क, पृष्ठ १२३

८. ए. मेकिंटाइर, *आफ्टर वर्चू,* यूनिवर्सिटी ऑव नॉत्रे दम प्रेस, नॉत्रे दम, इंडियाना, १९८१, पृष्ठ २०१

९. देखें : रॉबर्ट एस. वालरस्टाइन, 'साइकोएनालैसिस एज ए साइंस : ए रिस्पांस टु न्यू चेलैंजिस', *साइकोएनालैटिक क्वार्टरली,* ५५ (१९८६), पृष्ठ ४१४–५१; एम. शेरवुड, *दि लॉजिक ऑव एक्सप्लेशन इन साइकोएनालैसिस,* एकेडेमिक प्रेस, न्यूयार्क, १९६८

१०. डोनाल्ड स्पेंस, 'साइकोएनालैटिक कॉम्पीटेंस', *इंटरनेशनल जरनल ऑव साइकोएनालैसिस,* ६२, अंक १, १९८१, पृष्ठ ११३–२४

११. वस्तु-संबंध दृष्टिकोण के असाधारण सार-संकलन के लिए देखें : जे.आर. वाइनबर्ग और एस. मिचेल, *ऑब्जेक्ट रिलेशंस इन साइकोएनालैटिक थियरी,* हार्वर्ड यूनिवर्सिटी प्रेस, केम्ब्रिज, १९८२

१२. मेरेडिथ एन. स्कुरा, *दि लिटरेरी यूज ऑव साइकोएनालैटिक प्रोसेस,* येल यूनिवर्सिटी प्रेस, न्यू हैविन, १९८१, पृष्ठ १७८

१३. लकाँ के प्रभाव में विकसित किए गए एक नए दिलचस्प नजरिये के लिए देखें : पीटर ब्रुक्स, *रीडिंग ऑव दि प्लॉट,* नोफ, न्यूयार्क, १९८४

१४. मेरेडिथ एन. स्कुरा, *दि लिटरेरी यूज ऑव साइकोएनालैटिक प्रोसेस,* येल यूनिवर्सिटी प्रेस, न्यू हैविन, १९८१

१५. डेल बोयेस्की, 'करस्पोंडेंस विद मिस जॉयस कैरोल ओट्स', *इंटरनेशनल रिव्यू ऑव साइकोएनालैसिस,* २, १९७५, पृष्ठ ४८२

१

एक पत्नी–दो रूप : माँ और कुलटा

उर्दू के लेखक राजेंद्र सिंह बेदी का उपन्यास है *एक चादर मैली सी*। इस पर एक फिल्म भी बन चुकी है। उपन्यास में पंजाब की उत्तरी सीमा के पास कहीं बसे एक गाँव में रहने वाले गरीब सिख परिवार की कहानी है।[१] इसकी नायिका रानो तीस–पैंतीस के बीच की एक जवान और दिलदार औरत है। पास की पहाड़ियों में ही वैष्णो देवी का मंदिर है। रानो का पति तिलोका गाँव से गुजरने वाले मंदिर के दर्शनार्थियों को अपने ताँगे में ढो कर मामूली कमाई कर लेता है। दोनों की एक बेटी है जो रजस्वला होने ही वाली है। दो छोटे–छोटे बेटे हैं। इसके अलावा घर में तिलोका के बूढ़े माँ–बाप और बीस साल का जवान भाई मंगल है।

स्वभाव से जंगली किस्म का होने के साथ–साथ तिलोका दारूबाज भी है। रानो उसकी मामूली कमाई शराबखोरी में फुँकने से बचाने के लिए लगातार जद्दोजहद करती रहती है। मनमर्जी से जहाँ कहीं चाहे पीने से रोके जाने पर तिलोका को एतराज है। रानो की इन् कोशिशों को वह अपनी मर्दानगी के अपमान और बतौर मर्द अपने प्रभुत्व के लिए चुनौती के रूप में लेता है। नतीजे के तौर पर मियाँ–बीवी की कलह अक्सर मार–पीट की हद तक पहुँच जाती है। रानो की तरफ से अपने नाखूनों और दाँतों से हमले

का तुर्की-ब-तुर्की जवाब देने की कोशिश रहती है। लेकिन, तिलोका की ताकत के कारण हर लड़ाई का अंत रानो की कुटाई-पिटाई में ही होता है।

एक दिन तिलोका दर्शन करने जा रही एक कमसिन जात्रन को अगवा करके एक अड्डेनुमा धर्मशाला पर ले जाता है, जहाँ उसके कुछ बदचलन दोस्त लड़की के साथ बलात्कार करते हैं। लड़की के भाई पर दीवानगी का दौरा पड़ता है जिसके अधीन हो कर वह तिलोका से भीषण बदला लेता है। वह उसकी गर्दन में दाँत गड़ा कर उसके खून से अपनी प्यास बुझाता है। तिलोका की हत्या के बाद घर की जिम्मेदारी मंगल पर आती है। गाँव की पंचायत फैसला करती है कि मंगल तिलोका का ताँगा तो चला ही रहा है, बिरादरी के लिए यही ठीक होगा कि वह रानो पर चादर डाल कर उसे अपनी पत्नी बना ले। रानो शुरू में इस फैसले को स्वीकार नहीं कर पाती। आखिर, उसने मंगल को अपना दूध पिलाया है। जब उसने बेटी जनी थी तो मंगल छोटा सा बच्चा था। बेटी को स्तनपान कराते समय मंगल भी दूध पीने की जिद करने लगा था। बहरहाल, रानो को इस नैतिक उलझन से निकलने में ज्यादा देर नहीं लगती। हालाँकि उसकी निगाह में उसका यह परिवर्तन पंचायत के सामूहिक फैसले के सामने झुकने की तरह है, पर उसके अंतरमन में कहीं एक ऐसे शख्स की बीवी बनने की संभावना का स्वागत भी है जिसने उसे कई बार शराबी पति के हमलों से बचाया है, और जिसके प्रति उसके दिल में खासी नरमी है।

लेकिन, रानो को माँ की तरह देखने वाला मंगल कौटुम्बिक व्यभिचार के रंग में रँगी इस शादी को पचाने के लिए तैयार नहीं है। शादी की रस्मों का दिन नजदीक आते ही वह बौखला कर भागता है और खेतों में छिप जाता है। जंगली जानवर की तरह घेरे जाने के बाद बिरादरी वालों के हाथों उसकी जम कर पिटाई होती है। अर्धबेहोशी की हालत में उसे घर तक घसीट कर लाया जाता है और जबरन रानो पर चादर डलवाई जाती है।

मन उचट जाने के कारण मंगल वैवाहिक जीवन में कोई दिलचस्पी नहीं लेता। रानो इस बात से परेशान रहती है, ऊपर से उसकी सहेलियाँ छींटाकशी करती हैं। पर, मंगल वैवाहिक सहवास करके रानो के साथ मियाँ-बीवी वाले संबंध बनाने के लिए तैयार नहीं होता। एक दिन अपने मृत भाई के सामान में उसे एक दारू की बोतल मिल जाती है। उसके बोतल खोलते ही रानो विरोध करती है। तिलोका से होने वाले झगड़े का

नजारा फिर से बन जाता है। एक साथ डर और तीव्र उल्लास से तरंगित रानो को लगता है कि उसके रोकने पर मार-पीट की नौबत आयेगी। मंगल पति की तरह उसे पीटेगा, वह पत्नी की तरह पलट कर लड़ेगी और आखिर में दोनों के बीच दाम्पत्यिक संबंध बन जाएँगे। उस समय तक वे दोनों केवल बिरादरी की निगाह में ही पति-पत्नी थे। झगड़े में हुई मार-पीट के दौरान शराब के नशे में मंगल उसका सिर दीवार से दे मारता है। बाद में होता यह है कि अफसोस और पछतावे में डूबा हुआ मंगल बिस्तर में उसकी मार से कराह रही रानो के सिर से बहता हुआ खून रोकने की कोशिश करता है जिससे रानो को गहरी तसल्ली होती है। पहली बार ऐसा होता है कि मंगल उसकी देह से बचने की कोशिश नहीं करता। पति के रूप में रानो की पिटी हुई देह को वह छू चुका होता है। उसी रात दोनों पहली बार सहवास करके पति-पत्नी की तरह रहना शुरू कर देते हैं।

अब रानो की सबसे बड़ी चिंता का केंद्र उसकी बेटी की शादी है। बेतहाशा गरीबी के कारण दामाद तलाशना तकरीबन नामुमकिन है। तभी एक दिन गाँव में देवी की सालाना पूजा के जलसे के दौरान रानो को खबर मिलती है कि एक खूबसूरत और अमीर नौजवान ने उसी की बेटी से शादी करने की कसम खायी है। घर वाले शशोपंज में हैं, पर इस अच्छी खबर से उन्हें खुशी भी है। घर के सामने से गुजरने वाले नाचते-गाते श्रद्धालुओं के बीच वह खूबसूरत नौजवान देवी के प्रति अपने भक्ति-पूर्ण उन्माद के कारण अलग से दिख रहा है। रानो पहचान लेती है कि यही है वह युवक ज़िसने तिलोका की हत्या की थी, और जो कुछ ही दिन पहले जेल से छूटा है। जुलूस घर के सामने रुकता है, जैसे कि उसे रानो के फैसले का ही इंतजार हो। रानो के ऊहापोह को उसके अंधे श्वसुर की सलाह दूर करती है। उनका कहना है कि यह शादी तो किस्मत की करामात और इनसान के भाग्य पर हावी अदृश्य ताकतों का खेल है। रानो को किस्मत का लिखा पढ़ने की कोशिश भी नहीं करनी चाहिए। आखिर में रानो अपने पति के हत्यारे से बेटी की शादी के लिए राजी हो जाती है। कहानी में यह नौजवान एक 'उद्दाम व्यक्ति' के संस्करण की तरह सामने आता है। एक ऐसे उद्दाम व्यक्ति की तरह, जिसके साथ भारतीय किस्से-कहानियों में नायिकाएँ यौन संबंध बनाते दिखाई जाती हैं।

उपन्यास की शुरुआत मनोचिकित्सक के क्लीनिक में अपना इलाज

कराने आए रोगी की याद दिला देती है। क्लीनिक में घुसते और निकलते समय रोगी की देह-भाषा, चिकित्सक से संवाद शुरू करने की उसकी शैली और क्लीनिक के स्पेस के इस्तेमाल के तरीके से मिल कर बने नाटकीय दृश्य के जरिये अनजाने में ही रोगी का मुख्य द्वंद्व सामने आ जाता है। इसी तरह कहानी की मुख्य विषयवस्तु उपन्यास की शुरुआत में ही उभर आती है। उपन्यास स्त्री की उस कामना के बारे में है जिसके तहत वह पति द्वारा एक औरत और एक पत्नी के रूप में अपनी मूल्यवत्ता का स्वीकार चाहती है। यानी उसका मर्द उसे अपनी औरत माने और उसी के मुताबिक उसके प्रति कोमल भावनाएँ व्यक्त करे। *एक चादर मैली सी* का यह शुरुआती दृश्य छोटा-सा ही है। शाम होने ही वाली है और घर का कुत्ता डब्बू बाहर सड़क पर आ कर पाता है कि उसकी मनपसंद कुतिया तो मरी पड़ी है। उसकी लाश को एक-दो बार सूँघने के बाद डब्बू यूँ परे चला जाता है जैसे कि कोई बात ही न हुई हो। रानो अपनी पड़ोसन के साथ यह नजारा देख रही है। पड़ोसन टिप्पणी करती है, 'हा! मर्द की जात ...सब एक सी ही होती है...।' रानो की आँखों में आँसू उमड़ आते हैं जिन पर काबू पाते हुए भी वह चुटकी काटने से नहीं चूकती, 'अनिए! तेरा डब्बू तो ऐसा नहीं।'

इस छोटे से दृश्य की तासीर पाठक के भीतर एक मानसिक भँवर बना देती है, जिसके दायरे क्रमशः बड़े और बड़े होते चले जाते हैं। राजेंद्र सिंह बेदी ने रानो और तिलोका की आपसी जद्दोजहद के कुछ पहलुओं का चित्रण अपनी रचना के शुरुआती पन्नों पर किया है। हम देख सकते हैं कि पति और पत्नी के इस द्वंद्व के पीछे नर और नारी का वही चिरंतन द्वंद्व है जो इस उपन्यास से लेकर भारतीय घरेलू जीवन और लोकगाथाओं तक फैला हुआ है। इस सिलसिले में मार्गरेट एगनर की कलम से तमिलनाडु का एक उदाहरण देखा जा सकता है :

> घर हो या उजरती मजदूरी का दायरा, स्त्रियों और उनके पतियों के बीच जबरदस्त होड़ की भावना देखी जा सकती थी। न तो पत्नियाँ अपने आप हार मानने के लिए तैयार होती थीं, न ही पति। जहाँ तक मुझे दिखायी पड़ता था, उनके संबंध इसी कारण से हमेशा विवादग्रस्त रहते थे। ... पति-पत्नी के बीच के इस शाश्वत द्वंद्व की प्रचुर अभिव्यक्ति भारतीय मिथकों में मिलती है। खासतौर से तमिलनाडु में तो स्त्री और पुरुष के बीच श्रेष्ठता का यह विवाद एक अंतहीन बहस के रूप में देवियाँ या दैत्यों के उनके मौजूदा

या होने वाले जोड़ीदारों के साथ होने वाले युद्धों या होड़ के रूप में चलता रहता है।[2]

इसकी एक मिसाल शिव और पार्वती के दृष्टांत में भी मिल सकती है। इसमें शिव और पार्वती के बीच एक लंबी बहस चलती रहती है कि दोनों में से कौन बेहतर नर्तक है। इसी तरह विष्णु और लक्ष्मी को यह पता लगाने के लिए पृथ्वी पर अवतरित होना पड़ता है कि उनमें से किस का देवत्व श्रेष्ठ है।

देश के अधिकतर क्षेत्रों में स्त्री-पुरुष के बीच की इस शाश्वत होड़ की झलक पुरुषों में प्रचलित स्त्री-संबंधी समझ में भी देखी जा सकती है। पुरुष आम तौर पर मान कर चलते हैं कि स्त्रियों में यौन-नैतिकता और बुद्धि की कमी होती है। पंजाबी और गुजराती मर्द एक स्वर में यह बात कहते मिलेंगे, 'स्त्रीनी अक्कल एड़ी मा।'[3] तमिल पुरुषों का दावा है कि 'औरत कितनी भी पढ़ी-लिखी क्यों न हो, उसकी बुद्धि तो हमेशा कमतर ही होनी है।' मलयाली पुरुष यह चेतावनी देते मिलेंगे कि 'पेनाचोल्लू कलक्कुन्नावानु पेरुवाली' अर्थात जो औरत की सलाह पर चला उसके हाथ में कटोरा आ गया। उत्तर भारतीय भाषाओं की लोकोक्तियाँ तो साफ तौर पर औरत की खामियों का इलाज करने के लिए ताकत और शारीरिक दंड के इस्तेमाल पर जोर देती हैं। हिंदी में कहावत है, 'घोड़ा और औरत रान तले।' गुजराती में लोकोक्ति है, 'उसी जवार बाजरी मुसी नार पाधरी' यानी नमक मिलाने से ज्वार-बाजरा और मूसल की कुटाई से औरत दुरुस्त होती है। गुजराती की दो और कहावतें हैं, 'रंडनी जात खासदाने ताले रखेलिज भली' और 'मूर्ख नारी ने नागरा कुट्यानी कामना' (औरत की जात को जूते की एड़ी के तले रखना ही भला है)। दूसरी तरफ दक्षिण भारतीय भाषाओं में औरतों के बारे में मर्दों की लोकोक्तियाँ बताती हैं कि वे औरत के सामने कितने असहाय हैं। वे औरत के हठीलेपन और उसकी लगातार छेड़खानी के सामने मजबूर प्रतीत होते हैं। कन्नड़ और तेलुगू में एक समानार्थक कहावत है, 'हवा एक थैले में बंद की जा सकती है, पर कर्कश स्त्री की जुबान नहीं।' तेलुगू में यह भी कहा जाता है, 'झगड़ालू स्त्री न पति के काबू में आती है, न देवर के।' तेलुगू की ही एक मसल तो यहाँ तक कहती है कि विवाद पैदा करने की औरत की क्षमता के सामने राजा तक असहाय होता है।

अन्य उपन्यासों की भाँति *एक चादर मैली सी* में भी मर्द की शेखीखोरी को झुकाने के लिए रानो तिरस्कार से चुभते हुए शब्दों का इस्तेमाल करती है जिससे उसका पहले से नाराज पति और भड़क जाता है। उसकी तिलोका को चुनौती है कि वह कितनी भी शारीरिक हिंसा करे, पर जीत उसी की ही होगी क्योंकि वह अपनी नहीं चला पायेगा।

तिलोका के खिलाफ अपने संघर्ष में रानो का हथियार है उसकी यौनेच्छा की लगाम अपने हाथ में रखने की कोशिश। वह इस हथियार पर लगातार सान चढ़ाती रहती है। गाँव के जती-सती साईं के पास जाकर वह ऐसा टोटका माँगती है जिससे उसका पति पूरी तरह से उसकी मुट्ठी में आ जाये। गाँव की औरतों के बीच इस टोटके की अहमियत संतानोत्पत्ति के लिए माँगे गये तावीज़ से भी ज्यादा है। बाबा उसे पति का यौनानंद बढ़ाने की गोली देता है। रानो कल्पना करती है कि अगर गोली ने काम किया तो वह तिलोका को अपना बदन छूने भी नहीं देगी। काफी देर तक उसके घिघियाने, भीख माँगने और पैरों पर गिर कर अपनी नाक रगड़ने के बाद ही वह उसे सहवास की खुराक नियंत्रित ढंग से मुहैया करायेगी।

ऋग्वेद और अथर्ववेद में वर्णित स्त्रियाँ (जैसे इंद्र की पत्नी शची) पति का प्रेम पाने के लिए अपनी सौतों से होड़ करती हैं। इसलिए उन्हें मोहिनी की जरूरत पड़ती है।[४] पर, टोटका हासिल करने के पीछे रानो का मकसद भिन्न है। स्त्री की सेक्शुअलिटी के प्रति उसका और उसकी सहेली का नजरिया उपयोगितावादी है। वह तो सेक्शुअलिटी का इस्तेमाल मुख्यतः नर-नारी के बीच एकतरफा शक्ति संतुलन दुरुस्त करने के लिए करना चाहती है।

रानो के आक्रोश का केंद्र उसका पति है। मर्द जात से उसकी नाराजगी उसकी सेक्शुअल तत्परता का रुख घुमा देती है। उसके आहत मन पर प्रेम का फाहा कभी रखा ही नहीं गया, इसलिए उसका रोष इतना प्रचण्ड है कि तिलोका की हत्या से भी शांत नहीं होता। पति की लाश देखने पर एकबारगी तो उसके मन में सज-धज कर खुशी मनाने की इच्छा आती है। उससे रोने की उम्मीद की जाती है, पर आँसू बहाने के लिए उसे आँखों में प्याज का रस निचोड़ना पड़ता है और वैधव्य के दुर्दिनों की कल्पना करनी पड़ती है। रानो रोती है, पर केवल अपने लिए। स्नेह के रूप में या सेक्शुअल प्रेम के रूप में रानो का प्यार घर के भीतर ही अपनी खातिर

किसी और को खोजने के लिए मजबूर है।

ऐसी परिस्थितियों में आम तौर पर स्त्रियों को उनके देवर मिल जाते हैं। भारत के सामाजिक इतिहास में एक समय नियोग की प्रथा अधिकृत रूप से प्रचलित थी जिसके तहत पति के छोटे भाई या देवर के श्रांगारिक महत्त्व को मान्यता दी गयी थी। वह बड़े भाई की विधवा के साथ यौन संबंध रख सकता था या रखता था। ऋग्वेद में पति की चिता में साथ जलने के लिए तैयार पत्नी की तरफ हाथ बढ़ा कर विवाह का आश्वासन देने वाले पुरुष का उल्लेख मिलता है। वेद के भाष्यकारों ने इस पुरुष की शिनाख्त पति के छोटे भाई के रूप में की है।[५]

कालांतर में इस प्रथा की मान्यता खत्म होती चली गई, विशेष तौर से विधवा विवाह पर पाबंदी ने इसे खत्म कर दिया। केवल उत्तर प्रदेश के दूरदराज पर्वतवासी समुदायों में आज भी इसका चलन है। लेकिन, नियोग प्रथा का मनोवैज्ञानिक मर्म आज भी एक सामाजिक हकीकत है। विवाहित स्त्री और उसके देवर के बीच यौन सहभागिता की संभावना या यौन संबंधों की मौजूदगी कोई अनोखी बात नहीं है। भाभी के प्रति देवर के यौनाकर्षण के इशारे तो सर्वाधिक पतिव्रता समझी जाने वाली पत्नी सीता तक में मिलते हैं। सीता आरोप लगाती हैं कि लक्ष्मण की नजर उन पर है इसीलिए वह अपने भाई की मदद करने में हिचक रहा है। लक्ष्मण बाद में सीता के साथ अपने संवाद की जानकारी राम को देते हैं, 'सीता ने मुझसे कहा : अरे दुर्गुणी, तेरे ऊपर मेरी कामना हावी हो गयी है। लेकिन, अगर मेरे पति का विनाश हुआ, तो तू भी मुझे प्राप्त नहीं कर पायेगा।'[६] देवर-भाभी के रिश्ते में एक तरह का स्नेहभाव और कुछ शृंगारिक किस्म की छेड़छाड़ चलती रहती है। शारीरिक अंतरंगता के प्रसंग भी होते हैं। कुल मिलाकर यह रिश्ता विवाह के अनुभूतिपरक दायरे के बीच ही पनपता है।[७] क्लीनिक में अपने मरीजों का उपचार करते हुए मैंने पाया है कि देवर के साथ यौन संबंध रखने वाली औरतों में अपराध बोध बहुत कम ही होता है। उन्हें चिंता इस बात की ज्यादा होती है कि कहीं उनका देवर घर छोड़ कर न चला जाये, या उसकी शादी न हो जाये। ऐसा कुछ हुआ तो उन्हें लगता है कि उनकी जिंदगी के भावुक और एंद्रिक आयामों का अंत हो जायेगा।

रानो और मंगल की शादी होने वाली है और कौटुंबिक व्यभिचार जनित तनाव से जुड़ी खुसफुसाहटें उन्हें बेचैन किए हुए हैं। देवर-भाभी के

रिश्ते की पारंपरिक प्रकृति के कारण यह प्रकरण उपन्यास में खास तौर से पाठक का ध्यान खींचता है। इस मामले में मंगल की पीड़ा रानो के मुकाबले ज्यादा गहरी है। उसकी वह बहु-प्रतीक्षित व्यभिचारमूलक कामना हकीकत में बदलने वाली है, जो अभी तक उसके लिए एक मांसल फैंटेसी भर थी। मंगल की हालत उस बालक की तरह है जो अपनी माँ द्वारा कामोत्तेजित किये जाने की सह-अपराधिता के बोझ तले दबा जा रहा है। रानो के प्रति अपनी श्रृंगारिक कामनाओं से आच्छादित होने के बावजूद वह उसे अपनी स्त्री की तरह पूरी तरह कल्पित नहीं कर पाता। इसके विपरीत रानो का रवैया अधिक यथार्थपरक है। वह सेक्शुअल दायरे के विरोधाभासों को आसानी से स्वीकार कर लेती है। अन्य महिलाओं की ही तरह वह कौटुंबिक व्यभिचार के अपराध बोध से कहीं ज्यादा अच्छी तरह निबटती दिखती है, जबकि उसका 'बेटा' उसे पीटने की कार्रवाई किए बिना बेचैन कर देने वाली खतरनाक यौन कामनाओं को स्वीकार करके नैतिक मर्यादाओं की हदें नहीं लाँघ पाता।

कृष्णा सोबती के उपन्यास *मित्रो मरजानी* की विषयवस्तु भी यही है। यह कृति कहानी कम और एक महिला का व्यक्ति-चित्र अधिक है जिसकी पृष्ठभूमि में एक निम्न-मध्यवर्गीय परिवार की जिंदगी का वर्णन है।[८] उपन्यास पर उसकी युवा पंजाबी नायिका मित्रो की शख्सियत छायी हुई है। मित्रो का पति, दो देवर, उनकी पत्नियाँ और बूढ़े सास-श्वसुर उसकी कामनाओं के संसार में आंशिक भूमिका ही निभाते हैं। ये चरित्र मित्रो के मूड और उसकी कार्रवाइयों को या तो उभारते हैं या फिर उनका प्रति-तर्क मुहैया कराते हैं।

एक चादर मैली सी की ही तरह *मित्रो मरजानी* की शुरुआत भी मियाँ-बीवी के बीच एक हिंसक कलह से होती है। मित्रो का पति सरदारी उसे पीट रहा है और वह सीधी खड़ी हुई अपनी अवज्ञाकारी निगाहों से उसे घूर रही है। हर प्रहार के साथ उसका पति कह रहा है, 'नजर नीची करती है या नहीं?' लेकिन जिद्दी मित्रो नीचे देखने के लिए तैयार नहीं होती ताकि उसके पति को सांकेतिक विजय भी नसीब न हो। औरतों की पुरानी पीढ़ी की नुमाइंदगी करती हुई उसका सास समझाती है, 'समित्रावंती, इसे जिद चढ़ी है तो तू ही आँख नीची कर ले। बेटी, मर्द मालिक का सामना हम बेचारियों को क्या सोहे?'

कहानी आगे बढ़ने पर पाठकों को पता लगता है कि मित्रो और उसके पति के बीच लगातार होने वाली कलह के पीछे केवल प्रभुत्व और अधीनस्थता के मसले नहीं हैं। यह नर-नारी के बीच होने वाली शक्ति-संतुलन की रस्साकशी भी नहीं है। पति को उसके चालचलन पर शक है, लेकिन दिलदार स्वभाव की मित्रो अपनी ओर से इस संदेह को दूर करने की कोई कोशिश नहीं करती। बजाय इसके अपनी भरी हुई गदरायी देह पर गर्व, देवर के साथ चलने वाली सेक्शुअल छेड़छाड़ और जेठानी के सामने अपनी दैहिक भूख की बेहिचक स्वीकारोक्ति से वह इस संदेह को और बल प्रदान कर देती है। अपने कपड़े उतार कर जब मित्रो अपनी देवरानी से पूछती है कि 'क्या ऐसी छातियाँ किसी और की भी हैं?' तो उसकी आवाज में मासूमियत के साथ-साथ एक गहरा श्रांगारिक आत्मसंतोष भी महसूस किया जा सकता है। मित्रो कहती है, 'देवर तुम्हारा (यानी मित्रो का पति) मेरा रोग नहीं पहचानता। ... बहुत हुआ हफ्ते-पखवारे ... और मेरी इस देह में इतनी प्यास है, इतनी प्यास है कि मछली सी तड़पती है।' जैसी कि आम तौर पर अच्छी पत्नियाँ होती हैं, मित्रो की जेठानी यह सुन कर विचलित हो जाती है। उसके लिए तो औरत की देह न गर्व की चीज हो सकती है, न ही आनंद का स्रोत। उसकी निगाह में तो प्रति दिन अशुद्ध होने वाली औरत की देह पापत्व का आगार है। गुस्से में मित्रो की बातों का जवाब वह उसी पाखंडपूर्ण भाषा में देती है जिसमें हिंदू समाज औरत की भूमिका सांस्कृतिक रूप से परिभाषित करता है, 'देवरानी, बहू-बेटियों के लिए घर-गृहस्थी की रीति ही लक्ष्मन की लीक। जाने-अनजाने फलाँगी नहीं कि ...।' मित्रो की जेठानी के वाक्य के अधूरेपन की खामोशी में विनाश की आहटें हैं।

लेकिन, मित्रो को न तो एक औरत के रूप में अपनी दैहिक जरूरतों की अभिव्यक्ति में कोई हिचक है, न ही वह उन्हें तृप्त करने में अपने पति की असामर्थ्य का उपहास करने से चूकती है। एक बार उसकी सास बड़ी बहू के गर्भवती होने के प्रसंग में मित्रो को यह कह कर दिलासा देती है, 'जब तू खुलेगी तो एक नहीं, इस आँगन में सात-सात खेलेंगे।' इसके जवाब में मित्रो कहती है :

> मेरा बस चले तो गिन कर सौ कौरव जन डालूँ। पर, अम्मा, अपने लाडले बेटे का भी आड़-तोड़ जुटाओ। निगोड़े मेरे पत्थर के बुत में भी कोई हरकत

तो हो।

धंधे में बेईमानी के चक्कर में फँस कर सबसे छोटा बेटा अपनी बीवी के साथ घर छोड़ कर चला जाता है। इससे परेशान घरवालों को लगता है कि मित्रो का उद्दाम व्यवहार कहीं कोई और कांड न कर दे। वे उसे थोड़े दिन के लिए मायके चले जाने के लिए कहते हैं। मित्रो को लगता है कि अब उसके यौन जीवन को खुल कर खेलने का मौका मिलेगा। मायके में इसकी संभावनाएँ पर्याप्त रूप से उपलब्ध हैं, क्योंकि उसकी माँ भी गाँव के एक पंच से अपनी लंबी आशनाई के कारण खराब चालचलन की मानी जाती है। मित्रो का पति सरदारी भी उसके साथ अपनी ससुराल जाता है। घर पहुँच कर मित्रो माँ के सामने अपनी समस्या रखती है। इस पर माँ का सुझाव होता है, 'अरी लहर हो तो बुलाऊँ तेरी बगीची के लिए कोई माली?' माँ सोते हुए दामाद के दरवाजे पर पहरा देने के लिए तैयार हो जाती है, और मित्रो की उसके प्रेमी से मुलाकात का इंतजाम करती है। मिलन की रात के लिए मित्रो मुजरे वालीं की तरह सजती है। अपने पति को पिला कर बेहोश करने के लिए किसी महँगे चकलेघर की वेश्या की तरह नखरे दिखाती हुई मित्रो की हरकतों से शुरू में डर जाने के बाद नशे में डूबे हुए सरदारी को बाद में बहुत मजा आता है। अब पति पी कर सो चुका है, और मित्रो अपने इंतजार कर रहे प्रेमी के पास जाने के लिए तैयार है। लेकिन, तभी माँ के रोने की आवाज उसके कदम रोक देती है। दरअसल, माँ का विचार बदल गया है। मित्रो पति के कमरे में वापस चली जाती है। सुबह सो कर उठने पर वह सरदारी को बाँहों में कस कर उसके चेहरे को चुम्बनों से भर देती है। मित्रो की इस कार्रवाई में पति के प्रति प्रेम उसी शिद्दत से व्यक्त होता है जिस तरह गुजरी हुई शाम को उसने विवाहेतर यौन संबंधों के लिए कामना व्यक्त की थी।

निजी और चिकित्सकीय अनुभवों के मुताबिक विश्लेषण के लिए मैंने *एक चादर मैली सी* और *मित्रो मरजानी* का चुनाव इसलिए किया कि इन दोनों रचनाओं में नर-नारी संबंधों के उन पहलुओं का चित्रण किया गया है जिनका काफी हद तक सामान्यीकरण किया जा सकता है। फ्रॉयड की रचना *रेट मेन* भी तो सिर्फ एक मरीज की केस हिस्ट्री पर आधारित है। बाद में यही अकेली केस हिस्ट्री कई मरीजों के स्नायु रोग की मनोगत्यात्मक नुमाइंदगी करने वाला वृत्तांत बन गयी, एक ऐसे स्नायु रोग

का जिसकी शिनाख्त चिकित्सकों ने अनिवार्य-मनोग्रस्ति के रूप में की है। मुझे लगता है कि कथा साहित्य में चित्रित पारिवारिक इतिहास के विवरणों में भी इसी तरह की संभावनाएँ हैं। उनका औपन्यासिक उद्‌गम जो भी हो, उनके जरिये भारतीय वैवाहिक जीवन के अहम पहलुओं पर रोशनी पड़ सकती है। अगर इन उपन्यासों की विषयवस्तु वैवाहिक जीवन के खुशनुमा और संतोषजनक पहलुओं के बजाय उसके द्वंद्वों और अंतर्विरोधों पर ही केंद्रित है, तो इसका कारण यह है कि अगर ऐसा न होता तो रचनाकार कहानी किस बात की कहता। टॉल्स्टॉय ने कहा भी था कि सारे सुखी विवाह एक से ही होते हैं। उनका कोई इतिहास नहीं होता। इसीलिए 'दे लिव्ड हेपीली एवर आफ्टर' जैसा वाक्य कहानी के बाद में ही आता है। वह कहानी के शुरू में या बीच में नहीं आ सकता। यह जरूर है कि इन उपन्यासों की कथावस्तु का सामान्यीकरण करते समय भारत में नर-नारी संबंधों और वैवाहिक रिश्तों के सांस्कृतिक-ऐतिहासिक और सामाजिक-नृतत्त्वशास्त्रीय अध्ययनों से उपजी सामग्री का भी सावधानीपूर्वक खयाल रखना होगा। साथ ही इन संबंधों को उस सांस्कृतिक मनोविज्ञान के आलोक में भी देखना होगा। समुदायों के इतिहास और सामाजिक संस्थाओं के प्रतिनिधि चित्र पढ़ने के लिए व्यक्तियों के मानस को इसी सांस्कृतिक मनोविज्ञान के जरिये खंगाला जाता है। मेरी मान्यता है कि यह समस्त सामग्री और औपन्यासिक प्रसंगों के बीच परस्पर संवाद कायम हो सकता है। दोनों एक-दूसरे को स्पष्ट कर सकते हैं।

मित्रो की सेक्शुअलिटी बेलौस है। वह बेचैन है। औरत के लिए निर्धारित सांस्कृतिक भूमिका के बंधन उसे बहुत दमघोंटू लगते हैं। अपनी इन खूबियों के साथ मित्रो की शख्सियत अपने माहौल और वर्ग के लिए असामान्य है। जिंदगी ने उस पर जो भूमिका आरोपित की है, मित्रो उससे कहीं ऊपर है। वह अपने सांस्कृतिक प्रारब्ध के शिकंजे के खिलाफ संघर्ष कर रही है। दुनिया भर में उपन्यासकार और आत्मा के चिकित्सक मित्रो सरीखे अशांत चरित्रों के प्रति आकर्षित रहते हैं। उपहास के जहर बुझे लफ्जों और तीखे व्यंग्यात्मक कटाक्षों के माध्यम से अपना रोष व्यक्त करने वाली औरतें केवल कथा साहित्य में ही नहीं मिलतीं। वे जिंदगी की हकीकत भी हैं। लेकिन, कहानी की शुरुआत में ही ऐसा लगने लगता है कि औरत को तंग दायरों में कैद करने वाली सांस्कृतिक दीवारों से सिर

टकराती हुई मित्रो का द्वंद्व बहुत गहरा है। व्यंग्यात्मक कटूक्तियों की रचना भर से वह नहीं सुलझने वाला। *मित्रो* को पढ़ते हुए डर लगता है कि अगर वह अपने लिए बेहतर गुंजाइशें हासिल न कर पाई तो हिंसा और आत्मविनाश के रास्ते पर जा सकती है। या फिर उसके ऊपर एक उदासीनता हावी होती चली जायेगी।

मैं *मित्रो* की कहानी को एक ऐसे अत्यधिक सुस्पष्ट आख्यान की तरह देखता हूँ जिससे हिंदू वैवाहिक संबंधों के दायरे में खामोश पड़ी हुई लेकिन बेहद प्रभावशाली विषयवस्तु पर रोशनी पड़ती है। इन संबंधों में पत्नी को एक औरत की तरह यानी एक सेक्शुअल अस्तित्व की तरह देखने के प्रति सांस्कृतिक दिक्कत है जो एक डर की सीमा तक चली जाती है। दरअसल, पत्नी को औरत के रूप में देखने के प्रति यह असहजता एक युगों पुरानी, लेकिन आज तक जारी उस सांस्कृतिक दो-फाँक का परिणाम है जिसके तहत पति अपनी पत्नी को एक साथ माँ और कुलटा के रूप में देखता है। मियाँ-बीवी के रिश्तों के इस आधार से औरत के प्रति हिंदुओं में प्रचलित अंतर्विरोधी नजरिये को समझा जा सकता है। कहना न होगा कि माँ-कुलटा द्विभाजन एक जाना-माना फ्रॉयडियन संलक्षण है जो स्नेह और सेक्शुअलिटी को अलग-अलग करके देखता है। इसके तहत कामना और अनुराग के क्षेत्र अलग-अलग हो जाते हैं। फ्रॉयड ने इस परिघटना की मनोगत्यात्मकता का वर्णन किया है। वे बताते हैं कि किस तरह पुरुष मातृ-रूप के आधार पर प्राय: अपने ही वर्ग की स्त्री का अपनी कल्पनाओं में आदर्शीकरण कर लेता है। उसकी निगाह अपने मुकाबले इस स्त्री को 'उच्चतर' और 'शुद्धतर' मान कर चलती है। लेकिन, इस स्त्री के साथ यौन संबंध बनाने के मामले में उसका पुंसत्व काम नहीं करता। वह केवल उस स्त्री के साथ ही यौन संबंध बना पाता है जो उसके मुकाबले निचले सामाजिक वर्ग से आती है और प्राय: वेश्या होती है।[१] इस द्विभाजन की जड़ें कौटुम्बिक व्यभिचार की कल्पनाओं से उपजने वाली चिंताओं में देखी जा सकती हैं। अपने मानस में स्त्री के मातृरूप का आदर्श भंग होने से भयाक्रांत वह पुरुष आखिरकार अपने बालक-रूप में परिपोषण और अमिट अवलंब के लिए इसी छवि की विशुद्धता पर निर्भर है। इसी मातृ-छवि को देवी और कुलटा की दो फाँकों में बाँटना उसके लिए जरूरी है ताकि वह चिंताग्रस्त हुए बिना थोड़ा बहुत यौन जीवन गुजार सके।

माँ–कुलटा का यह द्विभाजन हिंदुओं की दुनिया में एक तरह का त्रिभाजन हो जाता है, क्योंकि माँ और कुलटा के साथ–साथ हिंदू पति के लिए उसकी पत्नी सभी तरह के सांस्कारिक अनुष्ठानों में सहभागी भी है। संस्कृति के क्षेत्र में स्त्रियों और पत्नियों के प्रति अपनाये जाने वाले सार्वजनिक और अधिकृत रवैयों को समझने के लिए इस त्रिभाजन का तात्पर्य ग्रहण करना आवश्यक है। हिंदुओं के विधिकर्त्ता मनु और उनके परवर्ती भाष्यकारों की हिदायतों के आधार पर ही स्त्रियों के प्रति समाज का औपचारिक दृष्टिकोण सूत्रबद्ध हुआ है। मेरा खयाल है कि इन विधिदाताओं पर नारी–द्वेषी का ठप्पा बेकार ही लगा दिया गया है। उनकी रचनाओं का बारीकी से अध्ययन करने पर दिख जाता है कि चाहे स्त्रियों का विरोध हो या उनकी प्रशंसा, दोनों का ही एक निश्चित संदर्भ है। मसलन, इन विधिदाताओं की निगाह में पत्नी हमेशा और हर वक्त पत्नी की भूमिका में ही नहीं रहती। संदर्भ के आधार पर ही उसे अच्छा, बुरा या दैवी माना जाता है। पूर्वजों या देवताओं को दी जाने वाली निर्दिष्ट आहुतियों के समय अर्थात संस्कारों के समय अपने पति की सहभागी के रूप में वह आदरयोग्य है। इसीलिए, मनु कहते हैं, 'जहाँ स्त्रियों का सम्मान होता है, देवता प्रसन्न रहते हैं। जहाँ उनका सम्मान नहीं होता, वहाँ कोई धार्मिक संस्कार फलित नहीं होता।'[१०] इसी तरह माँ बनने या बनने की संभावना के तहत भी पत्नी हर तरह की श्रद्धा की पात्र है। 'जो पूजा के योग्य हैं और आवास को प्रदीप्त करती हैं, ऐसी संतान देने (की नियति) वाली पत्नियों और (पुरुषों के) घर (में प्रतिष्ठित) की भाग्य–देवियों के बीच कोई अंतर नहीं होता।'[११] लेकिन, जैसे ही स्त्री के सेक्शुअल अस्तित्व का प्रश्न आता है, वैसे ही पितृसत्तात्मक संस्कृति बेचारी पत्नी पर हर तरह का निरादर और घृणा बरपाती नजर आती है।

इसी तरह *मनु–संहिता* के इस बहु–उद्धृत श्लोक का तात्पर्य भी उसके संदर्भ में समझा जाना चाहिए कि 'पिता बचपन में उसकी संरक्षा करता है, पति यौवन में और पुत्र वृद्धावस्था में; क्योंकि स्त्री कभी स्वाधीनता योग्य नहीं होती।'[१२] यहाँ संदर्भ किसी बाहरी खतरे से संरक्षा का न हो कर स्त्री की आंतरिक यानी सेक्शुअल प्रवृत्तियों से संरक्षा का है। अगर एक श्लोक यौन आनंद से स्त्री के लगाव को नियंत्रित करने की चर्चा करता है, तो उसके बाद का श्लोक उस पिता की भर्त्सना करता है जो

रजस्वला होने पर स्त्री का विवाह नहीं करता, उस पति की निंदा करता है जो ऋतु में भी उसके साथ सहवास नहीं करता और उस पुत्र को आड़े हाथों लेता है जो पिता की मृत्यु के बाद माँ की रक्षा अन्य पुरुषों और स्वयं अपनी कामनाओं से नहीं करता।

मनु-संहिता का एक अध्याय पति और पत्नियों के कर्तव्यों पर है। इसके पहले २६ श्लोकों के आधार पर महिलाओं के प्रति हिंदू संस्कृति का अधिकृत दृष्टिकोण सूत्रबद्ध हुआ है। मनु के इन सूत्रों में एक ऐसी फैंटेसी पढ़ी जा सकती है जिसके केंद्र में वयस्क स्त्री के यौन असंयम और परपुरुषगम के अंदेशे हैं। यह फैंटेसी मातृमनोग्रंथि के शिकार उस बालक की ही है जो कल्पना करता है कि उसकी माँ उसके पिता के लिए और पिता के पुरुषाकार शिश्न के लिए उसकी तरफ से मुँह मोड़ लेगी। वह अपनी माँ को एक ऐसी मुग्धा के रूप में देखता है जिसने उस पर डोरे डालने के बाद उसे त्याग दिया है।

जाहिर है कि इस फैंटेसी की शुरुआत स्त्री को उसकी उद्दाम यौनेच्छा से 'बचाने' की कामना से होती है। वह स्त्री को उन विषयभोगियों से बचाना चाहती है जो उसकी और अपनी मौज के लिए इस यौनेच्छा का बेजा इस्तेमाल करना चाहते हैं। चूँकि ताकत के दम पर स्त्री-यौनेच्छा पर पहरे नहीं लगाये जा सकते, इसलिए उसे पूरी तरह घरेलू कामकाज में फँसाये रखने की तरकीब खोजी जाती है ताकि वह कल्पना की उड़ानें भर ही न पाये। *मनु-संहिता* निर्देश देती है, 'पति को चाहिए कि वह अपनी पत्नी को अपनी संपत्ति के संग्रह और व्यय में, साफ-सफाई बनाये रखने में, धार्मिक कर्तव्यों को पूर्ति में, खाना पकाने में और घर के बर्तन-भांडों की देखरेख करने में खपाये रखे।'[१३] जब इन घरेलू व्यस्तताओं का बाँध भी स्त्री की उमड़ती हुई यौनेच्छा को बाँधने में अक्षम हो जाता है तो हमारी संस्कृति का मातृमनोग्रंथि-पीड़ित प्रेमी उसके अंतरमन से अपील करता है। वह कहता है कि उसे अपने ऊपर स्वयं ही पहरा लगाना चाहिए, 'घर के भीतर विश्वस्त और आज्ञाकारी सेवकों के तहत रहने वाली स्त्री भी सुरक्षित नहीं होती। स्वतः अपने ऊपर नियंत्रण रखने वाली स्त्री ही सुरक्षित होती है।'[१४] मनु के सूत्रों के इस ईर्ष्यालु और निराश प्रेमी की फैंटेसी उस समय सतह पर फूट पड़ती है जब जीवन के सांसारिक पहलू और स्त्री का पराअहं भी उसे नियंत्रण के मकसद से नाकाफी लगने लगता है। वह कहता है,

'स्त्री को सुंदरता नहीं चाहिए, न ही उसका आकर्षण आयु से संबंधित है, उसके लिए तो पुरुष का होना ही पर्याप्त है। वे तो खूबसूरत से लेकर बदसूरत पुरुष तक के सामने समर्पण कर देती हैं।'[१५] 'पुरुषों के प्रति उनकी कामना, उनकी चंचल मनोदशा, उनकी स्वभावगत हृदयहीनता उन्हें अपने पतियों के प्रति गैर-वफादार बना देती है; भले ही कितनी ही अच्छी तरह उनका 'इस संसार में' रक्षण किया गया हो।'[१६] '(उनकी रचना करते समय) मनु ने स्त्रियों के लिए बिस्तर, आसन और आभूषणों से प्रेम, एवं अशुद्ध कामनाओं, क्रोध, कपट, दुर्भावना और दुराचरण का आबंटन किया है।'[१७] अगर स्त्री पतित होगी तो उसे क्रोध और प्रतिशोध का सामना करना ही होगा, इसीलिए जरूरी है कि वह प्रायश्चित्त करे ताकि एक पवित्र और अनिवार्य माँ के रूप में उसका पुनरुज्जीवन हो सके। उसके पापमोचन के लिए उसे जो मंत्र पढ़ना है, वह भी उसका नहीं बल्कि उसके पुत्र का मंत्र है, 'यदि मेरी माँ पथभ्रष्ट और व्यभिचारिणी हो जाती है, अगर उसमें अवैध कामनाएँ जन्म लेती हैं, तो हे पिता उस बीज को मुझसे दूर रखें।'[१८] दंड और प्रायश्चित्त की प्रक्रिया अंत में कुलटा को नष्ट कर देगी और उसकी जगह किसी भी किस्म के कलषु से मुक्त माँ आ जायेगी। बाद के श्लोकों में इसी माँ की प्रशंसा की गयी है और उसे भाग्य-देवी के समकक्ष बताया गया है।

भारत की सभी प्रमुख भाषाओं की कहावतों में स्त्री के इन दोनों रूपों की छवि दिखती है। एक तरफ वह माँ के रूप में वांछित है, और दूसरी तरफ कुलटा के रूप में वह पुरुष को डरा रही है। पति-पत्नी, संतानों और पीढ़ियों के बीच बुनियादी मानवीय रिश्तों की यह समान समझ भी उपमहाद्वीप की सांस्कृतिक एकता का प्रमाण है।[१९] स्त्री-प्रकृति को समझने की कोशिश करने वाली इन सभी कहावतों का प्रमुख विषय स्त्री का व्यभिचार है। इसी सिलसिले में संस्कृत की कई उक्तियों में से एक द्रष्टव्य है, 'जब अग्नि शीतल हो जायेगी, चंद्रमा आग बरसाने लगेगा या जब सागर मीठे पानी से भर जायेगा तभी और केवल तभी स्त्री पवित्र हो पायेगी।' तमिलभाषियों में कहावत प्रचलित है, 'औरत तभी तक है जब तक बंधनों में है, उनसे छूटते ही गधी के समान है।' कुछ अपवादस्वरूप कहावतें पत्नियों की प्रशंसा में भी हैं, खासकर बांग्ला और असमिया में। पर, यह अंदाजा लगाना मुश्किल नहीं है कि इन कहावतों में भी अनिवार्यतः पत्नी

के मातृपक्ष पर ही जोर दिया गया है। जैसे एक कहावत के अनुसार, 'औरतों का कौन अनादर कर सकता है? उस औरत का जो संतानोत्पत्ति करती है।' पति की दुविधा और उसका हल एक पंजाबी कहावत में इस प्रकार व्यक्त हुआ है, 'तुम पर तुम्हारी माँ से भी ज्यादा प्यार जताने वाली औरत कुलटा होती है।'

जाहिर है कि जिस संस्कृति में पत्नी की सामूहिक फैंटेसी इस प्रकार की होगी, उसमें वैवाहिक संबंधों के तहत सेक्शुअलिटी के सितारे गर्दिश में रहेंगे। दैहिक प्रेम सदैव शर्मिंदगी की नजर से देखा जायेगा। ऐसे संबंधों में वासना का आघात तो तेज होगा, पर उसमें प्रेम के आयाम बहुत क्षीण होंगे और कामना का पक्ष तो और भी दुर्बल होगा। यही कारण है कि गृहस्थ-पति की यौनाचरण संबंधी संहिता भी पूरी तरह यही कहती नजर आती है। स्मृतियाँ भी सचेत रूप से यही कहती हैं। पुराण भी इसी का भाष्य करते हैं (पुराणों में न केवल मिथकों का संग्रह है, बल्कि उनमें रोजमर्रा की जिंदगी में किये जाने योग्य आचरण पर अध्याय भी हैं)। नाना प्रकार की धर्मग्रस्त मानसिकताएँ भी इसी बात को बदल-बदल कर कहती हैं। हर जगह एक ही संदेश दिखता है, 'मेहरबानी करके विवाह को सेक्स से दूर रखें! देखते नहीं कि हम भारतीय हैं।'

जरा देखिये तो, परंपरा ने पति के लिए पत्नी से सहवास की सीमा तय की है कि वह स्त्री के ऋतु चक्र के सोलह दिनों में ही हो सकता है। 'इन दिनों में भी पहले चार, ग्यारहवाँ और तेरहवाँ दिन (प्रतिबंधित है)। अनुमति शेष रातों के लिए ही है।'[२०] दाम्पत्य संबंधों के लिए महीने भर में केवल दस रातों की अनुमति भी अंत में फिजूलखर्ची ही निकलती है। शास्त्रोक्त प्रतिबंध यहीं समाप्त नहीं होते। ब्लेक की कविताओं में ऐसे पुरोहित आते हैं जो काले चोगे पहन कर परिक्रमा करते हुए सुखों और कामनाओं को कँटीले बंधनों में बाँध रहे हैं। हिंदुओं में भी ऐसे कँटीले बंधनों की कमी नहीं है। चूँकि पुत्रों का महत्त्व ही सर्वोपरि है, और पुत्र केवल सम संख्या वाली रातों में ही पैदा हो सकते हैं अर्थात विषम संख्या वाली रातों में किये गये सहवास से पुत्रियों का ही जन्म हो सकता है, इसलिए सहवास योग्य रातों की संख्या आधी रह जाती है। फिर कई ऐसे पर्व हैं, अमावस्या और पूर्णमासी की रातें हैं, जिनमें विष्णु पुराण के मुताबिक यौन संबंध बनाने पर 'मल और मूत्र का नर्क' झेलना पड़ सकता

है। ब्रह्म पुराण के अनुसार ऐसी रातों में सहवास से नास्तिक पुत्र पैदा हो सकता है। ऊपर से पुरखों और देवताओं को समर्पित ऐसे कई त्योहार बताये गये हैं जिनमें किसी तरह की कामविषयक गतिविधि नहीं की जानी चाहिए। इस तरह जिन शेष रातों को सहवास के लिए सुरक्षित करार दिया गया है, उनकी संख्या और भी कम हो जाती है। (परंपरा के अनुसार दिन में तो सहवास की कल्पना भी नहीं की जा सकती)। कुल मिलाकर यह सब केवल यौनक्रिया के लिए प्रतिबंधित और स्वीकृत रातों का मसला ही नहीं है, इसके पीछे एक पूरी दृष्टि है जो वैवाहिक जीवन के श्रांगारिक आयामों को आम तौर से अस्वीकार करती है। इस अस्वीकार को मध्ययुगीन अवशेष नहीं समझा जा सकता। यह हमारी समकालीन प्रवृत्तियों को पूरी तरह से प्रभावित करता है। इसी बात से अंदाजा लगाया जा सकता है कि राजनीतिक और सामाजिक परिवर्तनों की अपेक्षा सेक्शुअलिटी के मामले में परिवर्तन की रफ्तार इतनी सुस्त क्यों होती है। हमारे समाज की सेक्शुअल घड़ी इसीलिए धीरे-धीरे टिक-टिक करती है।

कुछ हिंदू समुदायों पर यौन वर्जनाओं का असर बहुत है। खासकर कुछ ऊँची जातियों में तो स्त्रियाँ अपने यौनांगों का नाम तक नहीं जानतीं। उनका हवाला वे परोक्ष रूप से ही दे पाती हैं। मसलन, एक यौनांग उनके लिए 'पेशाब करने की जगह' है। इस नाम से समझा जा सकता है कि उस यौनांग के प्रति उनका मनोभाव क्या होता होगा। इंग्लैंड में शिक्षित एक मरीज जब तक अंग्रेजी में बात करती रही तब तक उसे अपने यौनांगों का जिक्र करने में कोई दिक्कत नहीं हुई। जब उससे उन्हीं शब्दों को अपनी मातृभाषा में यानी अपने प्रारंभिक दैहिक अनुभवों से निकटस्थ भाषा में कहने का आग्रह किया गया तो वह या तो उपयुक्त शब्दों को भूलने लगी या फिर काफी देर के लिए चुप हो गयी। उसके सचेत प्रयास भी उसकी चुप्पी तोड़ने में नाकाम रहे। यौनांगों के प्रति यह अज्ञान समाज के गर्भ से जन्मी चुप्पी की आड़ में ही पनपता है। कॉलेज में शिक्षित एक मरीज को उन्नीस साल की उम्र तक यकीन था कि मासिक धर्म के दौरान आने वाला खून, पेशाब और बच्चे मूत्रनलिका से ही निकलते हैं। गाँव की एक महिला ने जब पहली बार बच्चा जना तो उसे गहरे क्षोभ के साथ अपनी इस जानकारी में संशोधन करना पड़ा कि बच्चे गुदा से नहीं निकलते। हालाँकि, ग्रामीण पृष्ठभूमि के कारण माना जा सकता था कि यह महिला 'खेत-

खलिहानों में होने वाली हरकतों' से परिचित तो होगी ही। मैं जानता हूँ कि ***कामसूत्र*** की रचना के करीब दो हजार साल गुजर चुके हैं, इसके बावजूद यौन शिक्षा की इस भीषण कमी के कारण आज भी मैं उसके लेखक से यह नहीं कह सकता, 'हे वात्स्यायन, तुम्हारी बातें तो प्राथमिक किस्म की हैं।'

बहरहाल, आधुनिक युग सेक्शुअलिटी को वात्स्यायन के मुकाबले काफी अलग तरह से समझता है। समझ के इस बदलाव में मनोविश्लेषण का महत्त्वपूर्ण योगदान है। मनोविश्लेषण के हिसाब से सेक्शुअल आवश्यकता का अर्थ संभोग नहीं होता। न ही सेक्शुअलिटी को जननांगों के अर्थों में या जैविक भूख के पर्याय की तरह समझा जा सकता है। सेक्शुअलिटी की मनोवैश्लेषिक अवधारणा तो यौनांगों के सहज सहयोजन अथवा उनके आकार-प्रकार की परस्पर अनुकूलता के प्रश्न से कहीं अलग है। पर्याप्त संभोग करने के बावजूद हो सकता है कि मानसिक संतोष न प्राप्त हो रहा हो। दरअसल, मनोविश्लेषण सेक्शुअलिटी को मनुष्य के चेतन और अवचेतन में पैदा होने वाली फैंटेसियों की प्रणाली की तरह देखता है। ये फैंटेसियाँ नाना प्रकार के उद्‌गमों से फूट सकती हैं, संतोष के लिए तरह-तरह के तरीके अख्तियार कर सकती हैं। आनंद प्राप्त करने के लिए कई किस्म की उत्तेजनाओं और गतिविधियों का सहारा लिया जा सकता है। कोई जरूरी नहीं कि ये तमाम सेक्शुअल गतिविधियाँ किसी बुनियादी दैहिक जरूरत को पूरा करने से ही जुड़ी हों।

इन पृष्ठों पर हमारी चर्चा का विषय यह है कि भारतीय वैवाहिक संबंधों के मनो-सेक्शुअल पहलुओं पर संस्कृति क्या प्रभाव डालती है। मुझे नहीं लगता कि सहवास की क्रिया सांस्कृतिक पाबंदियों से प्रभावित होती होगी, या उनके मुताबिक सेक्शुअल आदान-प्रदान विनियमित होता होगा। लेकिन, उनके कारण सेक्शुअलिटी के इर्द-गिर्द होने वाले द्वंद्व जरूर बढ़ जाते होंगे। कई लोगों की जुबान पर तल्ख स्वाद रह जाता होगा, और कुल मिलाकर सेक्शुअलिटी की दुनिया इन पाबंदियों के कारण दरिद्र ही होती होगी। इन पाबंदियों के कारण बहुत से पुरुषों और अधिकतर महिलाओं को सेक्शुअल प्रेम के संपूर्ण और गहरे अनुभव से वंचित होना पड़ सकता है। हालाँकि मनुष्य के पास उसकी आत्मा के आगार के रूप में केवल उसकी देह ही होती है, लेकिन सांस्कृतिक प्रतिबंधों के कारण नर-नारी

एक-दूसरे की देह के प्रति अपनी लालसा का उत्सव नहीं मना पाते। सांस्कृतिक पाबंदियों की अहमियत परिवार के लिए ज्यादा होती है, क्योंकि प्रत्येक बच्चा उससे प्रभावित होता है। गर्भ में संतान के लिए बीजारोपण करते समय होने वाली यौन क्रिया के दौरान माता-पिता के चेतन और अवचेतन की फैंटेसियों का बच्चे के लिए खास मतलब होता है। इस मामले में मैं विनीकॉट के विचार से सहमत हूँ कि हमारी संस्कृति की व्यावहारिक शक्ल-सूरत हमारे परिवारों के विन्यास में देखी जा सकती है, ठीक उसी तरह जैसे किसी तस्वीर में दिखाए गए इनसान की खसलत उसके चेहरे से जाहिर हो जाती है। इस लिहाज से किसी संस्कृति को समझने के लिए सेक्शुअलिटी से संबंधित विश्वासों और मानकों का महत्त्व बढ़ जाता है।[२१]

हमारा समाज सेक्शुअल दुर्दशा का बेहद शिकार है—इस निष्कर्ष का आधार केवल वे हिंदू सांस्कृतिक आदर्श और प्रतिबंध नहीं हैं जो वैवाहिक जीवन में सेक्स को रोकते हैं। न ही यह निष्कर्ष केवल आधुनिक कथा साहित्य की व्याख्या करके निकाल लिया गया है। अगर हम मनोविश्लेषकों के पास जाने वाली उन बहुत सी मध्यवर्गीय और उच्चवर्गीय महिलाओं की सेक्शुअल परेशानियों को यह मान कर छोड़ भी दें कि उन्हें समाज का प्रतिनिधि नमूना नहीं माना जा सकता, तो भी हमें जन-जीवन में व्याप्त सेक्शुअल अतृप्ति के संकेत मिल जायेंगे। मसलन, समाज के उच्चवर्ग में धारणा प्रचलित है कि निचला तबका सेक्स संबंधी सांस्कृतिक पाबंदियों का पालन नहीं करता। लेकिन, दिल्ली की एक गरीब बस्ती में रहने वाली 'अछूत' औरतों के साक्षात्कार लेने पर कुछ और ही कहानी सामने आती है। ज्यादातर उत्तर भारत के ग्रामीण अंचलों से आने वाली इन औरतों का यौन जीवन भी प्रेम और कोमलता के बजाय प्रतिकूलताओं और उपेक्षाओं से आक्रांत निकलता है। अधिकांश औरतों के मानस पर किसी किस्म के दैहिक और भावनात्मक प्रेम से वंचित संभोग की एक ऐसी छवि अंकित थी जिसमें एक तंग और भीड़ भरे कमरे में नजर बचा कर की जाने वाली यौन क्रिया कुछ ही क्षणों में खत्म हो जाती है। ज्यादातर औरतों के लिए इस तरह की यौनक्रिया अरुचिपूर्ण, या पीड़ाजनक या दोनों किस्म की थी। वे अक्सर पिटाई के भय से समर्पण करती थीं। वे कपड़े भी नहीं उतारती थीं, क्योंकि ऐसा करना निर्लज्जता होती। हालाँकि कुछ औरतों के तजरुबे

उतने तल्ख नहीं थे, और उन्हें पति से दैहिक प्रेम की अपेक्षा थी, लेकिन ऐसी औरतें भी यौनक्रिया को पुरुष के विशेषाधिकार के रूप में ही देखती थीं। उनका खयाल था कि यह क्रिया तब होती है जब 'आदमी बोलना चाहता है।'

लैकॉफ और जानसन की मान्यता है कि इनसान की विचार प्रक्रिया मुख्यतः रूपकात्मक होती है। चीजों और अवधारणाओं की समझ और अनुभूति हम उनके जैसे ही रूपकों के जरिये बनाते हैं। इस लिहाज से इन औरतों द्वारा इस्तेमाल किये गये रूपक पर नजर डालने से कई बातें पता लग सकती हैं।[२२] जैसे, संभोग के लिए वे कहती हैं, *'हफ्ते में एक बार लगवा लेती हैं।'* यानी संभोग उनके लिए हफ्ते में एक बार लगवाने वाले इंजेक्शन की तरह है जो चुभता है पर स्वास्थ्य के लिए जरूरी भी है। संभोग को इन औरतों के बीच आम तौर से *काम* और *धंधे* के नाम से याद किया जाता है। इन औरतों (और पुरुषों) के लिए संभोग एक लेनदेन की तरह है जैसे किसी करार या निर्वैयक्तिक विनिमय के तहत कोई काम किया जा रहा हो। जाहिर है कि ऐसी किसी भी कार्रवाई में एक पक्ष द्वारा दूसरे को उल्लू बनाने या उसके शोषण करने के अंदेशे हमेशा मौजूद रहते ही हैं।

वैवाहिक संबंधों में नर-नारी के बीच का द्वंद्व प्रेम के कोमल क्षणों से पूरी तरह वंचित नहीं होता। खासकर स्त्रियों को इस पहलू की क्षति पर अफसोस और शोक भी होता है। इसकी मिसालें दोनों उपन्यासों में मिलती हैं। मित्रो सरदारी के प्रति यदाकदा दैहिक प्रेम और परिवार के बुरे दिनों में आर्थिक उदारता प्रदर्शित करती है। इसी तरह रानो भी मंगल के सामने अपने हृदय की पीड़ा और पश्चात्ताप ही व्यक्त करती है। वह महाभारत का हवाला दे कर कहती है कि नर-नारी का संघर्ष भी ऐसा ही है। दरअसल, पति और पत्नी के द्वंद्व की रानो द्वारा कुरुक्षेत्र के युद्ध से की गई तुलना सटीक समझी जानी चाहिए। यह ऐसे दो पक्षों के बीच का युद्ध है जो एक-दूसरे को अच्छी तरह जानते हैं, जिनमें एक-दूसरे के प्रति निष्ठा और प्रशंसा का भाव भी है और इस युद्ध के बीच में संघर्ष का नियमित विराम भी होता रहता है।

समझने की जरूरत यह है कि ये उपन्यास असल में कह क्या रहे हैं। इनमें पत्नी की उस आकांक्षा की तरफ इशारा किया गया है जो कथा साहित्य के साथ-साथ (मरीजों की जिंदगी और) उच्च व मध्य वर्ग के

सामाजिक माहौल का प्रमुख मुद्दा बन चुकी है। एक स्त्री के रूप में पत्नी पति के साथ संबंधों में अनुपस्थित अंतरंगता की तलाश में है। वह पति से एक पुरुष की भाँति प्रेम की अपेक्षा रखती है। चाहे असली जिंदगी की औरतें हों, या किस्से-कहानियों की, वे पुरुष के साथ अपना 'जोड़ा' बनाने की कल्पनाओं में जीती हैं। और उनका यह जोड़ा शेष परिवार के विपक्ष में नहीं, बल्कि पूरे परिवार के व्यापक नेटवर्क के तहत पनपना चाहता है। यह अलग बात है कि पत्नी की यह फैंटेसी अक्सर विफल होने के लिए अभिशप्त है। अपने वयस्क जीवन के हर चरण में, दुल्हन के आशाओं से धड़कते दिल से लेकर नानी-दादी के सौम्य रूप तक, औरत यही तीव्र आकांक्षा पालती है कि वह अपने पति के साथ दो लोगों का एक ऐसा छोटा-सा संसार बना सके जिसमें दोनों पक्ष एक-दूसरे को 'मान्यता' दें। नाते-रिश्तेदारों के बीच फैले परिवार में रोजमर्रा की नीरस मेहनत, कलह, निराशा और कभी-कभार के सुखों के बीच यही आकांक्षा उसकी उम्मीदों को जिलाये रखती है। पश्चिम के लोकप्रिय कथा साहित्य में वर्णित प्रेम की आकांक्षा यौन कामनाओं के संधान से जुड़ी होती है, या फिर उन कहानियों की नायिका चाहती है कि कोई छैल-छबीला पुरुष उसे अपने साथ बहा ले जाये। इसके विपरीत भारतीय स्त्री का रोमानी जगत अपेक्षाकृत शांत होता है। मुकेश के गाये किसी गीत की भाँति गहन यह चाह जब पूरी नहीं हो पाती तो बहुत-सी महिलाओं का भाव जगत कुम्हला जाता है। उनमें से कई पूरे जीवन मातृत्व की जिम्मेदारी यंत्रवत निभाती रह जाती हैं। कुछ का हृदय बेचैन हो कर इसके खिलाफ प्रतिक्रिया करता है। एक महिला का तो कहना यह था कि पति की गंध भी उसे एक दैनिक यातना की तरह लगती है जिसे एक खामोश चीत्कार के जरिये ही बर्दाश्त किया जा सकता है। पति के घर को पत्नी के लिए ससुराल माना गया है। लेकिन, इसी इच्छित अंतरंगता की उपलब्धि में उसकी वास्तविक ससुराल निहित है। यही अंतरंगता पति और पत्नी के बीच प्रतिकूलताओं का शमन करती रहती है, उन प्रतिकूलताओं का जो नर-नारी विभाजन में अंतर्निहित हैं और जिन्हें सांस्कृतिक प्रभावों ने और मुखर कर दिया है। हर युवती विवाह के बाद यही ससुराल हासिल करना चाहती है, और हर विवाहित स्त्री भी अपने कल्पनाजगत के गोपनीय आगार में बार-बार इसी ससुराल की यात्रा करती है।

संदर्भ और टिप्पणियाँ

१. राजेंदर सिंह बेदी, *एक चादर मैली सी,* नीलम प्रकाशन, इलाहाबाद, १९६१

२. मारगरेट टी. एगनर, 'दि आइडियॉलॉजी ऑव लव इन ए तमिल फेमिली', होबार्ट एंड स्मिथ कॉलेज, १९८६, अप्रकाशित, पृष्ठ ११२-१३

३. स्त्रियों के बारे में भारतीय कहावतों के संकलन के लिए देखें : *भारतीय कहावत संग्रह,* खंड २, सं. वी.ओ. नरवाने, त्रिवेणी संगम, पुणे, १९७९, पृष्ठ ६४१-५१

४. ऋग्वेद, १०.१४५ और १०.१५९, सं. एफ. मेक्समुलर, ऑक्सफर्ड यूनिवर्सिटी प्रेस, लंदन, पृष्ठ ८९०-९२

५. ऋग्वेद, १०.१८.८

६. रामायण, ३.५७.१७, सं. जी.एच. भट्ट वगैरह, ओरिएंटल इंस्टीट्यूट, बड़ोदरा, पृष्ठ १९६०-७५

७. जहाँ तक मुझे क्लीनिक में रोगोपचार के दौरान हुए अनुभवों का सवाल है, देवर-भाभी के बीच संभावित सेक्शुअल अंतरंगता के बारे में मेरे विचारों को कम से कम एक तथ्यपरक अध्ययन तो पुष्ट करता ही है। बेहरे और नटराज ने अपने अध्ययन में पाया है कि पचास फीसदी पुरुषों ने बड़े भाई की पत्नी के साथ यौन संबंध रखना कबूला। देखें : पी.बी. बेहरे और जी.एस. नटराज, 'धात सिंड्रॉम : दि फिनामिनालॉजी ऑव ए कल्चर बाउंड सिंड्रॉम', *इंडियन जरनल ऑव साइकियाट्री,* २६, अंक १, १९८४, पृष्ठ ७६-७८

८. कृष्णा सोबती, *मित्रो मरजानी,* राजकमल प्रकाशन, नई दिल्ली, १९६७

९. सिगमंड फ्रॉयड, 'ए स्पेशल टाइप ऑल च्वाइस ऑव ऑब्जेक्ट मेड बाइ मेन', १९१०, स्टैंडर्ड एडीशन ऑल दि वर्क्स ऑव सिगमंड फ्रॉयड, होगार्थ प्रेस, १९५२, खंड २, पृष्ठ १६३-७६; इसके बाद यह संदर्भ *स्टेंडर्ड एडीशन* के नाम से ही दिया गया है।

१०. *दि लॉज ऑव मनु,* ३.५६, सं. एफ. मेक्सम्युलर, अनुवाद : जी. बुहलर, ऑक्सफोर्ड : क्लेरेंडन प्रेस, १८८६, पृष्ठ ८६

११. उपरोक्त, ९.२६, पृष्ठ ३३२

१२. उपरोक्त, ९.३, पृष्ठ ३२८

१३. उपरोक्त, ९.११, पृष्ठ ३२९

१४. उपरोक्त, ९.१२

१५. उपरोक्त, ९.१४, पृष्ठ ३३०

१६. उपरोक्त, ९.१५

१७. उपरोक्त, ९.१७

१८. उपरोक्त, ९.२०

१९. *भारतीय कहावत संग्रह,* खंड २

२०. दि लाज ऑव मनु, ३.४७

२१. डी.आर. विनीकॉट, *दि फेमिली एंड इंडिविडुअल डिवेलपमेंट*, टैविस्टॉक, लंदन, १९६५, पृष्ठ ४०; इस विचार की मूल अंतर्दृष्टि जॉन स्टुअर्ट मिल के १८६९ के विख्यात निबंध 'दि सब्जेक्शन ऑव वोमेन' से ली गई है।

२२. जी. लैकॉफ और एम. जॉनसन, *मेटाफर्स वी लिव बाई*, यूनिवर्सिटी ऑव शिकागो प्रेस, शिकागो, १९८०

२

अँधेरे में प्रेमी

वह चालीस के दशक का जमाना था और मैं उम्र की शुरुआती सीढ़ियाँ चढ़ रहा रहा था। पंजाब में उन दिनों सिनेमा देखना आमतौर पर अनैतिक नहीं तो कुछ खराब तो माना ही जाता था। मध्य और उच्चवर्गीय समाज भी इसी लहजे में सोचता था। बढ़ती उम्र के बच्चों की अनुभूतियों के विस्तृत होते हुए संसार के लिए लोग सिनेमा को खतरनाक मानते थे। लेकिन, इसका मतलब यह भी नहीं था कि वयस्कों की दुनिया सभी तरह की फिल्मों को समान रूप से खारिज कर देती हो। पेड़–पौधों से लेकर इनसानों तक, यानी हर चीज को ऊँच–नीच की श्रेणियों में फिट करके देखने की आदत ने फिल्मों का भी वर्गीकरण कर दिया था। कुंग–फू फिल्मों के भारतीय संस्करण यानी स्टंट फिल्मों की हैसियत शूद्रों जैसी थी। धार्मिक फिल्में ब्राह्मणों की तरह और ऐतिहासिक फिल्में क्षत्रियों की तरह इस श्रेणीक्रम में शीर्ष की दावेदार थीं। मेरे एक ताऊ लाहौर में प्रभात टाकीज़ नामक सिनेमाघर के मालिक थे। यहीं पहली बार मुझे 'ओनर्स बॉक्स' में बैठ कर एक चलताऊ धार्मिक फिल्म *कादम्बरी* देखने का मौका मिला। बचपन में मैं स्टंट फिल्में देखना ज्यादा पसंद करता था, पर जहाँ तक रुचि का सवाल है फिल्म कैसी भी हो, मुझे देखने से मतलब था। ताऊजी सिनेमा हाल के बगल में ही रहते थे। उनका एक नौकर घर का कामकाज करने के साथ–साथ हाल के दरवाजे पर ड्यूटी भी देता था। जब

भी मेरा परिवार लाहौर जाता, इसी नौकर की दोस्ताना मदद से फिल्मों के लिए मेरी छिपी हुई भूख तृप्त होती। दरअसल, फिल्मों के लिए मेरी भूख की कोई सीमा न थी। मैं कितनी भी फिल्में देख सकता था। *रतन* मैंने सोलह बार देखी और *शिकारी* चौदह बार। पहली बार 'ओनर्स बॉक्स' में बैठ कर *कादम्बरी* देखने के बाद मैंने उसे तीन बार और देखा।

फिल्में देखने का तजरुबा मेरे लिए बचपन की मीठी यादों का हिस्सा है। ये स्मृतियाँ स्थायित्व और क्षणभंगुरता की मिली-जुली रोशनी में आज भी झिलमिलाती हैं। सिनेमा हाल के अँधेरे में परदे पर चमकता हुआ संसार मुझे जादुई भी लगता था, और परिचित भी। वहाँ बैठ कर मैं बच्चा रहने के बजाय वयस्कों की दुनिया का सदस्य बन जाता। उस दुनिया का, जिसे मैं हसरत से देखता और जिसके विधि-विधान और रहस्यों तक मेरी पहुँच धुँधली सी ही थी। परदे पर बोले गए किसी अभद्र डायलॉग पर जब हाल में हँसी फूटती तो उसका ठीक-ठीक मतलब न समझते हुए मैं भी साथ में हँस देता। किसी अच्छे प्रेम दृश्य से उपजे सन्नाटे में मेरी साँस भी रुक जाती। तकरीबन हर फिल्म में हीरोइन पानी में गिरती या उसके कपड़े भीगते और मैं भी दूसरों की तरह अपनी अँगुली और अँगूठे का गोला बना कर जीभ के नीचे से सीटी मारने की कोशिश करता। बाद में दसियों साल बाद जब *सत्यम् शिवम् सुंदरम्* में झरने के नीचे भीग कर बदन से चिपक गयी साड़ी से कुमारी जीनत अमान का आंगिक सौंदर्य छलका तो मैंने कृतज्ञ भाव से सोचा कि अगर हिंदी सिनेमा न होता तो इस पल-पल बदलती हुई दुनिया में निरंतरता कहाँ से आती। बचपन में जिन फिल्मों के जरिये मुझे लगता था कि मैं जवानी को हाथ बढ़ा कर छू लूँगा, वयस्क होने पर वही फिल्में मेरे लिए बचपन की खिड़की बन गयीं।

हिंदी फिल्मों से अपने ताल्लुकातों का यह वर्णन मैंने यह दावा करने के लिए नहीं किया है कि मुझे इस मामले में कोई बड़ा भारी तजरुबा है या मुझे फिल्मों पर महारत है। मेरा मकसद तो यह दिखाना भर है कि भारत के लोकप्रिय सिनेमा पर मेरी हमदर्द निगाह कब से पड़ती रही है। पारंपरिक क्षेत्रीय संस्कृतियों से अपने बिम्ब और प्रतीक ले कर यह सिनेमा उन्हें आधुनिक पश्चिभो विषयवस्तुओं के साथ जोड़ देता है। इस प्रकार वह एक सर्वभारतीय लोकप्रिय संस्कृति की शक्ल-सूरत बनाने में प्रमुख भूमिका का निर्वाह कर रहा है। इन फिल्मों के तयशुदा किस्म के कथानकों से दर्शक

पहले से ही वाकिफ होते हैं। हालाँकि इन कथानकों और पारंपरिक लोक नाट्य के बीच जाहिर समानताएँ हैं, पर सिनेमा जिस लोकप्रिय संस्कृति की नुमाइंदगी कर रहा है वह क्लासिकल और लोकरूपों को अपने आगोश में समेटते हुए भी उनसे अलग किस्म की है।

ये फिल्में एक ऐसे दर्शक वर्ग को संबोधित हैं जो अपनी अत्यधिक विविधता के कारण किसी सामाजिक या स्थानिक दायरे में बँधा हुआ नहीं है। प्रत्येक दिन करीब करोड़ों लोग फिल्में देखते हैं। लोकप्रिय सिनेमा द्वारा प्रवर्तित मूल्य और उसकी भाषा लंबे अरसे से शहरी सीमाओं को लाँघ कर ग्रामीण जन–जीवन को स्पर्श कर रही है। फिल्मों के कारण ग्रामीण मानस में व्याप्त उत्तम जीवन की धारणा पर भी असर पड़ा है। समाज और परिवार की विचारधारा प्रभावित हुई है। प्रेम संबंधों में फर्क आया है। किसी क्षेत्र का नृत्य या संगीत रूप (जैसे कि भजन) बंबई या मद्रास के स्टूडियो में जा कर फिल्मी डांस या फिल्मी भजन में बदल जाता है। दूसरे क्षेत्रों के साथ–साथ पश्चिम के सांगीतिक और नृत्य संबंधी अभिप्रायों का समावेश करने के बाद फिल्में उन रूपों को जब अपने पूरे टेक्नीकलर और स्टीरियोफोनिक वैभव के साथ दोबारा उसी क्षेत्र के दर्शकों के सामने ले जाती हैं तो मूल रूप पूरी तरह बदल चुका होता है। इसी तरह लोक नाट्य पर भी फिल्मी दृश्यों, संवादों और साज–सज्जा का प्रभाव पड़ने लगा है। फिल्मों का असर यहाँ तक बढ़ गया है कि पूजा के लिए बनायी जाने वाली मूर्तियाँ और तस्वीरें फिल्मों में दिखाये जाने वाले देवी–देवताओं की तर्ज पर बनायी जाने लगी हैं।[१]

मैं फिल्मों को एक सामूहिक फैंटेसी के रूप में देखता हूँ, जैसे कि लोगों का कोई समूह दिवास्वप्न देख रहा हो। यहाँ सामूहिक से मेरा तात्पर्य उस मिथकीय सामूहिक अवचेतन से नहीं है जिसे सामूहिक मानस की संज्ञा भी दी जाती है। बजाय इसके, मैं तो सिनेमा को भारतीय उपमहाद्वीप में रहने वाले उन असंख्य लोगों की साझा स्वैरकल्पनाओं के मुख्य वाहक की तरह देखता हूँ, जो कहीं न कहीं आपस में सांस्कृतिक और मानसिक रूप से जुड़े हुए भी हैं। स्वैरकल्पना या फैंटेसी शब्द का प्रयोग भी मैंने सनकीपन या क्षुद्रता का आभास देने वाले उसके प्रचलित शाब्दिक अर्थों में नहीं किया है। यहाँ फैंटेसी से मेरा मतलब कल्पनाशीलता की उस उड़ान से है, जो कामनाओं के दम पर हमें एक ऐसी वैकल्पिक दुनिया मुहैया

कराती है जिसमें हम हकीकत के खिलाफ अपनी पुरानी जंग जारी रख सकते हैं। मेरा मानना है कि कामना और फैंटेसी का चोली-दामन का साथ है। अरस्तू ने कहा था कि फैंटेसी के बिना कोई कामना हो ही नहीं सकती। अगर यह कथन उलट दिया जाये तो उसकी सच्चाई और बढ़ जाती है। फैंटेसी कामना की दृश्य-सज्जा है। उसके चाक्षुष रूप का नाटकीकरण है।

जब कामनाएँ होती हैं तो उनके बीच टकराव भी होता है। उनके इसी द्वंद्व से फैंटेसी निकलती है। दरअसल, कामनाएँ माँगों का रूप ले कर इनसान के आसपास की दुनिया, खास कर उसके इर्द-गिर्द के लोगों से अपनी पूर्ति के लिए आग्रह करती हैं। यह दुनिया या तो उन माँगों को पूरा नहीं कर सकती या फिर करना नहीं चाहती, पर साथ ही वह उन माँगों पर पूरी तरह पाबंदी भी नहीं लगाती। इसी मुकाम पर फैंटेसी की ताकत हमें बचा लेती है। वह संभव या यथोचित के परे जा कर या तो कामनाओं का विस्तार कर देती है, या फिर उन्हें वापस ले लेती है। इसके लिए फैंटेसी के हाथों अतीत का पुनर्निर्माण और भविष्य का आविष्कार होता है। सपने जिस सामग्री से बनते हैं, उसी को फैंटेसी कहते हैं, और वह कामना और यथार्थ के बीच पुल का काम करते हुए माँग और उसके पूरे होने के बीच की खाई भरती रहती है। इसीलिए मनोविश्लेषक राबर्ट स्टोलर ने उसकी प्रशंसा में यह गीत गाया है कि फैंटेसी 'आशा की वाहक, मन के घाव भरने वाली, यथार्थ के मुकाबले प्रतिरक्षक, सच्चाई पर पर्दा डालने वाली, अस्मिता की निर्धारक, प्रशांति की पुनःस्थापक, भय और दुख की शत्रु और आत्मा को स्वच्छ करने वाली होती है।'[२] हिंदी की फिल्मों को मैं शायद दुनिया के कई देशों के सिनेमा से भी अधिक इन्हीं विशेष अर्थों में फैंटेसी की तरह देखता हूँ।

सिनेमा द्वारा फिल्म-दर-फिल्म परोसी जाने वाली विशुद्ध फैंटेसी अपने पारावार के कारण अभिभूत कर देती है। चूँकि रुपहला पर्दा जीवन की हर समस्या को जादुई व्याख्या और परीकथानुमा हल के जरिये निबटाता है, इसलिए यह बेचैन सवाल उठना स्वाभाविक ही है कि फैंटेसी के प्रति गहरा आग्रह समाज की गहराइयों में जड़ जमाए रहने वाली आवश्यकता की अभिव्यक्ति तो नहीं है। चूँकि भारतीय सिनेमा बहुत बड़ी हद तक जिंदगी की हकीकतों को पूरी तरह नकारता है, इसलिए कुछ लोग इसे एक तरह की रुग्णता का परिचायक मानते हैं। खास तौर से इसलिए

भी कि फिल्मों की फैंटेसी गरीबी में पिसती जनता के लिए क्षणिक पलायन का जरिया मानने के तर्क में भी फिट नहीं बैठती। पहली बात तो यह है कि फिल्मों के ज्यादातर दर्शक केवल गरीबों में से ही नहीं आते। दूसरे, दुनिया के किसी भी देश के सिनेमा में ऐसी मिसाल नहीं मिलती कि राजनीतिक अस्थिरता और आर्थिक बदहाली के भीषण समय में भी वह भारतीय सिनेमा की तरह लगातार एकसी फैंटेसी का उत्पादन ही करता रहा हो। न तो बीस के दशक के आर्थिक संकट के दौरान जर्मन सिनेमा ने और न ही विश्वयुद्ध की तबाही के बाद जापानी सिनेमा ने फैंटेसी को इस तरह के अभिभूतकारी सिद्धांत का दर्जा दिया था। मित्र राष्ट्रों की जीत के बाद इतालवी सिनेमा में भी फैंटेसी के बजाय नवयथार्थवाद ने ही जोर पकड़ा था। जाहिर है कि केवल आर्थिक हालात को भारतीय सिनेमा पर छायी हुई फैंटेसी की वजह नहीं समझा जा सकता।

मुझे तो लगता है कि हिंदी सिनेमा में फैंटेसी की सर्वव्यापकता का कारण सामाजिक-आर्थिक पहलुओं में न देख कर सांस्कृतिक मानस में देखा जाना चाहिए। दूसरी संस्कृतियों की तरह हमारे देश में भी ऐसे लोग हैं जिन्हें फिल्मों की लत है। दरअसल, इन बदकिस्मत लोगों को बचपन से ही यथार्थ का दर्शन वयस्कों की दृष्टि से करना पड़ा है, और इसीलिए फिल्मों की फैंटेसी उनके जीवन के उस शून्य को भरने का काम करती है जो उनकी रोजमर्रा की जिंदगी में वक्त से पहले ही जादू के तिरोहित हो जाने के कारण पैदा हो गया है। अगर इन फिल्मी लतियड़ों को छोड़ दिया जाये, तो ऐसा कोई सामान्य भारतीय नहीं मिलेगा जो मान कर चलता हो कि हिंदी फिल्मों में इस जगत का कुछ यथार्थ चित्रण भी होता है। हालाँकि मैं यह भी मानता हूँ कि अन्य संस्कृतियों के मुकाबले भारतीय लोग अविश्वास करने का अपना रवैया मुल्तवी करने के लिए अपेक्षाकृत ज्यादा तैयार रहते हैं। इसका कारण यह नहीं है कि भारतीयों की चिंतन प्रक्रिया फैंटेसीग्रस्त है। भारतीय हो या अमेरिकी, चीनी, जापानी या जर्मन, असल में यह किसी भी इनसान की फितरत में शामिल है कि वह थमाए गए विचारों और आस्थाओं को अपने अवलोकन की तरह मान लेता है और फिर उसके आधार पर बने विश्वास की पुष्टि करने में जुट जाता है। वह बेचैन कर देने वाली नयी जानकारियों का स्वागत करने के लिए तैयार नहीं होता। यथातथ्य और क्रमबद्ध चिंतन के बजाय वह ढीले-ढाले और

सहचारी किस्म के चिंतन में लगा रहता है। बहरहाल, कोई मूल्यगत फैसला दिये बिना मैं तुलनात्मक रूप से एक परिकल्पना पेश करना चाहूँगा कि भारत में किसी बच्चे की जादुई दुनिया वयस्क-चेतना से उतनी कटी हुई नहीं होती जितनी कि अन्य संस्कृतियों में। भारतीय संस्कृति कुछ खास पहलुओं पर जोर देती है, और उन्हीं के मुताबिक बनी शैली से बच्चों का लालन-पालन होता है। मैंने अपनी एक अन्य रचना में इस पर विस्तार से लिखा है। इसी कारण से भारतीय पराअहं की प्रकृति इतनी लचीली हो जाती है कि वह किसी संकट की अनुभूति किये बिना अस्थायी रूप से कभी भी बचपन की दुनिया में प्रतिगमन कर जाता है।[३] ऐसा लगता है कि हिंदी फिल्में हममें से बहुत से लोगों को यही प्रतिगामी स्वर्ग उपलब्ध कराती हैं।

जैसा कि मेरे ऊपर के विश्लेषण से स्पष्ट है, मैं भारतीय सिनेमा दर्शकों को हिंदी फिल्मों के पाठ का उपभोक्ता ही नहीं, बल्कि उसका रचयिता भी मानता हूँ। अगर ऐसा है तो फिर फिल्म निर्माण से जुड़े उन लोगों की भूमिका क्या रह जाती है जिन्हें निर्माता, निर्देशक, पटकथा लेखक और संगीत निर्देशक आदि-आदि कहा जाता है? मैं समझता हूँ कि ये लोग पूरी तरह से सहायक भूमिका ही अदा करते हैं, ठीक उस प्रकाशक की तरह जो अपने पास भेजी गयी पांडुलिपियों में से एक खास कृति को चुन कर उसका संपादन और प्रकाशन करता है। चूँकि फिल्मकार को टिकट खिड़की पर नोटों की बरसात का लगातार ध्यान रखना पड़ता है, इसलिए वह सुनिश्चित करता है कि वह एक ऐसा दिवास्वप्न चुन कर फिल्म के रूप में विकसित करे जो किसी एक विशिष्ट प्रकृति का प्रतिनिधि न हो। वह दर्शकों के ऐसे सरोकारों को सहज अनुभूति के स्तर पर संबोधित किए बिना नहीं रह सकता जो साझे किस्म के हों। ऐसा न होने पर व्यावसायिक सफलता के लिहाज से फिल्म के नतीजे लाजमी तौर से बुरे निकलते हैं। पोर्नोग्राफी की तरह फिल्मकार को एक ऐसी कृति रचनी पड़ती है जो अपने अनूठेपन के कारण मंत्र-मुग्ध और उत्तेजित करे, और साथ ही जो इतनी सामान्य भी हो कि सभी की रुचि आकर्षित कर सके। मोटे तौर पर हर साल सात-आठ सौ फिल्में बनती हैं जिनमें केवल दस-पंद्रह ही 'हिट' होती हैं। इन्हीं हिट फिल्मों की तलाश में फिल्मकार दिवास्वप्नों को किंचित परिवर्तन के साथ बार-बार दोहराते हैं ताकि उन्हें यथार्थ के

अधिकाधिक पुष्टिकर प्रतिस्थापन की तरह विकसित किया जा सके। फैंटेसी के दायरे में बेहद बुनियादी किस्म की स्वप्न-छवियों से लेकर दैनंदिन यथार्थ की वे भ्रांत व्याख्याएँ तक आती हैं जिन्हें तर्कों के जरिये गले उतारा जाता है। इस लिहाज से हिंदी फिल्म शायद दिवास्वप्न के सबसे ज्यादा नजदीक होती है। सच्चाई तो यह है कि अपने चाक्षुष विस्तार में ये फिल्में दिवास्वप्न जैसे गुणों से ही संपन्न होती हैं, यानी वे यथार्थ के पूरी तरह से बाहर भी नहीं होतीं और साफ तौर से उससे जुड़ी भी रहती हैं। अर्जुन अप्पदुरै और कैरोल ब्रेकनरिज ने दिखाया है कि लोकप्रिय फिल्मों के दृश्य-विस्तार में स्थान होते हैं, सामाजिक निरूपण होते हैं, स्थलाकृति विज्ञान के पहलू मिलते हैं और साधारण अनुभवों की याद दिलाने वाली परिस्थितियाँ मिलती हैं, लेकिन ये फिल्में इन सबको कुछ इस तरह रूपांतरित कर देती हैं कि बड़ी सफाई के साथ एक फैंटेस्टिक माहौल बन जाता है।[४] यहाँ तक कि फिल्म की भाषा भी वास्तविक भाषा की याद दिला देती है। अगर ऐसा न होता तो दोस्ती, प्रेम या शत्रुता के बारे में फिल्मी चरित्रों जैसी जज़्बाती शेखीखोरी पर 'हिंग्लिश' का यह वाक्य कैसे चस्पाँ किया जाता, 'डोण्ट मारो फिल्मी डायलॉग यार!'

एक वयस्क दिवास्वप्न की ही भाँति हिंदी फिल्में भी फैंटेसी के केंद्रीय तत्त्वों यानी इच्छाओं की पूर्ति, प्रतिस्पर्द्धियों की पराजय और शत्रुओं के विनाश पर ही जोर देती हैं। कथानक के घिसे-पिटे पेचो-खम बार-बार एक ही संदेश सुनिश्चित करते हैं। परीकथाएँ जिस तरह अपने संदेश से बच्चों की दिली तसल्ली कर देती हैं, उसी प्रकार फिल्में कहती हैं कि जिंदगी में दिक्कतों के खिलाफ संघर्ष तो करना ही पड़ता है, लेकिन इन मुश्किलों और नाइंसाफियों का हिम्मत और दृढ़निश्चय से सामना किया जाए तो इनसान को आखिर में जीत जरूर हासिल होगी।[५] फिल्में हों या परीकथाएँ, कहानी के अंत में सामान्यतः माता-पिता प्रसन्न और गौरवान्वित दिखाये जाते हैं, राजकुमारी को हासिल किया जा चुका होता है और खलनायकगण या तो पश्चात्ताप करते हुए नजर आते हैं या फिर इधर-उधर बिखरे उनके पिटे-कुटे शरीरों को देख कर दर्शकों को संतोष होता है। परीकथाओं की ही तरह फिल्मों में भी बुरी ताकतें पहले तो अस्थायी रूप से हावी हो कर नायक के जायज हकों को हड़पने में कामयाब हो जाती हैं, पर अंततः उन्हें हारना ही पड़ता है। जिस तरह बच्चा

बुराई के लिए ललचाता है और उस पर लगातार अच्छा बनने का दबाव डाला जाता है, उसी तरह हिंदी सिनेमा भी बुराई को श्रृंगारिक सुख की छूट और आत्ममोह के आनंद से जोड़ कर आकर्षक बना देता है और उसके खलपात्र बेरोकटोक अपनी अभिलाषाओं की पूर्ति करते नजर आते हैं। लाइलाज दुर्गुणों से भरे खलनायक को आमतौर से सुरापान का आनंद लेते हुए दिखाया जाता है। चाहे मर्जी से हो या जोर-जबरिया, उसके साथ एक सेक्सी सुंदरी भी होती है।

हिंदी फिल्मों और परीकथाओं में एक समानता और है। दोनों ही परिस्थितियों का अतिसरलीकरण करते हुए जब तक एकदम अनिवार्य न हो, विस्तृत विवरण के फेर में नहीं फँसते। फिल्म के चरित्र कभी भी विशिष्ट नहीं होते। वे हमेशा प्रातिनिधिक ही होते हैं। हकीकी दुनिया के इनसानों की तरह उनकी जटिलताएँ दर्शकों को परेशानी में नहीं डालतीं। नायक हो या खलनायक, नायिका हो या उसकी सबसे अच्छी सहेली, स्नेही पिता हो या जालिम सौतेली माँ, किसी चरित्र में कोई द्वैध नहीं होता। सामान्य जिंदगी की तरह उनमें मिले-जुले रंग नहीं होते। जाहिर है कि फिल्में उपन्यासों की तरह नहीं होतीं। उनका मकसद चरित्र चित्रण के जरिये पुरुषों और स्त्रियों की व्यक्तिगत जटिलताओं के बारे में हमारी समझ बढ़ाना नहीं होता, न ही वे मानवीय दशाओं पर चिंतन करने में हमारी मदद करती हैं। वे तो हमारे भीतर छिपे हुए बच्चे को संबोधित करना चाहती हैं। वे चाहती हैं कि उनके दर्शक सहानुभूति या वैरभाव के आवेगों में डूबें-उतराएँ और ऐसे आयामों से तादात्म्य स्थापित करें जिनके जरिये उन्हें अपनी स्वैरकल्पनाओं को मजा लेने का और मौका मिले।

कठमुल्ले बुद्धिवादी आलोचक अक्सर यथार्थ के अभाव का तर्क दे कर हिंदी फिल्मों को खारिज करते रहते हैं। उनकी शिकायत रहती है कि फिल्मों का कथानक विश्वसनीय नहीं होता और उनके चरित्रों की अविश्वसनीयता की कोई सीमा नहीं होती। दरअसल, फिल्मों पर अपने इन फतवों का करम फरमाने वाले इन बुद्धिवादियों की यथार्थ संबंधी समझ अक्सर सीमित होती है। यथार्थ को एक प्रदर्शन करने लायक तथ्य के रूप में सीमित कर देने वाली यह समझ उसके मनोवैज्ञानिक पहलुओं का अस्तित्व मानने के लिए तैयार नहीं होती। इनसान के भीतर, उसके अंतरमन में भी तो एक यथार्थ होता है जिसकी सिर्फ अनुभूति की जा सकती है।

परीकथाओं के बारे में ब्रूनो बेतलहीम का कथन हिंदी फिल्मों पर लागू किया जा सकता है। इसके मुताबिक हो सकता है कि बुद्धिवादी अर्थों में ये फिल्में यथार्थ न हों, पर वे केवल मिथ्या भी नहीं होतीं। हो सकता है कि फिल्में बाहरी जगत का त्रुटिपूर्ण चित्रण करती हों और यह चित्रण दर्शक के बाह्य जीवन के लिए अप्रासंगिक भी हो सकता है, पर उनकी उँगलियाँ बड़े विश्वसनीय ढंग से कामनाओं की नब्ज पर रहती हैं। इसका कारण यह है कि सचेत रूप से कही गयी कथा पर केंद्रित होने के बजाय हिंदी फिल्में अवचेतन द्वारा ग्रहण की गयी स्वैरकल्पना को अपना मुख्य केंद्र बनाती हैं। हो सकता है कि इन फिल्मों की कहानियाँ घिसी-पिटी हों, उनकी विविधता सीमित हो और उनका सीधा-सहज संदेश ऊपर से देखने पर सांस्कृतिक परंपरा को चुनौती देने के बजाय पुष्ट करता हुआ लगे। लेकिन, इस सतह को कुरेदते ही दिख जाता है कि इन फिल्मों की स्वैरकल्पनाएँ दोहराव का शिकार होने के बावजूद उतनी पिटी-पिटाई भी नहीं हैं। वे अक्सर संस्कृति के दायरे में विभिन्न मानवीय रिश्तों की सचेत सामाजिक समझ में दिलचस्प पेच पैदा कर देती हैं।

भारतीय सिनेमा, संस्कृति और मानस के बीच संबंधों का कुछ विस्तृत वर्णन करने के बाद मैं अब रुपहले पर्दे पर गतिशील छवियों को देखते समय दर्शक के अंतरमन में चल रहे प्रेम के नाटक पर ध्यान दूँगा। यह एक ऐसी मिली-जुली प्रेम कहानी है जिसकी रचना मैंने पिछले तीन दशकों की कुछ सुपर हिट फिल्मों की सामग्री से की है।[६] इन सभी फिल्मों का कथानक बताने के असंभव और श्रमसाध्य कार्य से बचने के लिए मैं यहाँ केवल राज कपूर की फिल्म *राम तेरी गंगा मैली* के पाठ को अपनी मुख्य मिसाल बनाते हुए अन्य फिल्मों के उदाहरणों का इस्तेमाल करूँगा ताकि हिंदी सिनेमा की एक नमूनागत प्रेम कहानी को विस्तार से पूरा किया जा सके। राज कपूर की यह फिल्म १९८६ की सबसे बड़ी हिट थी।

फिल्म का हीरो नरेंद्र कलकत्ता के एक कॉलेज का छात्र है। उसके पिता पैसे वाले हैं और भ्रष्टाचार में पूरी तरह डूबे हुए हैं। उनके तार राजनेता भाग चौधरी से जुड़े हुए हैं। चौधरी एक खलपात्र है जिसकी अकेली बेटी राधा नरेंद्र से प्रेम करती है। लेकिन, हमारा नौजवान हीरो राधा की भावनाओं से अनजान है। उसकी प्रकट इशारेबाजी नजरअंदाज करने वाले नरेंद्र में उसके प्रति श्रृंगारिकता से रहित दोस्ताना स्नेहभाव ही है।

फिल्म में दिखाया गया है कि नरेंद्र कॉलेज की तरफ से गंगोत्री की सैर करने जाता है। उसकी दादी उसे बहुत चाहती है। चूँकि कलकत्ता पहुँचते-पहुँचते गंगा प्रदूषित हो जाती है इसलिए नरेंद्र ने दादी से वायदा किया है कि वह गंगा का पवित्र जल उनके लिए वहीं से ले कर आयेगा जहाँ से नदी फूटती है। पहाड़ी से उतर कर नदी की धारा तक पहुँचने के चक्कर में उसके हाथ से कलश छूट कर ढलान पर लुढ़कता चला जाता है। इसी कलश को उठाने की कोशिश में नरेंद्र उस समय खाई में गिरने ही वाला होता है जब नायिका चिल्ला कर उसे बचा लेती है। नायिका का नाम भी गंगा है। पहाड़ों की सुंदर और कमसिन लड़की गंगा बेदाग और मासूम होने के साथ-साथ बेबाक भी है। शहरी नौजवान के प्रति अपनी चाह जताने में वह नहीं हिचकिचाती। नरेंद्र के साथ अपना रिश्ता आगे बढ़ाने में पहल अक्सर उसी की रहती है। नंगे पैर और ठंड से बेपरवाह गंगा लड़खड़ाते और ठिठुरते नरेंद्र का हाथ थाम कर पहाड़ी रास्तों पर निर्देशित करती है। इस रोमांस के दौरान दोनों जंगली फूलों की घाटियों में युगल गीत गाते घूमते हैं। प्रेम की अठखेलियाँ झरने के पानी में भी चलती हैं, जहाँ देह से चिपकी महीन भीगी साड़ी गंगा के सुगठित वक्षों का दर्शन कराती है। कॉलेज के एक दोस्त द्वारा बलात्कार के प्रयास से नरेंद्र ही गंगा की रक्षा करता है जिसके कारण नायिका का प्रेम नायक के प्रति और गहन हो जाता है। परस्पर आसक्ति बढ़ती चली जाती है।

हालाँकि गंगा का रिश्ता अपनी ही बिरादरी के एक व्यक्ति से तय हो चुका है, पर वह सगाई तोड़ कर नरेंद्र से विवाह करने का फैसला करती है। शादी से पहले एक बड़ा जोरदार (और उत्तेजक) नृत्य प्रसंग दिखाया गया है और उसके बाद सुहागरात का चित्रण है। इसमें नायक अपनी नायिका को इस गरिमा और समर्पण के साथ निर्वस्त्र करता है जैसे कि कोई पुजारी प्रातःकालीन पूजा के लिए अपनी देवी की मूर्ति तैयार कर रहा हो। अंदर सुहागरात चल रही है और बाहर नायिका का भाई उसके पूर्व मंगेतर के साथ खूनी संघर्ष में लिप्त है जिसका अंत दोनों की मृत्यु में होता है।

नरेंद्र यह वायदा करके कलकत्ता वापस चला जाता है कि जल्दी ही अपने घर वालों को शादी के बारे में बता कर गंगा को भी बुला लेगा। घर पहुँच तक उसे पता चलता है कि उसकी दादी ने उसकी अनुपस्थिति में

राधा के साथ उसका रिश्ता तय कर दिया है। राजनेता भाग चौधरी की लड़की के साथ उसका यह रिश्ता दोनों परिवारों को पसंद है। इसके बाद नौजवान नायक और उसके माता-पिता के बीच कई जज़्बाती दृश्य दिखाये जाते हैं, जिनके कारण दादी का दिल का दौरा पड़ने से निधन हो जाता है। नरेंद्र माता-पिता की इच्छा का उल्लंघन करते हुए पहाड़ों की तरफ जाता है, ताकि गंगा को ला सके। चौधरी अपने राजनीतिक असर का इस्तेमाल करके पुलिस द्वारा नरेंद्र को गंगा के गाँव तक पहुँचने से पहले ही बस से उतरवाकर जबरदस्ती कलकत्ता बुलवा लेता है।

इसी दौरान गंगा को नरेंद्र के नाम उसकी दादी का लिखा हुआ एक पत्र मिलता है जिसमें दर्ज है कि घर वाले किस तरह उसकी शादी कर देना चाहते हैं। इससे गंगा को यकीन हो जाता है कि उसके पति का विवाह किसी अन्य स्त्री के साथ कर दिया गया है। उधर सुहागरात के अपने नतीजे होते हैं और गंगा एक बच्चे को जन्म देती है। चूँकि हिंदू परंपरा में संतान उसके पिता की होती है, इसलिए गंगा इन्हीं ऊँचे खयालों के तहत कलकत्ता जा कर नरेंद्र को उसका बच्चा सौंपने का निर्णय करती है। इसी जगह से गंगा की तकलीफें शुरू होती हैं। पहाड़ों के नीचे बस से उतर कर कलकत्ता जाने वाली ट्रेन पकड़ने के लिए स्टेशन का रास्ता पूछने वाली गंगा को चकलाघर पहुँचा दिया जाता है। एक ग्राहक के हाथों बेच दी गयी गंगा उसके बालात्कार से किसी तरह बच कर बच्चे को अपने सीने से लगाये भाग निकलती है। फिर वह एक उम्रदराज पुजारी से स्टेशन का रास्ता पूछती है, लेकिन वह भी लंपट निकलता है। तभी समय पर पुलिस की आमदगी गंगा को पुजारी के चंगुल से बचा लेती है। आखिरकार गंगा को एक सहृदय पुलिस अफसर मिलता है जो बलात्कार कोशिश के बजाय उसे कलकत्ता जाने वाली ट्रेन में बैठा देता है। लेकिन, रास्ते में एक भड़वे के हाथों अगवा हो कर गंगा बनारस के एक कोठे पर पहुँचा दी जाती है। इन कोठों पर तवायफें ग्राहकों की दिलजोई की शुरुआत पारंपरिक मुजरा पेश करके करती हैं। बनारस में गंगा एक मुजरेवाली के तौर पर विख्यात हो जाती है, और उसकी पवित्रता भी बची रहती है। यह पवित्रता रहस्यमय किस्म की है। फिल्म बताती है कि गंगा की पवित्रता का वास तो स्त्री के हृदय में है, जिसके कारण पुरुष उसकी तरफ आकर्षित हो कर उसी में समा जाता है।

कोठे की मालकिन गंगा को चौधरी के हाथों बेच देती है, जो अपनी चढ़ती उम्र में रखैल हासिल करने के लिए लड़की की तलाश में बनारस आया हुआ है। गंगा के पति का होने वाला श्वसुर चौधरी कलकत्ता के एक घर में गंगा को रखता है और एक दिन नरेंद्र के पिता को उसकी खूबसूरती दिखाने के लिए वहाँ लाता है। चौधरी वायदा करता है कि जैसे ही उनके बेटी-बेटे की शादी हुई, दोनों मिल कर गंगा को भोगेंगे। शादी की रात गंगा चौधरी द्वारा मेहमानों के सामने मुजरा करने के लिए बुलाई जाती है। नाचती-गाती गंगा को नरेंद्र पहचान लेता है, और विवाह की रस्में पूरी किये बिना गंगा के पक्ष में खड़ा हो जाता है। उसके पिता और खासकर चौधरी व उसके गुंडे कोशिश तो करते हैं, पर अंततः नरेंद्र और गंगा को एक होने से नहीं रोक पाते। अपने दुधमुँहे बेटे के साथ दोनों प्रेमी पतित हो चुकी पुरानी पीढ़ी को त्याग कर उम्मीदों भरे नये भविष्य की तरफ चले जाते हैं।

सतही तौर पर *राम तेरी गंगा मैली* एक ऐसी चिर-पवित्र स्त्री की रोचक कहानी है जिसके समर्पण और मासूमियत के सामने लंपट मर्दों की बड़ी से बड़ी कोशिशें भी पराजित होती दिखायी जाती हैं। ये पुरुष ज्यादातर पकी उम्र के हैं जो उस स्त्री को रखैल बना कर उसका यौन शोषण करने का इरादा रखते हैं। लेकिन, जिस तरह क्लीनिक में 'मनोवैश्लेषिक प्रहर' के दौरान मरीज के विवरण सुनने के लिए मनोविश्लेषक को एक तीसरे कान की जरूरत पड़ती है, उसी तरह फिल्म का विश्लेषण भी एक तीसरी आँख की माँग करता है ताकि सतही अर्थ की सीमाएँ लाँघ कर उसके अप्रकट पहलुओं को सामने लाया जा सके। समस्त यथार्थ का विध्वंस कर देने वाली शिव की तीसरी आँख के विपरीत यह फ्रॉयडीय आँख फैंटेसी की अंदरूनी शक्ल-सूरत सामने लाने के लिए यथार्थ की पथरीली सतह को चटखा भर देती है। जिस तरह सपना देखने वाला न केवल अपने सपने का लेखक, निर्माता और निर्देशक होता है बल्कि सपने में मुख्य भूमिकाएँ भी उसी की होती हैं, उसी तरह फिल्म का रचयिता-दर्शक भी स्वयं को केवल नायक या नायिका के रूप में ही नहीं वरन् अन्य सभी चरित्रों में व्याप्त महसूस करता है। सपना देखने वाले के प्रकट इरादों से प्रभावित हुए बिना विश्लेषक अपनी तीसरी आँख के जरिये कहानी के पात्रों का मूल्यांकन भिन्न तरह से कर सकता है। मसलन, विश्लेषक को लग सकता है कि दर्शकों में गंगा की बेचारगी के प्रति एक दया भाव ही नहीं है, बल्कि

वे तो सेक्शुअल खलनायकत्व के चित्रण में प्रच्छन्न मजा भी ले रहे हैं। गंगा की तकलीफों में उन्हें परपीड़क-कामुकता का आनंद मिल रहा है। इसके अलावा तीसरी आँख एक और काम कर सकती है। वह फिल्म के चरित्रों की पहचान खत्म करके उन्हें मानसिक धरातल पर खेले जा रहे एक नाटक से प्रतिस्थापित कर देती है। जिससे होता यह है कि अपने बच्चे को लगातार छाती से चिपकाये रहने वाली गंगा की फिल्मी छवि बचपन की एक खास अवस्था में की गयी माँ की कल्पना में बदल जाती है। दूसरी तरफ खलनायकों के चेहरे मिल-जुल कर 'बुरे' आक्रामक पिता में बदल जाते हैं जिसकी घिनौनी लिप्सा के सामने बेचारी माँ को समर्पण करना पड़ता है। यह सब करने के बाद तीसरी आँख हमें भारतीय पुरुषों और स्त्रियों को प्रेमियों के रूप में दिखाती है, उन प्रेमियों के रूप में जिनके प्रेम को रुपहले पर्दे पर कुछ खास परिस्थितियों और कुछ दायरों में चित्रित किया जाता है।

दशकों पहले राज कपूर की फिल्म *बरसात* में नरगिस ने एक पहाड़ी लड़की रेशमा की भूमिका की थी। गंगा का चरित्र उससे काफी मिलता-जुलता है। गंगा उस नायिका के सबसे ताजे संस्करण की तरह सामने आती है। वह पूरे दृढ़निश्चय के साथ हीरो की भक्ति में रमी हुई है और हीरो न केवल निष्क्रिय है, बल्कि कई बार नदारद भी। कामदेव का तीर लगने से पहले गंगा स्वाधीन और बेफिक्र है। पर, प्रेम और खासकर सेक्शुअल किस्म का प्रेम उसके लिए कष्टों और अवमानना का सिलसिला ले कर आता है। लैला और सोहनी जैसी विख्यात प्रेमिकाओं की तरह गंगा की तकलीफें भी एक सजा की तरह हैं। उसने मुक्तभाव से प्रेम करके सामाजिक रीति-रिवाजों का उल्लंघन जो किया है। बलात्कार, चाहे हुआ हो या उसका प्रयास किया गया हो, उस सजा की सबसे कठोर अभिव्यक्ति है। यह ऐसी खौफनाक सजा है जो गंगा को उसके प्रेम रूपी अतिचार के लिए मिलनी है।

इस मुकाम पर पूछा जा सकता है कि बलात्कार उस भारतीय सिनेमा का एक मुख्य तत्त्व कैसे बना हुआ है जिसमें चुम्बन लेना तक वर्जित है? प्रेम की फैंटेसी में स्त्री की यौन अवमानना इतनी महत्त्वपूर्ण भूमिका क्यों निभाती है? दरअसल, हिंदी फिल्मों में दिखाया जाने वाला बलात्कार हर तरह से एक फैंटेसी बलात्कार ही होता है। उसके चाक्षुष निरूपण से जाहिर

है कि इसमें न तो वास्तविक जीवन में होने वाले बलात्कारों जैसी हिंसा होती है और न ही उसके साथ वैसा सदमा जुड़ा रहता है। मुछाड़िया या खुरखुरी दाढ़ी वाला खलनायक बंद दरवाज़ों के पीछे दीदे घुमाता हुआ अपने स्त्री-शिकारों को घेरता है। उसके गले से घरघराहट और लंपटपन से भरे 'हा! अब तुम मेरे हाथों से नहीं बच सकतीं' जैसे डायलॉग निकलते हैं। ऐसे खलनायक हर बार जब हीरोइन के कपड़े फाड़ने के लिए झपटते हैं तो उनके हाथों में एक धजीर ही आ पाती है। उधर आतंकित हो कर पीछे हटती हुई नायिका के हाथ क्रॉस की शक्ल में अपने सीने पर रहते हैं ताकि वह अपनी अस्त-व्यस्त लाज बचा सके। वह मिन्नत करती जाती है कि उस पर मौत से भी बुरा यह हश्र न बरपाया जाए। नौटंकी के *महाभारत* में दु:शासन द्वारा द्रौपदी के चीरहरण वाले दृश्य में भी इसी तरह एक निस्सहाय और डरी हुई स्त्री दिखायी जाती है, और दर्शक उसकी दुर्दशा में समाविष्ट परपीड़क-कामुकता की फैंटेसी का आनंद उठाते हैं।

परपीड़क-कामुकता का मतलब है पीड़ा के जरिये यौनानंद प्राप्त करना। शर्त यह है कि पीड़ा या आनंद या दोनों ही अवचेतन रूप से मिलें न कि सचेत रूप से। दरअसल, पुरुष की बलात्कार संबंधी फैंटेसी उसके बचपन के बाद वाले चरण में स्थित रहती है। इसी स्थिति को मैंने एक अन्य रचना में पुरुष का 'दूसरा जन्म' करार दिया है। बचपन के पहले चरण में बेटा अपनी माँ के स्त्रीसुलभ अस्तित्व से अभिभूत रहता है, जबकि दूसरे चरण में माँ की छवि एक साधारण स्त्री की छवि में बदल जाती है। यह साधारण स्त्री दुर्बल है, उसका बधियाकरण* हो चुका है, वह तकलीफें सहने और अवमानना के लिए अभिशप्त है। इसका मतलब यह नहीं है कि भारतीय परिवार में स्त्री की असली हैसियत के प्रति सचेत हो कर बेटे ने ऐसी राय बना ली हो, बल्कि इस एहसास पर तो वह यह सोच कर पहुँचता है कि अगर पिता और परिवार के अन्य वरिष्ठ पुरुषों के सामने स्वयं उसे यौन-समर्पण करना पड़ा तो उसका क्या हश्र होगा। जैसे-जैसे बालक बड़ा हो कर पुरुष बनता है, वैसे-वैसे इस फैंटेसी का दमन करके चेतना के अँधेरे कोनों में धकेलने की जरूरत उसके लिए बढ़ती चली जाती है। सिनेमा हाल के गुहा-अंधकार में डरते-डरते इसी फैंटेसी के उभर आने की संभावना रहती है, और इसीलिए पुरुष-दर्शक स्त्री की पीड़ा और अधीनस्थता में परपीड़क-कामुकता का आनंद प्राप्त करता है। आखिर इसी

स्त्री के साथ उसका गोपनीय तादात्म्य भी है।

प्रश्न यह है कि बलात्कार के दृश्यों का महिला दर्शकों पर क्या असर पड़ता है? बलात्कार की सिनेमाई शैली कितनी भी अलग तरह की क्यों न हो और हकीकत से उसका नाता कितना भी दूर का क्यों न हो, स्त्रियाँ इस दृश्य से बड़ा संकुल प्रभाव ग्रहण करती हैं। एक तरफ तो यौन जोर-जबरदस्ती देख कर औरत के रूप में उसके अंतरमन के डर उभर आते हैं। दूसरी तरफ इन दृश्यों में निहित सेक्शुअल फैंटेसी के प्रति स्त्री कम सचेत होती है। कारण यह कि भारतीय सिनेमा के अधिकतर बलात्कारी खल पात्र अक्सर पकी उम्र के होते हैं और महिला अपनी जिंदगी में उन पर काफी-कुछ निर्भर रहती है। बलात्कारी अक्सर नौकरी देने वाला मालिक या जमींदार या ऐसा ही कोई व्यक्ति होता है। *राम तेरी गंगा मैली* में भी चकलेघर के अनजान ग्राहक को छोड़ कर नायिका के साथ बलात्कार करने के लिए या तो पुजारी उत्सुक है या फिर ताकतवर राजनेता भाग चौधरी जो गंगा के पति का श्वसुर बनने वाला है। ऐसी कई फिल्में हैं जिनमें बलात्कारी के मुखौटे के पीछे पिता का चेहरा ज्यादा साफ देखा जा सकता है। ऐसी ही एक फिल्म *कर्ज* है जो १९७९ में टिकट खिड़की पर बेहद सफल रही थी। इसमें हीरोइन के सौतेले पिता द्वारा अपनी सौतेली बेटी के एक दिखावटी बलात्कार का प्रसंग है। इसके जरिये वह बेटी के होने वाले पति के रूप में नायक की परीक्षा लेना चाहता है। वेंडी ओ'फ्लेयरटी ने इस प्रसंग की प्रभावकारिता को उस पौराणिक मिथक से जोड़ कर देखा है जिसमें प्रजापति ब्रह्मा द्वारा अपनी बेटी से बलात्कार के प्रयास और फिर उसे शिव द्वारा बचा लिए जाने का दृष्टांत है।[७] वेंडी के मुताबिक पिता-पुत्री के व्यभिचारपूर्ण समागम से समस्त जैव-जगत की उत्पत्ति मानने वाले हिंदू शास्त्रों में यह प्रचलित मिथक केवल सहन ही नहीं किया गया है, बल्कि उस पर सकारात्मक निगाह भी डाली गयी है। लेकिन, मैं पितातुल्य खलपात्र द्वारा बलात्कार की फैंटेसी के प्रति स्त्री-आकर्षण के स्रोत का पता लगाने के लिए मिथकों के साथ-साथ सांस्कृतिक मनोविज्ञान का सहारा भी लेना चाहूँगा। मेरे खयाल से इसकी जड़ें भारतीय स्त्री के शैशव की उस अवधि में होती हैं जब बालिका अपने जीवन के सर्वाधिक तकलीफदेह दौर से गुजर रही होती है। भविष्य की बहू के तौर पर उसके प्रशिक्षण का दौर चल रहा होता है। चूँकि पराये घर

जा कर माँ-बाप का नाम ऊँचा रखने की जिम्मेदारी उसी की है, इसलिए उससे आत्मत्याग की अपेक्षाएँ बढ़ जाती हैं। मनोविश्लेषण के दौरान अक्सर पुत्री में पिता के साथ अंतरंगता की तीव्र इच्छा देखी गयी है। एक बालिका के तौर पर तो पुत्री यह चाहती ही है, एक युवती के तौर पर भी वह पिता के साथ अंतरंगता की कामना करती है, अर्थात उस समय जब उसके स्त्रीत्व की शुरुआती अवधि सराहनामिश्रित मान्यता और उसके प्रभाव से गुजर रही होती है। आंशिक तौर पर यह एक ऐसी फैंटेसी है जिसकी झलक दुनिया भर की स्त्रियाँ देती हैं। इसका स्रोत उस सांस्कृतिक प्रक्रिया में है जिसके तहत पिता अपनी पुत्री के रजस्वला होते ही खुद को उससे दूर करना शुरू कर देता है। पिता सोचता है कि अब उसे बेटी के साथ शारीरिक निकटता से बाज आना चाहिए, क्योंकि उसकी युवा देह पिता में यौन आवेग जगा सकती है। उधर अपनी देह को स्त्री बनते हुए देखने के साथ-साथ स्त्री की भूमिका के प्रति असुरक्षा की भावना से ग्रस्त होने वाली पुत्री पिता से अपनी बढ़ती हुई दूरी को अपने स्त्रियोचित आकर्षण में कमी के प्रमाण के रूप में ले सकती है। चूँकि पिता अपनी बेटी के रजस्वला होते ही उससे अचानक दूर हो जाता है, इसलिए भारतीय संदर्भों में पुत्री और पिता के बीच अंतरंगता की स्वैरकल्पना बेहद महत्त्वपूर्ण स्थान ग्रहण कर लेती है। रजस्वला होते ही पुत्री को पूरी तरह औरतों की दुनिया के हवाले कर दिया जाता है। मानसिक उथल-पुथल के इस वक्त में औरतें उस नवोदित रजस्वला के साथ विशेष सख्ती से पेश आती हैं। यही कारण है कि पिता का बलात्कार पुत्री द्वारा बड़ी शिद्दत से पाली गयी अंतरंगता की इच्छा का वर्जित सेक्शुअल पहलू बन जाता है। पिता का डरावना मुखौटा दरअसल यहाँ पुत्री की उन खल-कामनाओं का प्रक्षेपण ही है। पिता के इसी खौफनाक रूप के बहाने से बेटी ऐसी कामना करने के अपराधबोध से खुद को मुक्त कर पाती है।

राज कपूर की फिल्म का बालकोचित नायक नरेंद्र एक निश्चेष्ट चरित्र है। प्रेमियों के मिलने की राह में घर के बड़ों द्वारा बिछाये गये रोड़ों के आगे वह आसानी से हथियार डाल देता है। प्रेम में बिछोह और निराशा का सामना अतिमानवीय शिद्दत से करने वाले रोमांटिक हीरो की प्रचलित छवि के मुकाबले नरेंद्र का पात्र फीका है (इस नायक को मैं प्रेम के चंचल देवता के रूप में कम, बल्कि वफादार बालक-प्रेमी के तौर पर ज्यादा

देखता हूँ)। साठ के दशक तक ऐसा नायक हिंदी फिल्मों में काफी लोकप्रिय हुआ करता था। चूँकि भारत में कोई चीज पूरी तरह कभी विलुप्त नहीं होती, चाहे वह धार्मिक संप्रदाय हो, राजनीतिक दल हो या कोई मिथकीय अभिप्राय, इसलिए इस रोमांटिक हीरो की मौजूदगी आज भी देखी जा सकती है। हालाँकि मेरा मानना है कि यह हीरो आजकल उछाल पर नहीं, बल्कि उतार पर है। जहाँ तक मेरी पीढ़ी का सवाल है, *देवदास* के दिलीप कुमार या *प्यासा* के गुरुदत्त आज तक इस नायक के अविस्मरणीय प्रतिनिधि बने हुए हैं।

इस्लामी संस्कृति ने हमें एक विख्यात रोमांटिक हीरो मजनूं के रूप में दिया है। मैं हिंदी फिल्मों के इस नायक को मजनूं-हीरो कहना पसंद करूँगा। दरअसल, यह हिंदू और इस्लामी धाराओं के सांस्कृतिक संगम की पैदाइश है। फारसी से आयी और भारतीय उर्दू में विकसित हुई गज़लों के जरिये अपने माशूक के बिछड़ने, उससे न मिल पाने या उसकी नाराजगी का सोग मनाने में यह हीरो सहज रूप से अभ्यस्त है। साथ ही वह संस्कृत और तमिल के विरह काव्य में भी उतना ही रमा हुआ है, जिसका बेहतरीन उदाहरण हमें कालिदास के *मेघदूत* के रूप में मिल सकता है।

अपनी एक अन्य रचना में मैं चर्चा कर चुका हूँ कि शैशव काल की श्रांगारिक कामनाएँ किस प्रकार एक साथ उद्धत और अतिसंवेदनशील होती हैं और किस प्रकार उन्हीं के एक अंश में मजनूं-प्रेमी का उद्गम है।[८] वह स्त्री में अपना संपूर्ण विलय कर देना चाहता है। उसका दुख शिशु के हृदय विदारक विलाप की तरह है जिसकी नवांकुरित इयत्ता माँ की अनुपस्थिति के कारण बिखरी जा रही है। वह जिंदगी में अपने खोये हुए स्वर्ग की अनुभूति से ग्रस्त है, और प्रेम के माध्यम से उसी को दोबारा खोजने और पाने की कोशिश में लगा हुआ है। यह खोया हुआ स्वर्ग प्रसवोत्तर जीवन की वही पूर्णतः संरक्षित अवधि है जो वह 'मनोवैज्ञानिक जन्म' से पूर्व अर्थात माँ के आंतरिक व्यक्तित्व से विलग होने से पहले गुजारता है। ये कामनाएँ हर व्यक्ति के श्रांगारिक अस्तित्व का अंग होती हैं। पश्चिम का आधुनिक पुरुष अपने शिश्न-विभ्रम के जरिये इन्हीं कामनाओं के यथार्थ और वैधता के नकार की कोशिश में लगा रहता है।

यह रोमानी हीरो प्रेम के दुखों और उसकी महानता पर न जाने कब से कविताएँ लिख रहा है। उसकी शख्सियत का एक हिस्सा अपनी

देहिकता से अलग हो कर अपने लिए एक अलग घर, या कहिये तो एक अनाथालय खोजने पर मजबूर है। हिंदी सिनेमा ने पारंपरिक शैली के वेश्यालय के तौर पर तवायफों के कोठे की दुनिया को चुना है, जहाँ भ्रष्ट हो चुकी दैहिकता का वास है और जहाँ नायक के नकारे और खारिज कर दिये गये श्रांगारिक आवेगों को शरण मिलती है। कभी-कभी कोठे की जगह पश्चिम से आयातित संदिग्ध और स्वेच्छाचारी नाइट क्लब दिखा दिया जाता है, लेकिन कुल मिलाकर कोठा ही हमारे रोमानी नायक को शराब, संगीत और नृत्य मुहैया कराता है जिनके बिना पतित यौनावेगों का काम नहीं चल सकता। खास बात यह है कि खलनायक हो या हीरो का दोस्त, कोठे का मजा सभी लेते हैं, पर नायक के लिए कोठे का यौनानंद हमेशा अपराध बोध के धुँधलके में लिपटा रहता है। इसे भोगने के लिए उसे नशे की बेखुदी और आत्म-धिक्कार की जरूरत पड़ती है।

मजनूं किस्म के हीरो से अलग भारतीय फिल्मों के पास एक कृष्ण जैसा प्रेमी नायक भी है। मजनूं से भिन्न होने के बावजूद जरूरी नहीं कि यह उससे एकदम पृथक ही हो। किसी खास फिल्म में यह नायक मजनूं नायक का अनुवर्ती भी हो सकता है। यह कृष्ण सरीखा प्रेमी हीरोइन के साथ शारीरिक छेड़छाड़ करता है। उसकी ये हरकतें यौन उत्पीड़न की सीमा छूती हुई लग सकती हैं। इस हीरो की सांस्कृतिक वंशावली स्नान करती गोपियों के वस्त्र ले कर छिप जाने वाले और बार-बार प्रार्थना करने पर भी वापस न करने वाले शरारती कृष्ण तक जाती है। पचास के दशक में देवानंद की फिल्में, साठ के दशक में शम्मी कपूर की फिल्में और सत्तर के दशक में जितेंद्र की फिल्में इसी तरह के कृष्ण सरीखे प्रेमी का उदाहरण हैं। यह हीरो अपनी नायिका को हमेशा घेरे रहता है। नायिका अपने ऊपर पड़ने वाले नायक के अनधिकार शिश्नगत प्रभाव के प्रति सचेत नहीं होती और छेड़छाड़ के कारण नाराज होती है, झगड़ती है। यह कृष्ण सरीखा प्रेमी अपने प्रीतिकर आत्ममोह में डूबे हुए बालक की तरह है। यानी वह मातृ-मनोग्रंथि की पूर्व संध्या पर खड़ा है, जब सारी दुनिया उसे अपने 'ऑएस्टर' की तरह लगती है। हीरोइन का ध्यान खींचने के लिए वह हर हथकंडा अपनाता है। कटोचने वाले कटाक्षों, द्विअर्थी संवादों, इशारेबाजी से भरे हुए नाच-गानों और नायिका की रोजाना की जिंदगी में कहीं और कभी भी अचानक प्रगट हो कर उसे सताने में नायक को मजा आता है। (शायद

इसीलिए जितेंद्र को 'जैक इन दि बॉक्स' कहा जाता थी)। नायिका उसकी घुसपैठ जितनी नापसंद करती है, हीरो उतना ही मजा लेता है। *आराधना* फिल्म के नायक की टिप्पणी यहाँ याद करने काबिल है, जिसमें वह कहता है कि औरत जितनी नाराज होगी, प्रेम का मजा उतना ही बढ़ जाएगा।

कृष्ण सरीखे प्रेमी के लिए आवश्यक है कि उसकी हीरोइन अपनी एंद्रिकता के प्रति जागरूक न हो। छेड़छाड़ की हरकतें जैसे-जैसे उसे नायक की कामना का एहसास दिलाएँ वैसे-वैसे उसे अपनी कामना की जानकारी भी होती जाए। यह हीरो एकदम शिश्नावतार की तरह है, एक ऐसे 'छलिया' की तरह जो हर समय स्त्री के माध्यम से अपनी शक्ति, अविकलता और किसी ठंडी औरत को बेचैन अभिसारिका में बदल देने की अपनी क्षमता की सनद चाहता है। (शम्मी कपूर अपनी फिल्मों में अपने पूरे शरीर को एक अविकल शिश्न की तरह इस्तेमाल करते हुए देखे जा सकते हैं)। यह हीरो एक ऐसी शिश्नगत फैंटेसी की नुमाइंदगी करता है जिसके तहत एक अगम्य स्त्री का गर्व टूटता दिखाया जाता है और उसकी उपेक्षा चाह और समर्पण में बदलती है। यह फैंटेसी उस उत्साही और उभयलिंगी अक्षतयौनि स्त्री की है जो अपनी यौनिकता के प्रति सचेत हो कर नायक के सामने नाक रगड़ने वाली नायिका बन कर रह जाती है। इसके बाद हीरो से 'चिपकने' में मजा लेने वाली नायिका को देख कर लगता है कि उसकी नैतिकता दरअसल परपीड़क-कामुकता की शिकार थी। लेकिन, इस स्थिति में आने से पहले नायिका इस फैंटेसी के तहत अपने प्रेमी के सामने अपना बनावटी संस्करण पेश करते हुए एक तरह के शरारती व्यक्तित्व के रूप में भी सामने आ सकती है। *जंगली* फिल्म में ऐसा ही हुआ था। वह भी पहाड़ों का ही सीन था। उन पहाड़ों का, जहाँ अक्सर भारतीय सिनेमा की जादुई फैंटेसियाँ घटित होती हैं और जो होना चाहिए उसका उल्टा होता नजर आता है। इस प्रसंग में हीरोइन पुरुष की तरह शिश्नात्मक, लेकिन सुशील भूमिका निभा रही है। पहाड़ों पर रहने वाली नायिका अपने नायक पर बर्फ के गोले फेंकती है, उससे छेड़-छाड़ करती है और उसे प्रेम का पाठ सिखाने के लिए गाना गाती है। हीरोइन की हरकतों से उत्प्रेरित नायक संकोची प्रेमी की तरह पेश आता है।

सत्तर के दशक से हिंदी सिनेमा में एक तीसरे तरह के नायक का प्रभुत्व शुरू होता है। इसके शीर्ष पर अमिताभ बच्चन की फिल्में थीं।

बच्चन एक नये नायक और प्रेमी के रूप में फिल्म जगत पर छाते चले गए। उनकी फिल्में जबरदस्त रूप से हिट रहीं और सिनेमा की एक नयी शैली ही चल निकली। हालाँकि उनकी फिल्मों पर हालीवुड में बनी क्लिंट ईस्टवुड अभिनीत एक्शन फिल्मों का बहुत असर था, पर उन पर न तो पश्चिमी ठप्पा लगाया जा सकता था, न ही पारंपरिक भारतीयता का।

अमिताभ बच्चन के रूप में यह नायक समाज के हाशिये पर जिंदगी गुजारता है। यह अच्छा भी है, और बुरा भी। नजदीकी रिश्तों के मामले में वह बहुत कम लोगों से जुड़ पाता है, पर उसकी निकटताएँ होती बहुत गहरी और खामोश किस्म की हैं। वह कभी भी हिंसक हो सकता है, और कभी भी अपने भीतर लौट कर विचारमग्न हो सकता है। कानून का उल्लंघन करने के लिए ही बना यह हीरो अपनी निजी आचरण संहिता किसी कीमत पर नहीं छोड़ता। अक्सर उसे अपराधजगत का हिस्सा दिखाया जाता है। पर उसके हाथ न तो इस दुनिया के जुल्मो-सितम में रँगे हुए हैं, न ही वह इसके श्रांगारिक अतिचार का शिकार है। अगर यह नायक पुलिसवाले की भूमिका कर रहा है, तो लेटलतीफ नौकरशाहाना रवैये को धता बताता हुआ कानून अपने हाथ में ले लेता है। वह अपराधियों से उन्हीं जैसे निर्मम अंदाज में निबटता है। इस नायक के चरित्र के बुरे पहलू नैसर्गिक या अपरिवर्तनीय किस्म के नहीं होते। उसकी बुराइयों के पीछे बचपन की किसी घटना की प्रतिक्रिया दिखाय़ी जाती है। कहीं न कहीं उससे कुछ छिन गया होता है। या तो वह अपनी माँ से वंचित हो गया होता है, या माँ की नामौजूदगी या फिर माँ की उसके प्रति द्वैधवृत्ति उसे बुराइयों की तरफ ले जाती है।

इस अच्छे-बुरे हीरो की सांस्कृतिक जड़ें *महाभारत* के पात्र कर्ण के चरित्र में देखी जा सकती हैं। आगे चल कर पाँच पांडवों की माँ बनने वाली कुंती ने 'बाल स्वभाव और स्त्री स्वभाव' के प्रभाव में कन्यावस्था में ही सूर्य का आह्वान कर दिया था। हालाँकि कुंती की मंशा केवल एक मंत्र का असर देखना ही थी, पर सूर्यदेव उसके आह्वान के उत्तर में कुछ और ही कर गुजरे। दोनों के समागम से कर्ण पैदा हुआ। अवैध संतानोत्पत्ति के लोकापवाद से बचने के लिए कुंती ने अपने नवजात पुत्र को त्यागने के लिए एक टोकरी में रख कर पानी में छोड़ दिया। एक गरीब सारथी ने कर्ण को बचाया। बड़ा हो कर एक दुर्जेय योद्धा के रूप में कर्ण दुर्योधन की

खल–योजनाओं का समर्थक हो गया। महाभारत की पूर्व संध्या को कुंती कर्ण के पास जा कर उसके जन्म के रहस्य का उद्‌घाटन करती है। उसे डर है कि दुर्योधन की तरफ से लड़ने के कारण कर्ण कहीं भ्रातृ हत्या के पाप का भागीदार न बन जाये। तब कर्ण उत्तर देता है :

> हे क्षत्रिय जननी! तुमने जो कहा कि तुम्हारी आज्ञा का पालन करना ही मेरे लिए धर्म का द्वार है, ऐसी बात नहीं कि मैं इस वचन पर श्रद्धा नहीं करता। हे माता! जन्मते ही तुमने मुझे त्याग कर मेरे प्राणों को नष्ट करने का महाघोर और अधर्म कार्य किया था, उसी से मेरा यश और कीर्ति आदि नष्ट हो गये हैं। क्षत्रिय कुल में उत्पन्न होने के बावजूद तुम्हारे कारण से ही क्षत्रियों के योग्य मेरा कोई संस्कार नहीं हो पाया। क्या कोई शत्रु भी मेरा इससे अधिक बुरा कर सकता है? कितने आश्चर्य का विषय है कि जब दया करने का समय था तो तुमने मेरे हित का कोई कार्य नहीं किया। अब जब दया का समय बीच चुका है तो अपनी आज्ञा का पालन करने के निमित्त मुझे उपदेश दे रही हो। पहले तुमने माता के समान मेरे हित का कोई कार्य नहीं किया। अब तुम केवल अपने कल्याण की इच्छा से ही मुझे पुत्र कह कर संबोधित कर रही हो।[१]

बहरहाल, कुंती को आड़े हाथों लेने के बावजूद कर्ण आखिर में उसके पुत्रों को रणभूमि में न मारने का वायदा कर देता है। पर वह अर्जुन को न मारने के लिए राजी नहीं होता, जबकि अर्जुन ही कुंती को सर्वाधिक प्रिय है।

आज कल भारतीय समाज विकास और आधुनिकीकरण की जिस तेज प्रक्रिया से गुजर रहा है, अमिताभ बच्चन के रूप में यह अच्छा–बुरा नायक उसी के दबाव और उन ताकतों के प्रति अनुक्रिया की देन है। इस प्रकार यह नायक उस मानसिक परिवर्तन का प्रतिनिधित्व करता है जिससे गुजरने वाले लोगों की संख्या बहुत बड़ी है। ये लोग एक तरह के संक्रमणकालीन धरातल पर खड़े हैं। एक ऐसी जमीन पर जो आर्थिक और राजनीतिक रूप से ताकतवर लेकिन मुट्ठीभर आधुनिक लोगों और परंपरागत क्षेत्र के संख्याबहुल भारतवासियों के बीच कहीं स्थित है। अमिताभ बच्चन की फिल्मों के ज्यादातर दर्शक इसी सामाजिक दायरे से आते हैं।

इस नायक की शख्सियत के जिन लक्षणों की मैंने यहाँ चर्चा की है, उनका सीधा संबंध उन मनोवैज्ञानिक कठिनाइयों से स्थापित किया जा सकता है जिनका सामना आधुनिकीकरण के कारण समाज के इस

संक्रमणकालीन दायरे को करना पड़ रहा है। इन कठिनाइयों का एक उदाहरण महानगरों में बढ़ती भीड़-भाड़ और आबादी की बढ़ती सघनता के रूप में देखा जा सकता है। खास तौर से झोंपड़पट्टी वाले इलाके तो इसकी मिसाल हैं। इन रिहाइशों के सांस्कृतिक मानक स्थापित नहीं होते। इन इलाकों में आने वाले नये लोगों की व्यवहार-शैली का आकलन करना आसान नहीं होता। इसीलिए हर व्यक्ति को हमेशा चौकन्ना और एक तरह की स्थायी मोर्चेबंदी की मनोदशा में रहना पड़ता है। किसी भी तरह के अतिक्रमण का अंदेशा स्नायुओं को हमेशा तनावग्रस्त रखता है। इस हालत में इनसान अपनी आक्रामक प्रवृत्तियों पर काबू रखने में कम ही सफल हो पाता है। अमिताभ बच्चन किस्म के अच्छे-बुरे हीरो का यह एक विशेष लक्षण भी है, और उसका परिणाम भी।

अमानवीकरण की इस प्रक्रिया की एक जिम्मेदारी नौकरशाही पर भी जाती है जो आर्थिक विकास का अनिवार्य परिणाम लगता है। इस माहौल में रहने वाले हर व्यक्ति की गरिमा रोज-ब-रोज बुरी तरह मार खाती है। लेकिन, अधिकारीतंत्र हर बार उसकी समस्याओं के प्रति ठंडे निर्वैयक्तिक ढंग से पेश आता है। चूँकि इनसान के पास ग्रामीण समाज में उपलब्ध संबंधों की सुपरिचित संरचनाओं का पूर्व-आश्वासन भी नहीं होता, इसलिए ये तमाम परिस्थितियाँ मिल कर कुछ ऐसी स्वैरकल्पनाएँ पैदा करती हैं जिनके तहत इनसान या तो पूरी तरह हताशा के गर्त में डूब जाता है या फिर उसके भीतर बदले की आग जलने लगती है। उसे कानून हाथ में लेने में भी हिचक नहीं रहती। इस तीसरे किस्म के हीरो के व्यक्तित्व के निर्माण में इस पहलू का भी योगदान है।

संक्रमणकालीन दायरे की इसके अलावा भी एक समस्या है। पारंपरिक सामाजिक भूमिकाओं और कौशल का महत्त्व कम हो जाने के कारण इस दुनिया में रहने वाले लोगों के आत्मसम्मान पर खासा विपरीत असर पड़ा है। वे देख रहे हैं कि उसके धनोपार्जन की क्षमता और सामाजिक दर्जे में गिरावट आयी है। इससे प्रभावित परिवारों, खासकर बच्चों की आस्था हिल गयी है। स्थापित संरचनाओं की स्थिरता में शायद अब उनका उतना यकीन नहीं रह गया है। उन्हें अब इस बात पर पहले जैसा विश्वास नहीं रहा कि नियोजित और कठोर परिश्रम से भविष्य की सुरक्षा या अन्य अच्छे परिणाम निकल सकते हैं। इस तरह की विश्वासहीनता

से वर्तमान की खातिर भविष्य की परवाह न करने का रवैया पनपता है।[१०] फिल्मों में अमिताभ बच्चन जैसे नायक का चरित्र-चित्रण न तो घर-परिवार वाले व्यक्ति के रूप में किया जाता है, और न ही वह किसी प्रचलित दस्तकार अथवा किसान समुदाय जैसे किसी समूह का सदस्य दिखाया जाता है। वह तो कठोर परिश्रम किए बिना कामयाबी हासिल करने के स्वप्न का पैरोकार है, एक ऐसे स्वप्न का जो संक्रमणकालीन दुनिया के लोग देखते हैं और जिसके तहत जिंदगी मुख्यतः वर्तमान में ही तरह-तरह के जोखिमों के साथ गुजारी जाती है।

हिंदी फिल्मों का यह तीसरा हीरो अपने हृदय में गहरा दुख भी छिपाये हुए है। समष्टिगत स्तर पर देखें तो इस दुख का एक कारण आर्थिक परिवर्तन की प्रक्रिया में हुए आबादी के विस्थापन में भी निहित हो सकता है। परिवार से बिछोह, गाँव की परिचित दुनिया और पारिस्थितिकीय विशिष्टताओं से वंचित होना बहुतों को शोकाकुल कर देता है। फिल्मों में दिखाए गए नायक का माँ से विछोह अक्सर इसी प्रवृत्ति की ठोस अभिव्यक्ति है, जिसके कारण यह तीसरे किस्म का हीरो शोक और क्षति के मनोभावों से ग्रस्त हो जाता है। यही कारण है कि उसके चरित्र में एक तरह की अवसादमूलक विरक्ति दिखायी पड़ती है। दर्शक इस नायक के इन पहलुओं में कहीं न कहीं खुद को भी देखते हैं।

समझा जा सकता है कि प्रेमी के रूप में ऐसा हीरो न तो मजनूं-नायक जैसा जज़्बाती होगा और न ही उसमें कृष्ण सरीखे नायक की भाँति खिलंडरी शिश्नमूलकता होगी। अपने भावावेगों को काबू में रखने वाला और एक हद तक अंतर्मुखी यह नायक फ़ैज़ अहमद फ़ैज़ की उन पंक्तियों की नुमाइंदगी करता हुआ लगता है जिनमें उन्होंने कहा था, 'और भी ग़म हैं जमाने में मुहब्बत के सिवा, राहतें और भी वस्ल की राहत के सिवा।' अमिताभ बच्चन की बेहद लोकप्रिय फिल्म *दीवार* में नायक और नायिका की पहली मुलाकात में ही प्रेमी के रूप में इस हीरो की मुख्य प्रवृत्तियाँ सामने आ जाती हैं। इस फिल्म की बाद में कई बार नकल हुई। इसमें नायक और नायिका का मिलन एक नाइट क्लब कम रेस्त्राँ में होता है। बच्चन के रूप में हीरो अपने-आप में डूबा हुआ बार में बैठा है। अनिता के रूप में परवीन बाबी आती है और उसके बगल में बैठ जाती है। अनिता अपना शरीर बेचती है, पर उसका दिल नेक है। वह हीरो की सिगरेट जला

कर कहती है कि उस बार का सबसे खूबसूरत मर्द वही है। हीरो का दिमाग खलनायक से होने वाली उस मुठभेड़ में उलझा है जिससे उसकी किस्मत तय होने वाली है। वह खास तवज्जो दिए बिना हीरोइन की तारीफ स्वीकार करके उसकी सेक्शुअल इशारेबाजी नजरअंदाज कर देता है। दरअसल, यह प्रेमी आत्ममोह की हद तक अंतर्मुखी है। हीरोइन के साथ श्रंगारिक संबंधों की संभावना के बावजूद यह हीरो उसके साथ इतनी भावनात्मक शिद्दत के साथ नहीं जुड़ पाता जितना उत्कट संबंध उसका अपने परिवार के सदस्यों और अपने सबसे अच्छे दोस्त के साथ है। शायद इसीलिए शशि कपूर को आम तौर पर अमिताभ बच्चन की प्रिय हीरोइन कहा जाता था, क्योंकि उन्होंने कई फिल्मों में उनके भाई या नजदीकी दोस्त की भूमिका निभाई थी।

यह अंतर्मुखी नायक बचपन की उन लालसाओं से दूर रहना चाहता है जो प्रेम के जरिये उभरती और गहन होती हैं। इसीलिए वह किसी स्त्री को लुभाने की चेष्टा के साथ जुड़े आयामों यानी उत्तरदायित्व, निश्चेष्टता और उस स्त्री पर निर्भरता से डरता है। प्रेम किए जाने योग्य बनने के बजाय वह प्रशंसित होना ज्यादा पसंद करता है। उसके लिए यह जानना काफी है कि स्त्री पूरी तरह उसके प्रति समर्पित है और वह उसे स्वीकार करने या छोड़ने का निर्णय लेने के लिए स्वतंत्र है। यह फैंटेसी असल में औरत से बदला लेने की है, उस माँ से जिसने उसकी बजाय किसी दूसरे को प्राथमिकता दी है, जैसे कि *दीवार* में भाई को। या फिर उसने बच्चे को केवल सशर्त प्रेम किया है, और कभी उसकी निरंतर सराहना नहीं की।

पुरानी शैली की फिल्मों के साथ-साथ नयी शैली की फिल्मों ने एक नए किस्म की हीरोइन भी पैदा की है। चालीस और पचास के दशक की अमेरिकी फिल्मों की ऐसी ही हीरोइन को वोल्फेंस्टाइन और लाइटिस ने 'मेस्क्युलिन-फेमिनिन' नायिका करार दिया है।[११] न तो वह कृष्ण सरीखे नायक की गोपी की तरह निष्पाप अर्धनारीश्वरता से भरी हुई है, न ही वह मजनूं-हीरो की नायिका की तरह साड़ी में स्त्रीत्व की प्रतिमा है (वैसे यह नायिका अक्सर जींस भी पहने रहती है)। बच्चन की फिल्मों की सभी नायिकाएँ एक सी होती हैं। वे उसके रोमानी या एंद्रिक पार्टनर के रूप में नहीं, बल्कि हीरो के जूनियर साथी की भूमिका निभाती नजर आती हैं।

ये हीरोइनें पुरुषों की भाषा बोलती हैं और आसानी से सकते में नहीं

आतीं। ऐसी स्त्रियों के साथ यह नया हीरो सहजता महसूस करता है। यह हीरोइन स्त्रीसुलभ सनकों और अतिसंवेदनशीलताओं की शिकार नहीं है, इसलिए पुरुष को उसके साथ मजबूरन तालमेल बिठाने की दिक्कत नहीं उठानी पड़ती। यह हीरोइन कुछ-कुछ अनौपचारिक किस्म की लापरवाही और चतुराई का मिश्रण है। भगिनी की तरह नायक के हितों का ध्यान रखने वाली इस स्त्री में खलनायिका जैसी उद्दीपक नखरेबाजी का छोंक भी है। वह नायक से ज्यादा माँगें नहीं करती, और जैसे ही वह ज्यादा जरूरी कामों में फँसता है, पृष्ठभूमि में जाने के लिए तैयार रहती है। साथ ही वह पूरी तरह से स्त्रीत्व के गुणों से वंचित भी नहीं है। अपनी पत्नियों से दूर बड़े शहरों की झुग्गियों में रहने वाले लोग अक्सर समलैंगिकता की तरफ खिंच जाते हैं। लेकिन, यह हीरोइन ऐसी समलैंगिक एंद्रिकता के आवरण की तरह भी नहीं देखी जा सकती। वह तो संक्रमण के दौर में फँसे पुरुष के जीवन में इतरलिंगी प्रेम के कमतर महत्त्व की प्रतीक है। इस पुरुष की स्वैरकल्पनाएँ हिंसा के नजारों से अधिक तृप्त होती हैं, न कि प्रेम के। वह अपने आहत आत्ममोह के प्रतिकार और आक्रोश में ज्यादा दिलचस्पी लेता है, न कि प्रेम की कामना द्वारा मिलने वाले परितोष में, जो केवल एक स्त्री ही प्रदान कर सकती है।

लोकप्रिय भारतीय सिनेमा द्वारा पेश किये जाने वाले कुछ स्वप्नों को यहाँ मैंने एक उत्साही दर्शक की मस्त आँखों और एक विश्लेषक के सौम्य परिप्रेक्ष्य से देखा है। निष्कर्षत: मैं दोहराना चाहता हूँ कि स्त्री और पुरुष के बीच में एवं परिवार के भीतर सपने या फैंटेसी (ओनीरस) की स्थिति इन संबंधों के बारे में अपनाये जाने वाले सांस्कृतिक नजरियों से मेल नहीं खाती। दरअसल यह सपना तो संस्कृति की जमीन में पड़ी दरारों से रिसने वाली सामग्री से बनता है। फिल्मों के कथानक में यह सपना खुफिया तौर पर रूपाकार होता रहता है। इससे किसी खास संस्कृति के उन पहलुओं की जानकारी मिलती है जिन्हें जोयस मेकडोगल ने असंभव और वर्जित की संज्ञा दी थी।[१२] यह सपना कामना के उन अँधेरे मंचों पर रोशनी फेंकता है जिन पर हमारे अंतरमन का नाटक चलता रहता होता है।

संदर्भ और टिप्पणियाँ

१. भारतीय संस्कृति पर फिल्मी मूल्यों के प्रभाव के लिए देखें : सतीश बहादुर, *दि कांटेक्स्ट ऑव इंडियन फिल्म कल्चर*, नेशनल फिल्म आर्काइव्ज ऑव इंडिया, पुणे; *इंडियन पापुलर सिनेमा : मिथ, मीनिंग एंड मेटाफर* के कई लेख भी इसी बारे में हैं। साथ ही *इंडिया इंटरनेशनल क्वार्टरली*, ८, अंक १, १९८० भी देखा जा सकता है।

२. रॉबर्ट जे. स्टोलर, *परवर्जंस*, पेंथियोन बुक्स, न्यूयार्क, १९७५, पृष्ठ ५५

३. सुधीर कक्कड़, *दि इनर वर्ल्ड : ए साइकोएनालैटिक स्टडी ऑव चाइल्डहुड एंड सोसाइटी इन इंडिया*, ऑक्सफोर्ड यूनिवर्सिटी प्रेस, दिल्ली, १९७८, अध्याय ३

४. अर्जुन अप्पादुरै और कैरोल ब्रेकनरिज, 'पब्लिक कल्चर इन लेट ट्वेंटियथ सेंचुरी इन इंडिया', यूनिवर्सिटी ऑव पेंसिलवानिया, डिपार्टमेंट ऑव एंथ्रोपोलॉजी, पिट्सबर्ग, जुलाई १९८६, अप्रकाशित।

५. देखें : ब्रूनो बेतलहीम, *दि यूसेज ऑल इनचेंटमेंट*, नोफ, न्यूयार्क, १९७६

६. इनमें से कुछ फिल्में हैं : *जंगली, बीस साल बाद, संगम,* दोस्ती, *उपकार, पाकीजा, बॉबी, आराधना, जॉनी मेरा नाम, रोटी कपड़ा और मकान, दीवार, जंजीर, शोले, कर्ज, मुकद्दर का सिकंदर और राम तेरी गंगा मैली।*

७. वेंडी ओ'फ्लेयरटी, 'दि मायथोलॉजीकल इन डिसगाइस : एन एनालैसिस ऑफ कर्ज', संकलित : *इंडियन पापुलर सिनेमा*, उपरोक्त।

८. सुधीर कक्कड़ और जॉन एम. रॉस, *टेल्स ऑव लव, सेक्स एंड डेंजर*, उनविन हेमेन, लंदन, १९८७, अध्याय ३

९. *महाभारत*, अनुशासन पर्व, डॉक्टर पंडित श्रीपाद दामोदर सातवलेकर, स्वाध्याय मंडल, पारडी, बलसाड (महाराष्ट्र), पृष्ठ ८७०

१०. आधुनिकीकरण पर मनोवैज्ञानिक प्रभावों पर चर्चा के लिए देखें : ई. जेम्स एंथनी और सी. चिलेंड (सं.), *दि चाइल्ड इन हिज फेमिली : चिल्ड्रन एंड देयर पेरेंट्स* इन ए *चेंजिंग वर्ल्ड*, जान विली, न्यूयार्क, १९७८

११. मार्था वोल्फोंस्टाइन और नेथन लाइटिस, *मूवीज़ : ए साइकोलॉजीकल स्टडी*, फ्री प्रेस, ग्लेंको, १९५०

१२. जॉयस मेकडोगल, *थिएटर्स ऑव दि माइंड*, बेसिक बुक्स, न्यूयार्क, १९८६

३

नर-नारी युद्ध

भारतीय समाज में कुछ खास तरह की कथाएँ प्रचलित हैं। इन्हें न तो देश भर में मान्य महाकाव्यों से ली गयी कहानियों के लोक-संस्करणों की तरह देखा जा सकता है, न ही इन्हें स्थानीय घटनाओं या अभिप्रायों के आधार पर गढ़े गए दृष्टांतों की संज्ञा दी जा सकती है। विशाल भाषाई क्षेत्रों में फैले हुए इन कथानकों का रूप कुछ ऐसा विशिष्ट है कि उनमें लौकिक और लोकोत्तर एक-दूसरे से अलग नहीं रह गए हैं।[1] इन कथानकों का प्रस्थानबिंदु किस्सों की तरह होता है। उनके भीतर कई कहानियाँ एक-दूसरे के साथ निर्बंध जुड़ी रहती हैं। कथानक का यह स्वरूप *एक हजार एक रातें* (अलिफलैला) जैसी रचना के कारण पहले ही विख्यात हो चुका है।

जादुई घटनाओं की बहुतायत होने के बावजूद ये कथानक अपने मूलभाव में मिथकों के बजाय लोककथाओं के ज्यादा नजदीक लगते हैं। लोककथाओं की तरह समाज और व्यक्ति के लिए उनकी भूमिका भी मनोवैज्ञानिक है। जीवन पर पुरातनता का असर मंद करते हुए ये कथानक द्वैधता में हास्य की मिलावट कर देते हैं। विनोदवृत्ति के कारण इन कथानकों से चिंताओं का शमन होता है। इनके पीछे शिक्षणात्मक उद्देश्य स्पष्ट रूप से देखे जा सकते हैं। शिक्षण की भूमिका उस समय सामने आती है जब कथानकों में तजवीज किए गए समस्याओं के खास तरह के हल

पाठक या श्रोता के अवचेतन में उस समय तक के लिए दर्ज हो जाते हैं जब तक असल जिंदगी में वैसी ही स्थितियों का साक्षात्कार नहीं होता। उस समय पाठक या श्रोता कहानी की याद करके उस हल के बारे में सोचता है, उसे अपनी दुरवस्था पर लागू करता है और इस प्रकार अपने हालात पर सचेत पकड़ होने का उसका एहसास बढ़ता है। कथानक के जरिये वह अपने प्रतिबोधी अहं की सीमाओं का विस्तार कर पाता है।[२]

हर साल ये कथानक सस्ती दर की पेपरबैक पुस्तकों की हजारों प्रतियों के रूप में छपते हैं। छोटे से लेकर बड़े शहरों तक इन किताबों को बाजारों के फुटपाथी बुकस्टालों से आसानी से खरीदा जा सकता है। बड़े-बड़े मंदिरों के परिसरों में बेचे जाने वाले साहित्य में हिंदू देवी-देवताओं की उत्पत्ति की कहानियाँ कहने वाली पुस्तिकाओं, भजनमालाओं, कर्मकांड-संहिताओं के मेनुअलों, नर्क की विभिन्न यातनाओं का चित्रण करने वाले चमकदार रंगीन पोस्टरों के साथ इन्हें भी बिकते हुए देखा जा सकता है। सस्ते कागज पर एक-दूसरे पर चढ़े हुए भदेस लाल, पीले और नीले रंगों वाले इनके आवरण पृष्ठ बाजारू कला के विशुद्ध नमूने लगते हैं। ये किताबें आम तौर से काफी बड़े-बड़े अक्षरों में छापी जाती हैं जिन्हें हिंदी इलाके में *बांबे टाइप* और तमिल इलाकों में *पेरिया इलुट्टा* कहा जाता है। बड़े-बड़े अक्षरों के जरिये ये पुस्तकें साक्षरता की कगार पर खड़े लोगों की शिक्षण और मनोरंजन संबंधी जरूरतें पूरी करती हैं, और रात के वक्त कम रोशनी में भी इनके बड़े-बड़े हरूफों को पढ़ने में कठिनाई नहीं होती।

हिंदी की एक ऐसी ही पुस्तक *किस्सा तोता मैना* में मुख्यतः नर-नारी संबंधों पर जोर देने वाली चौदह कहानियाँ संकलित हैं। इन कहानियों की साहित्यिक गुणवत्ता अच्छी नहीं है, पर इनकी ऐतिहासिक वंशावली उल्लेखनीय है जिसे बारहवीं सदी के एक कथा संकलन *शुकसप्तति* से जोड़ा जा सकता है। इस प्राचीन ग्रंथ में एक तोता है जो एक व्यापारी की पत्नी को औरतों की बेवफाई की कहानियाँ सुनाता है ताकि पति के प्रवास के समय वह अपनी पवित्रता की रक्षा कर सके। अन्य भाषाओं में भी इसी तर्ज की पुस्तकें मिलती हैं। तमिल की *मतनकामराजन कटई* नामक पुस्तक की ही तरह *किस्सा तोता मैना* में भी घटनाओं के वर्णन या उन पर सोच-विचार के जरिये कहानी का विकास नहीं होता। बजाय इसके जादुई और अलौकिक घटनाओं के माध्यम से कहानी तेजी से आगे बढ़ती है और

उल्टी-सीधी भागती है। काल्पनिक देशों के राजकुमारों, राजकुमारियों और उनके दरबारियों के चरित्रों वाली इस पुस्तक की भाषाई संरचना में किसी किस्म की जटिलता नहीं है। उसमें हिंदी और उर्दू के विख्यात शेरों, दोहों और लोकोक्तियों की भरमार मिलती है जिसमें उत्तर और मध्य भारतीय जन-संस्कृति रचने वाली हिंदू-मुस्लिम धाराओं के तात्पर्य झलकते हैं। *किस्सा तोता मैना* का कथानक भी इसी इलाके की नुमाइंदगी करता है।

किस्सा तोता मैना की टेक यह है कि शाम के समय एक तोता एक पेड़ की शाख पर रात गुजारने के लिए बैठता है। पेड़ पर खास तरह के जुझारू नारीवाद से लैस एक मैना ने पहले से ही घर बना रखा है। वह माँग करती है कि तोता फौरन पेड़ से उड़ जाए। मैना यह खयाल भी बर्दाश्त करने के लिए तैयार नहीं है कि उसे अपनी रात्रिकालीन आरामगाह में एक नर के साथ साझा करना पड़ेगा, जो प्रकृति से ही क्रूर और विश्वासघाती लिंग की नुमाइंदगी करता है। बहस के दौरान थका हुआ तोता पुल्लिग का बचाव करता हुआ स्त्रीलिंग पर जवाबी आरोप लगता है। अपनी दावेदारियों के तौर पर दोनों पक्षी एक के बाद एक कहानियाँ सुनाते हैं जो मिल कर चौदह रातों तक चलती हैं। इन्हीं में से आठवीं कहानी का वर्णन यहाँ किया जा रहा है जो इस कथा-संकलन की साहित्यिक दरिद्रता और सांस्कृतिक-मनोवैज्ञानिक समृद्धि का बखूबी प्रतिनिधित्व करती है। यह कहानी इस प्रकार है :

तोते ने कहा, 'ऐ मैना! कंचनपुरा नाम के एक नगर पर राजा अंगध्वज और उसकी रानी चंद्रप्रभा राज करते थे। रानी पतिव्रता थी और अपने पति की सेवा करती थी। एक दिन एक ब्राह्मण राजा अंगध्वज के पास आया और उसे कागज के दो टुकड़े दिए। पहले टुकड़े पर लिखा था : जो राजा पूरी रात जागता है उसका राजकाज बहुत अच्छा चलता है। दूसरे पर लिखा था : जो अपने दुश्मन की इज्जत करता है उसके पाप भी माफ कर दिए जाते हैं।

'राजा अंगध्वज ने दोनों कागज के टुकड़े अपने पास रख लिए और ब्राह्मण को दान-दक्षिणा दे कर विदा किया। कुछ दिन बाद राजा ने सोचा कि क्यों न ब्राह्मण की कही बातों की आजमाइश की जाए। एक रात अपना काम खत्म करने के बाद उसने तय किया कि वह सुबह तक जागता रहेगा। राजा महल में जाग ही रहा था कि उसके कानों में बाहर से एक औरत के

रोने की आवाज पड़ी। उसे औरत पर बड़ी दया आयी और उसने सोचा कि उसके नगर में कितने दुखी लोग रहते हैं। राजा ने अपने दिल में कहा : मुझे फौरन जा कर उसके दुख का कारण पता लगाना चाहिए। आखिर राजा का धर्म भी तो यही है कि वह अपनी प्रजा के सुख-दुख में भागीदार बने, अपराध करने वाले को सजा दे और लोगों की इस प्रकार देखरेख करे जैसे कि वे उसके परिजन हों।

'पूरी तरह हथियारबंद हो कर राजा उस तरफ चला जहाँ से रोने की आवाज आ रही थी। उसने देखा कि सौ साल की एक बुढ़िया दहाड़ें मार-मार कर रो रही है। राजा ने पूछा : हे माता, किस वजह से तुम इतनी दुखी हो कि आधी रात को विलाप कर रही हो।

'बुढ़िया ने जवाब दिया : मुसाफिर, तुझे इससे क्या मतलब। तू अपने रास्ते जा। इनसान तो क्या, मेरे दुख का कारण तो भगवान भी दूर नहीं कर सकता।

'राजा ने फिर पूछा : कम से कम मुझे अपने दुख का कारण तो बता दो।

'बुढ़िया ने कहा : मैं केवल एक शर्त पर बताऊँगी कि तुम किसी और को इसके बारे में नहीं बताओगे। अगर तुमने ऐसा किया तो तुम उसी वक्त पत्थर बन जाओगे।

'जब राजा ने यह शर्त मान ली तो बुढ़िया ने बताया : बेटा, कल रात दस बजे इस नगर के राजा अंगध्वज की मौत एक साँप के काटने से हो जाएगी। इसीलिए मैं रो रही हूँ। फिर हमें ऐसा सदाचारी राजा कहाँ से मिलेगा?

'इस परराजा ने फिर पूछा : हे माता, जिस तरह तूने कृपा करके यहाँ तक की बात बताई है, उसी तरह मेहरबानी करके यह भी बता दे कि जो साँप राजा को काटेगा वह आएगा कहाँ से।

'बुढ़िया ने बताया : बेटा, इस नगर के पश्चिमी दरवाजे के पास शिवजी का एक मंदिर है। मंदिर के पास पीपल का एक पेड़ है जिसकी एक खोह में वह साँप रहता है। वह साँप राजा का पूर्व जन्म का वैरी है और अब उस दुश्मनी का बदला लेना चाहता है।

'राजा ने पूछा : माता, अब यह भी बता दे कि साँप राजा का वैरी क्यों है?

'बुढ़िया ने बताया : यह जो राजा है, यह पिछले जन्म में सौदागर था। उसका नाम मणिसेन था। उसकी पत्नी की आयु बीस वर्ष थी। उसका नाम केसर था। एक बार मणिसेन व्यापार करने शहर से बाहर गया। मणिसेन के नौकर की उम्र १८ वर्ष थी। एक दिन सौदागर की पत्नी को भोग-विलास की इच्छा ने ऐसा बेचैन किया कि वह बुरी तरह परेशान हो गई। उसका दिल नौकर पर आ गया। वह उस लड़के को बुला कर कमरे में ले आई और उससे कहा : तू मेरे साथ ऐश कर। मैं हमेशा तेरा कहना मानूँगी।

'नौकर बोला : मैं कतई ऐसा नहीं करूँगा। क्योंकि मैंने कहीं से सुना है कि जो व्यक्ति अपने मालिक के साथ दगा करता है, वह नर्क में जाता है।

'लड़के की बात सुन कर केसर हठी लहजे में बोली : या तो तू मेरे साथ भोग कर, वरना मैं तेरा हाल बुरा कर दूँगी।

'लड़के ने उसकी बात मानने से साफ इनकार कर दिया। केसर ने उसे बहुत धमकाया, पर जब वह नहीं माना तो वह कामेच्छा दबा कर सो गई। कुछ दिनों के बाद मणिसेन को वापस आना था। केसर ने अपने पति के आने का समाचार सुन कर मन में सोचा : यदि इस लड़के ने वह बात मणिसेन को बता दी तो पता नहीं वह मेरा क्या हाल करेगा। क्यों न कुछ ऐसा उपाय किया जाए कि जिससे मेरे ऊपर कोई आँच भी न आए और उस लड़के को भी कहना न मानने की सजा भी मिल जाए।

'तभी मणिसेन आ गया। उसने देखा कि केसर उदास बैठी है। उसने पूछा : हे प्रिय, तुम उदास क्यों हो?

'केसर ने कहा : हे स्वामी, अब आप आ गए हैं तो अपना घर सँभालिए, क्योंकि मैं अब जीना नहीं चाहती।

'मणिसेन को ताज्जुब हुआ : तुम्हें ऐसा क्या हो गया जो जीवन से ही जी उचाट हो गया।

'केसर बोली : मेरे प्रिय स्वामी, मुझे कोई दुख नहीं है। आपकी कृपा से सब सुख आराम प्राप्त है। परंतु आपका यह सेवक जो है, या तो आप इसे समाप्त कर दें या मैं प्राण त्याग दूँगी।

'सौदागर ने पूछा : उस सेवक ने तुम पर ऐसा क्या जुल्म कर दिया है।

'केसर बोली : एक रात आपके पीछे मैं छत पर सो रही थी कि यह नौकर मेरे बिस्तर पर चढ़ आया और मेरे सीने पर सवार हो कर मेरे साथ

बुरा काम करना चाहा। उसे अपने ऊपर चढ़ देख कर मैं चिल्लाई। मेरे चीखने-चिल्लाने पर उसने मुझे छोड़ तो दिया, पर लोग जमा हो गए। मैंने लज्जावश किसी से कुछ नहीं कहा। उसने मेरी इज्जत लूटने में कोई कसर नहीं छोड़ी थी। भगवान ने ही अपनी कृपा से मुझे बचाया।

'यह सुनते ही मणिसेन को बहुत क्रोध आया। उसने केसर से कहा : प्रिये, तुम चिंता मत करो। जाओ, स्नान करो, खाओ-पियो। उसने जो तुम्हारा अपमान किया है, उसका दंड आज रात को ही मैं उसे दे दूँगा। यह कह कर वह घर से चला गया। कुछ देर बाद वापस आ कर उसने उस लड़के को अपने पास बुलाया और बिना कुछ पूछे तलवार से उसके दो टुकड़े कर दिए और उसकी लाश को वहीं आँगन में दबा दिया। बेटा! वह नौकर लड़का इस जन्म में साँप बना है, और इस शहर का राजा पिछले जन्म का सौदागर है जिसने इस साँप बने लड़के को मारा था। वह राजा से अपना बदला लेना चाहता है। बुढ़िया की बात सुन कर राजा अपने महल में वापस आ गया।

'तोता बोला : ऐ मैना! तू जरा स्वयं बता कि उस बेचारे लड़के का क्या दोष था, जिससे उस स्त्री ने उस पर जरा भी दया नहीं की और उसे मरवा दिया। इस पर मैना बोली : इस मामले में औरत और मर्द दोनों की गलती है क्योंकि मर्द ने बिना सफाई का मौका दिए उसे सिर्फ अपनी पत्नी के कहने पर मार डाला। तोते का कहना था : ऐ मैना! मैं पहले ही कह चुका हूँ कि ये औरतें इतनी भोली सूरत की होती हैं। मर्द के गले से लग कर उसे काम की राहों से रोक देती हैं। मर्द उनकी भोली बातों में आ कर कैसे-कैसे बुरे काम कर गुजरता है।

'मैना बोली : मैं तुझे इसका जवाब दूँगी।

'तोते ने कहा : पहले मुझे अपनी कहानी पूरी करने दे। फिर मुझे अपना जवाब देना।

'राजा बुढ़िया की बात सुन कर महल में वापस आ गया। पर उसे चिंता के कारण नींद नहीं आई। तभी राजा का हाथ जेब पर पड़ा और ब्राह्मण का दिया हुआ दूसरा पर्चा भी उसके हाथ लग गया। राजा ने उसे खोल कर पढ़ा। उसने सोचा कि ब्राह्मण की एक बात तो सत्य साबित हो ही गई है। अब दूसरी बात को भी आजमाना चाहिए। अब साँप ही एक मात्र मेरा शत्रु है जिसका मुझे स्वागत करना चाहिए। यह सोच कर राजा ने

मंत्रियों और सारे सेवकों को बुला कर कहा : आज रात एक साँप हमें काटने आने वाला है। तुम लोग मेरे पलंग से लेकर उसके बिल तक सारा रास्ता साफ करा दो। रास्ते में गुलाब के फूलों की पत्तियाँ बिछा दो और सारे रास्ते में दूध के प्याले भी रखवा दो।

'मंत्री ने राजा की आज्ञा के अनुसार सारा इंतजाम करवा दिया और फिर राजा के पास आ कर बैठ गया। इतने में साँप के आने का वक्त हो गया। साँप बेहद क्रोधित हो कर बिल के बाहर निकल कर बोला : आज तो मैं राजा को जीवित नहीं छोड़ूँगा। तोते ने कहा : ऐ मैना! वह साँप बिल से बाहर आया तो गुलाब की खुशबू से मगन हो गया और गुलाब की पत्तियों पर लोटने लगा। वह जिधर मुँह उठाता, उधर खुशबू ही खुशबू और पीने के लिए दूध। यह देख कर वह प्रसन्न हो कर सोचने लगा : राजा को पता था कि मैं उसका दुश्मन हूँ फिर भी उसने मेरा स्वागत किया। मैं ऐसे जिंदादिल राजा को काटूँगा तो नहीं, परंतु उसके पास जाऊँगा जरूर ही, ताकि उसे पता लग जाए कि मैंने उसे उसकी उदारता से प्रसन्न हो कर क्षमा कर दिया है। यह सोच कर वह आराम-आराम से चलता हुआ राजा के पलंग के पास पहुँच गया। साँप को अपने पास आता देख कर मंत्री ने उसे मारने के लिए जैसे ही तलवार उठाई, राजा ने कहा : ठहरो, साँप पर हाथ नहीं उठाना। यह कह कर राजा ने अपना हाथ साँप के आगे करके कहा : हे सर्प देवता! अब आप मेरे हाथ पर काट कर अपना बदला ले सकते हैं। साँप बोला : मणिसेन, तुम एक उच्च चरित्र, साहसी और प्रजापालक शासक हो। तुमने मुझे भी अपने गुणों से अपना बना लिया। मैं तुमसे बदला नहीं लूँगा क्योंकि मैं तुमसे प्रसन्न हूँ। यह कह कर साँप वापस चला गया। यह दृश्य देख कर सब लोग चकित खड़े रह गए।

'रानी ने पूछा : महाराज! आप मुझे यह रहस्य बताइये कि आपको यह ज्ञान कैसे हुआ कि यह साँप आज रात आपको काटने आएगा।

'राजा ने कहा : तुम इस विषय के बारे में मुझसे कुछ न पूछो, क्योंकि अगर मैंने तुम्हें इस रहस्य के बारे में बताया तो मैं पत्थर का बन जाऊँगा। रानी बोली : स्वामी! आप मुझे यह रहस्य हर कीमत पर बताएँ, चाहे कुछ हो जाए, वरना मैं प्राण त्याग दूँगी। राजा रानी की यह बात सुन कर घबरा गया, क्योंकि वह रानी से इतना प्रेम करता था कि उसके बिना एक पल नहीं रह सकता था। वह उसकी जिद के आगे कुछ नहीं कर सका। राजा

ने कहा : रानी! अगर तुम्हें मेरा पत्थर होना ही स्वीकार है, तो यह बात मैं तुम्हें गंगा तट पर बताऊँगा, ताकि पत्थर का होने के बाद मैं गंगाजी के पवित्र जल में पड़ा रहूँ।

'यह कह कर राजा गंगा पर जाने की तैयारी करने लगा। जब यह बात शहरवालों को पता लगी, तो वे भी राजा के साथ गंगा पर जाने के लिए तैयार हो गए। राजा जब रानी के साथ गंगा पर जाने लगा तो उसको सबने समझाया और कहा : महाराज! आप इतने चतुर और बुद्धिमान हो कर भी औरत की बातों में आ कर अपने प्राण गँवाना चाहते हैं। अगर आप सलामत रहे तो ऐसी हजारों रानियाँ आपको मिल जाएँगी।

'परंतु बात राजा की समझ में नहीं आई। तब मंत्री ने रानी को समझाया : महारानी! आप अपनी जिद छोड़ दीजिए, तभी महाराज की जान बच सकती है। रानी पर इसका कोई प्रभाव नहीं पड़ा। वह जिद पर अड़ी रही। मंत्री ने रानी से यह तक कह दिया : महारानी, अपना हठ छोड़ दीजिए वरना आपकी वही दुर्गति होगी जो चंद्रकांता की उसके हठ के कारण हुई थी। यदि महाराज ही नहीं रहेंगे तो आपकी इज्जत कौन करेगा। इस पर रानी ने कहा : मुझे चंद्रकांता के बारे में बताओ।

'तब मंत्री बोला : सुनिए रानी जी! एक शहर था सुरसेन जिसका राजा रूपदत्त बड़ा ही सुंदर और गुणी था, पर उसकी पत्नी बदचलन और कुलटा थी। जब उसकी शादी राजा से हुई तो वह अपने प्रेमी को रसोइया बना कर अपने साथ ले आयी। राजा जब दरबार चला जाता तो वह अपने प्रेमी को बुला कर उसके साथ ऐश करती। एक दिन जब राजा को सब कुछ ज्ञात हो गया तो उसने रानी को समझाया : देखो! यह एक बुरी हरकत है, इसे छोड़ दो। पर रानी नहीं मानी : चाहे कुछ भी हो जाए। मैं उसे नहीं छोड़ सकती क्योंकि मैंने उसे अपना दिल दिया है। राजा ने रानी को बहुत समझाया। जब वह नहीं मानी, तो उसका नाक-कान काट कर महल से निकाल दिया और उसके प्रेमी को फाँसी पर लटका दिया। रानी भूखी-प्यासी इधर-उधर भटकती और कहती कि हाय, मैंने अपने पति का कहना न मान कर बहुत बुरा किया, इसीलिए मेरी यह दुर्दशा हुई। मंत्री ने यह कहानी कह कर समझाया कि हे महारानी, जिद छोड़ दीजिए। आपके पति राजा हैं और कोई नहीं जानता कि राजा के दिमाग में कब क्या आ जाए। किसी कवि ने सही ही कहा है :

राजा, योगी, अगिन और जल, इनके मिजाज का क्या ठिकाना
इनसे बच कर रहना हमेशा, इनके प्रेम का क्या ठिकाना।

'लेकिन, रानी यह जानने के लिए अड़ी रही कि राजा का रहस्य क्या है। बेचारा मंत्री विवश हो कर लौट गया। पता नहीं किस प्रकार रात कटी। सुबह होते ही राजा गंगा की तरफ चल दिया। दोपहर के समय रास्ते में एक नदी पड़ी। राजा ने उस नदी के किनारे पड़ाव डाला और स्वयं नहाने के लिए नदी के तट पर बैठ गया। तभी बकरियों का एक झुंड वहाँ पानी पीने आया। सब बकरियाँ पानी पी कर चली गईं, पर एक बकरी वहाँ रह गई। इतने में एक अतिसुंदर फूल नदी में तैरता हुआ आया। उसे देख कर बकरी का दिल चाहा कि वह फूल को प्राप्त कर ले। पर फूल उसके हाथ नहीं आया। इस पर वह बकरी वहीं खड़ी उस फूल को तकती रही। जब उसके बकरे ने यह देखा कि सारी बकरियाँ वापस आ गई हैं पर मेरी बकरी नहीं आई तो वह बकरी के पास जा कर बोला : तू यहाँ क्यों खड़ी है, जब कि सारी बकरियाँ वापस चली गईं। बकरी न कहा : यदि तू मुझे फूल ला देगा तो मैं तेरे साथ चलूँगी, अन्यथा नदी में डूब मरूँगी। बकरे ने कहा : अगर मैं फूल लेने गया तो मैं नदी में डूब मरूँगा। फिर क्या होगा? बकरी ने कहा : चाहे कुछ भी हो। मैं यह फूल लिए बिना नहीं जाऊँगी। यह सुन कर बकरे को बहुत क्रोध आया। वह आँखें लाल करके कहने लगा : सुन बकरी, मैं वह राजा अंगध्वज नहीं हूँ जो औरत के वश में हो कर गंगा के तट पर मरने जा रहा है। यह कह कर बकरे ने अपने सींगों से सुंदर बकरी को बहुत मारा। तब वह बकरी डर के मारे आगे-आगे चलने लगी। बकरे और बकरी की ये बातें सुन कर राजा के दिलो-दिमाग पर बड़ी चोट लगी और वह अपने आप से कहने लगा : मैं तो इस बकरे से भी अधिक अज्ञानी हूँ जो इस रानी के प्रेमपाश में फँस कर प्राण गँवाने चला आया। मुझे सभी ने समझाया पर स्त्री के प्रेम में मैं यह भी नहीं समझ सका कि यह तो मेरे ही प्राणों की भूखी है। किसी कवि ने ठीक ही कहा है—

त्रिया देती है जिंदगी माता हो कर, भोग के लिए बनती है युवती,
देवी हो कर करवाती है पूजा, मौत बन कर लेती है वही जिंदगी।

'राजा ने अपने दिल में कहा : मैं कितना बड़ा मूर्ख हूँ। धिक्कार है मेरी बुद्धि पर। धिक्कार है उन औरतों पर जो अपनी मीठी-मीठी बातों से मर्दों पर काबू कर लेती हैं। धिक्कार है उन मर्दों पर जो सब कुछ खो कर

कुटिलता की इन मूर्तियों के चक्कर में फँस जाते हैं।

'राजा वहाँ से उठ कर अपने डेरे पर आया और रानी से कहने लगा : रानी! तेरे सामने यह बात कहते ही मैं पत्थर का हो जाऊँगा। अब तू बता कि क्या चाहती है? रानी ने कहा : चाहे जो भी हो जाए। आप मुझे वह बात बताओ। यह सुनते ही राजा को बड़ा गुस्सा आया। उसने चाबुक उठा कर रानी पर बरसाना प्रारम्भ कर दिया। रानी मार खाते ही बोली : नहीं महाराज आप मुझे क्षमा कर दें। अब मैं ऐसा नहीं करूँगी। राजा ने मंत्री को बुलाया और कहा : इस हठी और स्वार्थी औरत को जल्लादों के हवाले कर दो। उनसे कह दो कि इसकी आँखें निकाल कर इसे वन में छोड़ दें। जल्लादों ने राजा की आज्ञा का पालन किया और इस तरह रानी को अपने किये की सजा मिल गयी।

'तोता बोला : अब बता मैना! औरत जात का क्या भरोसा।'

इस पर मैना ने जवाब दिया : अरे तोते! ज्यादा बढ़-चढ़ कर बातें न कर। मैं भी तुझे मर्दों की बेवफाई की कहानी सुना सकती हूँ।

अगली रात मैना ने तोते को चार राजकुमारों की कहानी सुनाई जो जंगल में शिकार करते हुए रास्ता भूल गए थे। रास्ता ढूँढ़ते हुए जब वे जंगल से निकले तो एक ऐसे नगर पहुँचे जिसमें जादूगरनियाँ रहती थीं। नगर में घूमते-घूमते वे राजकुमार रात गुजारने के लिए एक सराय में पहुँचे। सराय की भटियारिन भी जादूगरनी थी, जिसके चार सुंदर बेटियाँ थीं। वे लड़कियाँ राजकुमारों को देखते ही उन पर आशिक हो गईं और अपने जादू के जोर पर उन्हें अपने कमरों में ले गईं। तीन बड़ी लड़कियों ने तीन राजकुमारों को मंतर मार कर भेड़ों में बदल दिया, जिन्हें दिन में अच्छा-अच्छा खाना खिलाया जाता और रात में ऐश करने के लिए आदमी बना दिया जाता। लेकिन, सबसे छोटी लड़की सबसे छोटे राजकुमार के प्रेम में पड़ गई और उस पर जादू का इस्तेमाल नहीं किया जिससे वह इनसान ही बना रहा। दोनों के बीच प्रेम इतना बढ़ा कि दोनों एक पल के लिए भी अलग नहीं रह सकते थे। एक दिन छोटा राजकुमार बहुत उदास हो गया, क्योंकि उसे अपने माता-पिता की याद आ रही थी। जादूगरनी के पूछने पर उसने बताया कि उसके माता-प्तिा अपने बेटों के बिछड़ने पर कितने दुखी होंगे। उसने जादूगरनी से कहा कि वह अपने जादू का प्रयोग करके उसके भाइयों को आजाद कराए ताकि वे चारों अपने माता-पिता के पास जा सकें। राजकुमार

ने यह प्रस्ताव भी रखा कि उसकी प्रेमिका भी उसके साथ चले। पिता के राज में पहुँच कर दोनों शादी कर लेंगे और वह राजकुमारी बन जाएगी। उसके प्रेम में पड़ कर उस छोटी जादूगरनी ने वही किया। इस पर उसे अपनी बहनों का गुस्सा और बदला झेलना पड़ा। वह अपने प्रेमी और उसके भाइयों के साथ नगर से भाग निकली। राजकुमार के नगर पहुँचने से पहले रास्ते में जब वे लोग जंगल में आराम कर रहे थे, तो छोटा राजकुमार अपनी सोती हुई प्रेमिका को छोड़ कर चला गया। कई तरह की तकलीफें झेलती हुई जब जादूगरनी उसके नगर पहुँची और प्रेमी के साथ मिलन की इच्छा व्यक्त की, तो राजकुमार ने उसे रात भर जेल में रखने के बाद सुबह फाँसी पर लटकवा दिया।

मुझे लगता है कि सभी तरह के कथा-रूपों में लोककथा का रूप फ्रॉयड के तितरफा मॉडल में निहित अहं का सर्वाधिक प्रतिबिम्बन करता है। यह एक ऐसा अहं है जो कामतत्त्व (इद) में निहित नैसर्गिक कामनाओं और पराअहं की अनिवार्यताओं के बीच मध्यस्थ की भूमिका निभाता है। लोककथा कामतत्त्व और पराअहं के आदिम पक्षों को अपेक्षाकृत कम उभारती है। इसलिए बेहतर यही होता है कि लोककथा का विश्लेषण उसके कथानक की प्रकट संरचना के साथ वफादारी बरते। इसके अलावा विश्लेषक लोककथा में मौजूद एकल फैंटेसी की शिनाख्त करना चाहता है (जबकि उपन्यास की संरचना में अकसर कई स्वैरकल्पानएँ होती हैं), ताकि कथा के प्रकट तत्त्वों को नयी संरचना के आईने में देख कर एक नया तात्पर्य खोजा जा सके।

तोता-मैना की कहानियों की एक खास बात यह है कि उनमें औरत और मर्द के बीच किसी किस्म की पारस्परिकता या प्रेम-भाव के दर्शन नहीं होते। पृष्ठ-दर-पृष्ठ इन कहानियों को पढ़ते जाइये, ऐसा लगता है कि जैसे इसमें वर्णित औरतें और मर्द अलग-अलग प्रजातियों की देन हों। हर कहानी के उपसंहार में प्रेमी या प्रेमिका का अंग-भंग होता है, उनमें से किसी के चाकू भोंका जाता है, जिंदा कुएँ में फेंक दिया जाता है, या फिर एक दूसरे को धोखा दे कर भाग जाता है। स्त्रियों का हश्र पुरुष के बजाय अधिक रक्तरंजित दिखाया गया है। इन कहानियों को तो प्रेम की बजाय घृणा की श्रांगारिक स्वैरकल्पनाएँ करार देना अधिक उचित होगा। दोनों लिंगों के बीच शत्रुता और परस्पर आक्रामकता इतनी अधिक है कि परस्पर

स्नेह की कोई भी संभावना बहुत कमजोर हो जाती है।

कहानियों में वर्णित पुरुष अपने श्रृंगारिक साथी के रूप में स्त्री को कामुकता की पुतली की तरह देखता है जिसने पूरी तरह से अपनी दैहिक कामनाओं के सामने समर्पण कर दिया है। तोता-मैना की स्त्रियाँ कामदेव के तीरों का शिकार होने के लिए अभिशप्त हैं। उनके बारे में खास तौर से यह बार-बार दिया जाता है 'जब उसके शरीर को कामदेव ने सताया', लेकिन पुरुष के बारे में ऐसी बात नहीं कही जाती। स्त्री ही हर बार यौन पहलकदमी लेती है, और कामोत्तेजना की शिकार हो कर सभी तरह के संयम और नैतिकता को ताक पर रख देती है। इस प्रक्रिया में वह यौन संतुष्टि के लिए आँख बंद करके अपने माता-पिता, पति या संतानों को भी दाँव पर लगाने के लिए तैयार है। यौन उत्तेजना की शिकार हो कर तोता-मैना की औरत एक के बाद एक प्रेमियों की अंकशायिनी बनती है। वह जवान और बूढ़े, सुंदर और कुरूप, गरीब और अमीर के बीच कोई फर्क नहीं करती। कई कहानियों में औरतें प्रेमी बनाने के मामले में विकृत ढंग से फकीरों और योगियों को प्राथमिकता देती दिखाई देती हैं। निश्चित रूप से इसका कारण यह है कि हिंदुओं और मुसलमानों की कल्पनाओं में उलझे बालों, बेतरतीब दाढ़ी और गंदे कपड़ों वाले ये फकीर कामना की भूखी किसी भी स्त्री को संतुष्ट कर देने लायक जबरदस्त स्तंभन शक्ति के मालिक की तरह दर्ज हैं। कहना न होगा कि इन औरतों का चरित्र ऐसा दिखाया गया है कि वे धोखेबाज हैं और उनके बारे में पूर्वानुमान नहीं लगाया जा सकता। उनके इरादे कुछ ऐसे हैं कि पुरुष का दिमाग हमेशा चकराता रहता है। एक कहानी तो इस सिलसिले में एक विख्यात कहावत के साथ सामने आती है : *त्रिया चरित्र न जाने कोय, खसम मार कर सती होय।*

अपनी एक अन्य रचना में मैंने अनियंत्रित और मर्यादाहीन एंद्रिकता के आईने में स्त्री को देखने के इस नजरिये का ताल्लुक पुरुष के शुरुआती बचपन से जोड़ा है जब वह स्त्री को 'यौनिक माँ' के रूप में देखता है।[3] बालक की वास्तविक मातृमूलक एंद्रिकता ही वह सामग्री है जिसके जरिये पुरुष अपनी कल्पनाओं में स्त्री का चित्र बनाता है। भारतीय संदर्भ में जैसे ही इस कल्पना में स्त्री के प्रति बालक की अपनी कामनाओं का रंग भरा जाता है, वैसे ही उसकी भावनाएँ और उत्तेजित हो जाती हैं। राजकुमार को

दिन में भेड़ बना कर रखने वाली और रात में उसे दैहिक आनंद के लिए पुरुष बना देने वाली जादूगरनी हो या फिर नौकरी करने वाले लड़के से स्वयं को तृप्त करने की माँग करने अन्यथा नतीजे भुगतने के लिए तैयार रहने की धमकी देने वाली घर की मालकिन हो, ये दोनों उदाहरण 'यौनिक माँ' के विभिन्न चेहरों का प्रतिनिधित्व ही करते हैं। यहाँ रात फैंटेसी और कल्पना के दैनंदिन प्रहर के रूप में उभरती है, और सौदागर की द्वारा की गई यौन संतुष्टि की माँग से फेड्रा प्रकरण (युरिपिडस के नाटक की पात्र जो अपने सौतेले बेटे से यौनतुष्टि की माँग करती है) की याद आ जाती है। तोता-मैना की कई कहानियों की 'मातृमूलक' फैंटेसी उस समय और स्पष्ट हो जाती है जब स्त्रियाँ नायक के ऊपर प्रेमी को प्राथमिकता देती हैं और नायक को धोखा देने की हद तक जा कर अपना प्रेमी चुनती हैं। यह प्रेमी अकसर कोई फकीर या योगी होता है। राबर्ट गोल्डमेन के अनुसार संस्कृत महाकाव्यों में इसी प्रकार का एक चरित्र गुरु के रूप में मिलता है। महाकाव्यों के दृष्टांतों का यह गुरु माँ के ऊपर अपनी श्रांगारिक दावेदारी करने वाले पिता का स्थानापन्न लगता है।[४]

हालाँकि अधिकतर कहानियों में पुरुष की फैंटेसी में मौजूद फ्रॉयडियन माँ ही देखने को मिलती है, पर एक दो कहानियाँ ऐसी भी हैं जिनमें स्त्री का रूप उस माँ की तरह सामने आता है जिसका जिक्र मिलेनी क्लाइन ने किया है। ये कहानियाँ जननांग संबंधी यौनिकता से जुड़ी चिंताओं का मुकाबला करती नजर आती हैं। ये कहानियाँ खा जाने या माँ द्वारा खा लिए जाने के 'मुख संबंधी' भय के खिलाफ आश्वासन देती हैं। इसी तरह की एक कहानी में दिखाया गया है कि किस तरह एक देवी हर रात एक राजा को तेल में भूनती है, उसका मांस खाती है और फिर सुबह उसकी अस्थियों पर अमृत छिड़क कर उसे पहले वाले रूप में पुनर्जीवन प्रदान करती है। इस सेवा से तृप्त होने के कारण देवी से राजा को प्रत्येक दिन भारी मात्रा में सोना मिलता है।

दूसरी तरफ, तोता-मैना की कहानियों में स्त्री पुरुष के बारे में मान कर चलती है कि वह तो शीघ्र ही चुक जाने वाली कामनाओं का पुतला है। प्रेम का अर्थ उसके लिए केवल वासना है। कहानियों में दिखाया गया है कि जैसे ही श्रांगारिक मनोभाव तिरोहित होते हैं और वासना तृप्त हो जाती है, वैसे ही पुरुष अपराध बोध से ग्रस्त हो कर उस स्त्री का रूखे ढंग

से परित्याग कर देता है जिससे थोड़ी ही देर पहले वह मार्गच्युत हो कर प्यार कर रहा था। पुरुष का अपराध बोध मुख्यत: अपने माता-पिता के प्रति होता है, क्योंकि उसने वयस्क यौन संबंधों की कीमत पर उन्हें त्याग दिया होता है। एक के बाद एक कहानी में नायक अपनी प्रेमिका के बजाय अपने माता-पिता से अधिक जुड़ा हुआ दिखाया जाता है। चूँकि तोता-मैना की स्त्रियाँ पुरुष को आसक्ति में बचकाना, प्रेम-भाव में अस्थिर और क्रोध में क्रूर मान कर चलती हैं, इसलिए उनका प्रेम संबंधी चुनाव या तो पुरुष का तुष्टीकरण रह जाता है, या फिर परपीड़क कामुकता के सामने समर्पण में सीमित रह जाता है।

प्रेमियों या पति-पत्नियों के रूप में साँप

साहित्य हो, लोकगाथा हो, मिथक, कर्मकांड या फिर कला हो, हिंदू संस्कृति में साँप, खासकर नाग की भूमिका बड़ी प्रमुख है। साँप को सृष्टिकर्ता प्रजापति ब्रह्मा की पुत्री के गर्भ से उत्पन्न बताया गया है। संहार के देवता शिव अपने गले और बाँहों पर साँपों को आभूषणों की तरह पहने रहते हैं। हिंदुओं में त्रिदेव संरक्षक समझे जाने वाले विष्णु का सर्वाधिक लोकप्रिय चित्रण सप्त फणधारी शेषनाग की शैया पर लेटे हुए ही किया जाता है। बौद्ध, जैन और हिंदू मंदिरों में अकेले या एक-दूसरे से लिपटी हुई साँपों की मूर्तियाँ आसानी से देखी जा सकती हैं। कुल मिलाकर साँप भारतीय धार्मिक जीवन की प्रमुख उपस्थिति है। सांसारिक स्तर पर पुरुषों और स्त्रियों के बीच नाग एक लोकप्रिय नाम है। बरसात के मौसम में सारा देश भादों के पाँचवें दिन नागपंचमी का त्योहार मनाता है, जिसमें नागदेवता की पूजा होती है।

इन्हीं वजहों से भारत के लोकप्रिय किस्से-कहानियों में प्रेमी या प्रेमिका के रूप में साँप या नाग-नागिन की व्यापक मौजूदगी पर किसी को आश्चर्य नहीं होना चाहिए। यह उपस्थिति इतनी प्राचीन है कि महाभारत के मिथकों में देखी जा सकती है जहाँ महान संत जरातकुरु का विवाह नागराज वासुकि की बहन से होता दिखाया गया है। महान धनुर्धर अर्जुन भी वासुकि की बहन उलीपी से विवाह करते हैं और अज्ञातवास के एक वर्ष के दौरान एक नाग राजकुमारी उनकी अंकशायिनी बनती है।[५] यहाँ मैं

प्रेमी के रूप में साँप की जो कहानी कह कर उसकी व्याख्या करने जा रहा हूँ उसकी नायिका राजकुमारी स्तंभदीप है। दक्षिण भारत में लोकप्रिय इस लोकगाथा का यह दूसरा हिस्सा है जिसका पहले हिस्से से कोई संबंध नहीं है। मैंने यह कहानी इस तरह के किस्सों के एक तमिल संग्रह से ली है जिसका जिक्र पहले भी इस अध्याय में किया जा चुका है। इसी संकलन का एक अध्याय है *मतनकामराजन कटई* यानी *राजा मतनकाम की कहानी*। मैंने यहाँ कामिल ज़्वेलेबिल[६] द्वारा किए गए इस कहानी के अंग्रेजी अनुवाद के संक्षिप्त विवरण का इस्तेमाल किया है। मेरी कहानी राजकुमार और राजकुमारी की शादी के बाद से शुरू होती है। बजाय इसके कि वे प्रेम के साथ दांपत्य जीवन बिताते, होता यह है कि राजकुमार एक दासी के इश्क में गिरफ्तार हो जाता है और अपनी कमसिन दुल्हन की पूरी तरह उपेक्षा करके अपनी माशूका के साथ दिन-रात गुजारने लगता है।

तीन साल तक यही सिलसिला चलता रहता है। एक दिन राजकुमारी की बूढ़ी पड़ोसन उससे मिलने आती है। उसकी हालत देख कर बुढ़िया कहती है : 'प्यारी बेटी, तुम तो खासी जवान और खूबसूरत हो, लेकिन फिर भी तुम्हारा पति एक छिनाल के चक्कर में फँसा हुआ है। कैसी पत्नी हो तुम, जो अपने पति को काबू में नहीं रख सकतीं।'

इस पर स्तंभदीप शिकायती लहजे में कहती है : 'हे माता, मैं कर ही क्या सकती हूँ। ब्रह्मा ने मुझे ऐसा ही बनाया है। कोई कुछ नहीं कर सकता।'

इस पर बुढ़िया उसका मखौल उड़ाते हुए कहती है : 'ओह, तुम्हें तो ब्रह्मा ने ही इस तरह बनाया है। है न! बेवकूफी की बातें न करो। यह तुम्हारी गलती है जिसके कारण तुम्हें दुख झेलना पड़ रहा है। लेकिन, अगर तुम मेरी सलाह मानोगी तो तुम्हें अफसोस नहीं होगा।' राजकुमारी के राजी हो जाने पर बुढ़िया आगे कहती है : 'मैं तुम्हें एक जादुई पेय देती हूँ जिसे तुम अपने पति को रसम में मिलाकर पिला देना। इसके बाद वह तुम्हें एक पल के लिए भी नहीं छोड़ेगा।'

राजकुमारी ने जादुई पेय ले तो लिया, पर उसे शक बना रहा। उसने सोचा : 'पता नहीं इसका असर क्या होगा! अगर बुढ़िया सही कहती है तो हम पहले की तरह ही सुखी हो जाएँगे, लेकिन अगर इससे मेरे पति को कोई नुकसान पहुँचा तो मैं फिर क्या करूँगी?' इसी उलझन में

राजकुमारी स्तंभदीप अपने पिछवाड़े उस जादुई पेय को फेंक कर पति को सामान्य रसम ही परोसती है।

वहीं पिछवाड़े में एक पुरानी बाँबी में एक साँप रहता था जिसके सिर पर जादुई पेय मिले हुए रसम की कुछ बूँदें पड़ गईं। नतीजतन साँप राजकुमारी के इश्क में गिरफ्तार हो गया। उधर भोजन करके पति दासी के घर की तरफ रवाना होता है, इधर राजकुमारी के दरवाजे पर साँप की दस्तक पड़ती है। दरवाजा खोलते ही राजकुमारी देखती है कि उसका पति लौट आया है। दरअसल, वह साँप ही है जिसने राजकुमार का रूप रख लिया है। राजकुमारी प्रसन्न हो कर स्वयं को बेहिचक उसे सौंप देती है, और वह राजुकमारी के प्रेम का पूरा आनंद उठाता है।

कुछ समय तक साँप और राजकुमारी की प्रेमलीला चलती रहती है जिसका परिणाम उसके गर्भवती होने में निकलता है। जब साँप को पता लगता है तो उसकी इच्छा होती है कि क्यों न राजकुमारी को सच्चाई बता दी जाए। साँप कहता है : 'हे स्त्री! मैं तुम्हारा असली पति नहीं हूँ। तुम्हारा पति तो इस समय दासी के घर में है। मैं तुम्हारे पिछवाड़े रहने वाला पाँच फनों वाला साँप हूँ। पड़ोस की बुढ़िया ने उस दिन तुम्हें जो जादुई पेय दिया था उसकी कुछ बूँदें मेरे ऊपर गिर पड़ी थीं जिसके कारण मैं तुम्हें प्यार करने आने लगा। लेकिन, अब मैं वह प्रेम जाल तोड़ने जा रहा हूँ जिसके कारण वह दासी तुम्हारे पति के साथ पत्नी की तरह रह रही है।'

कुछ समय बाद दासी के प्रेम में फँसे राजकुमार को पता लगता है कि राजकुमारी स्तंभदीप तो गर्भवती है। वह अपने श्वसुर के पास जा कर शिकायत करता है कि उसकी पत्नी उसके साथ वफादार नहीं है, क्योंकि उसने तो राजकुमारी को कोई दो वर्षों से छुआ भी नहीं है, फिर भी वह माँ बनने वाली है।

इस पर राजा कुछ दासियों को भेज कर राजकुमारी को पेश होने का हुक्म देता है। पिता की नाराजगी भाँप कर स्तंभदीप साँप की सलाह लेती है।

राजकुमारी के सलाह माँगने पर उसके पलंग पर कुंडली मारे बैठा हुआ साँप हँसा और बोला : 'तुम्हारे बुरे दिन पूरे हो चुके हैं। जब राजा, जो तुम्हारे पिता भी हैं, तुमसे तुम्हारी हालत के बारे में पूछें तो बिना किसी डर-भय के कह देना कि तुम्हारा पति ही तुम्हारे होने वाले बच्चे का पिता

है। अगर तुम्हारी बात पर शक किया जाए तो दरबारियों की तरफ मुड़ कर कहना कि तुम किसी भी मंदिर में या किसी भी देवी-देवता के सामने कोई भी परीक्षा देने के लिए तैयार हो। डरना मत, बल्कि उन लोगों से इस प्रकार कहना : एक घड़ा लाओ और उसमें एक साँप डाल दो। मैं उसमें हाथ डाल कर उसमें पड़ा हुआ सोने का सिक्का निकालूँगी। इस तरीके से कोई तुम्हारी बात पर शक नहीं करेगा। घड़े में जो साँप होगा वह मैं ही रहूँगा।' इतना कहकर राजकुमारी का प्रेमी साँप चला गया।

सूरज उगते ही राजकुमारी उठी और अपने सबसे अच्छे वस्त्रों और आभूषणों से सुसज्जित हो कर शाही महल के दरबार में पेश हुई। राजा ने अपने दामाद की तरफ देखा और कहा : 'जो पूछना है वह तुम्हीं क्यों नहीं पूछ लेते?'

राजकुमार-पति ने कहा : 'श्रीमान, जब दो-तीन साल से मैंने अपनी पत्नी को छुआ तक नहीं है, तो यह औरत गर्भवती कैसे हो सकती है?'

जवाब में स्तंभदीप ने दरबारियों को संबोधित करके कहा : 'यह सही है कि मैं गर्भवती हूँ, पर मेरे पति के सिवा होने वाले बच्चे का पिता कोई और नहीं है। अगर आपको मेरी सच्चाई पर संदेह है तो मैं सर्प-परीक्षा देने के लिए तैयार हूँ।' इस पर राजा, दरबारी और राजकुमार सहमत हो गए। फौरन एक सपेरा बुलाया गया और उसे परीक्षा लेने लायक एक नाग पकड़ कर लाने का आदेश दिया गया।

सपेरा आया और उसने अपनी बीन बजानी शुरू की। लेकिन, पाँच फणों वाले राजकुमारी के प्रेमी नाग ने अपनी ताकत के दम पर बाकी सभी साँपों को अपने वश में कर लिया और खुद उस घड़े में प्रवेश कर लिया जिसमें परीक्षा लेने के लिए सोने का सिक्का डाला गया था।

राजकुमारी स्नान करने के बाद आई और घड़े की परिक्रमा करके इस तरह बोली : 'विवाह के दिन जिसका मैंने स्पर्श किया था, वह मेरा सच्चा पति था। आज मैं वास्तव में एक साँप का स्पर्श करूँगी।' इतना कह कर उसने घड़े में हाथ डाल दिया और साँप निकाल कर अपने गले में हार की तरह पहन लिया। फिर उसने सोने का सिक्का निकाल कर सोने की प्लेट पर रखा और अपने पिता के सामने पेश कर दिया। इस पर पिता, पति और दरबारी साधु-साधु कर उठे और बोले : 'यह तो वास्तव में महापतिव्रता है।' सभी ने राजकुमारी की सुशीलता की प्रशंसा की। वह घर लौट गई

और राजकुमार को इस बात पर कोई संदेह नहीं रहा कि होने वाले बच्चे का पिता कौन है।

लेकिन, राजकुमार की रखैल दासी का शक नहीं मिटा। उसने अपनी नौकरानियाँ भेजीं और यह कह कर बच्चा मँगवाया कि वह उसे देखना चाहती है। नौकरानियों ने राजकुमारी से कहा : 'हमारी मालकिन बच्चा देखना चाहती है। मेहरबानी करके हमें बच्चा ले जाने दें।' स्तंभदीप ने नौकरों को अगले दिन आने के लिए कहा। नौकरानियाँ बिना बच्चे के लौट गईं। इस पर रखैल दासी बड़ी आहत हुई और उसने राजकुमार के कान भरे। इस पर नाराज हो कर राजकुमार ने कहा : 'यह क्या बात हुई। मैंने अपना बेटा मँगवाया, और उसकी इतनी हिम्मत कि इनकार कर दिया।' राजकुमार ने अपने श्वसुर और राजा से पत्नी के इस रवैये के खिलाफ शिकायत की।

उसी रात राजकुमारी ने एक बार फिर साँप को बुला कर सलाह ली : 'दासी ने हमारे बेटे को मँगवाया था। अब मैं क्या करूँ? क्या मैं बच्चे को उसके पास भेज दूँ?'

साँप ने जवाब दिया : 'आखिरकार यह नौबत आ ही गई। अब तुम्हारे अच्छे दिन आ गए हैं। अब तुम्हारा पति तुम्हारे पास लौट आएगा और दासी के लिए उसके दिल में प्यार नहीं रहेगा। बच्चे को आभूषणों से सजाओ और उसे अपने पिता के पास भेज दो। जब वे उसे लेने आएँ तो बच्चे को आभूषणों समेत तौलना। कहना कि बच्चा ठीक-ठीक इतने ही आभूषणों समेत लौटना चाहिए। अगर वजन कम हुआ तो उस रखैल को न केवल उसकी भरपाई करनी होगी बल्कि तुम्हारी दासी बन जाना पड़ेगा। बच्चे के आभूषण नाग-रत्न से बने होंगे। तुम्हारे पिता का पूरा खजाना भी कीमत में उनकी बराबरी नहीं कर सकता। मैं जा कर चुपचाप वे आभूषण चुरा लाऊँगा। डरो मत और बच्चे को बेफिक्र हो कर भेज दो।'

अगली सुबह राजा के नौकर राजकुमारी के पास आ कर बोले : 'हे राजकुमारी, हमारे महाराज और तुम्हारे पिता आपसे मिलना चाहते हैं।' राजकुमारी बच्चे के साथ राजा के सामने हाजिर हुई। राजा ने कहा : 'बेटी, तुम्हारा पति अपने बच्चे को देखना चाहता है।' इस पर राजकुमारी चुप रही तो फिर राजा ने पूछा : 'तुमने बच्चे को उसके पिता के पास क्यों नहीं भेजा?' स्तंभदीप का जवाब था : 'महाराज, मुझे बच्चे को दासी के घर

भेजने पर कोई एतराज नहीं है। पर, मुझे डर है कि उसके बेशकीमती आभूषण हड़प लिए जाएँगे। इसलिए मेरी प्रार्थना है कि पहले उसका आभूषणों के साथ वजन कर लिया जाए। अगर वह वैसा ही और उसी वजन के साथ वापस आ गया तो मुझे तसल्ली हो जाएगी। लेकिन, अगर कोई चीज कम हुई तो मेरी शर्त है कि दासी की संपत्ति छीन कर उसे मेरा गुलाम बना दिया जाए। अगर वह इस पर राजी है तो मैं अपने बच्चे को वहाँ भेजने के लिए तैयार हूँ।'

राजा ने दामाद और दासी को बुला भेजा। उन्होंने ये शर्तें स्वीकार कर लीं। राजकुमारी ने बच्चे को पालने में रखा और एक दूसरे पालने में जेवर रखे। सबके सामने उनका वजन कराया ताकि सभी देख लें और किसी को संदेह न रहे। दासी बच्चे और आभूषणों को अपने साथ अपने घर ले गयी। उसने बच्चे को प्यार किया, उसके साथ खेली, उसे दूध पिलाया और रात में अपने साथ रखा।

जब रात गहरी हो रही थी, तभी वह साँप रेंगता हुआ आया और चुपचाप सबसे कीमती जेवरों में से कुछ उठा ले गया।

सुबह राजकुमारी स्तंभदीप ने आग्रह किया कि बच्चे और जेवरों को राजा और दरबारियों के सामने तौला जाए। तौलते ही साफ हो गया कि जेवरों का वजन कम हो गया है। दरबारी यह सब ध्यान से देख रहे थे। उन्होंने फैसला किया : 'दासी ने अपराध किया है। जवाहरात चोरी कर लिये हैं। अब दासी को शर्त के अनुसार आचरण करना चाहिए।' इसके बाद बिना किसी हीले-हवाले के दासी राजकुमारी के घर में चाकरी करने लगी। इससे राजकुमारी को बड़ी खुशी मिली। कुछ दिनों बाद उसे अपने पति का प्यार भी मिलने लगा। अब दासी उनके आदेशों का पालन करती और वे गृहस्थ जीवन का आनंद उठाते।

लेकिन, अपनी इस नयी खुशी में वह अपने प्रेमी साँप को पूरी तरह भूल गयी। साँप ने सोचा : 'ओह, यह क्या हुआ। मेरी वजह से राजकुमारी को यह खुशी मिली और वह मुझे एकदम भूल गयी। मैं चाहूँ तो उसे डस सकता हूँ जिससे वह मर जाएगी, पर उससे मुझे तो कोई खुशी नहीं मिलेगी। अब तो मैं उसके साथ प्रेमक्रीड़ा भी नहीं कर सकता। अब तो सब कुछ खत्म हो चुका है। सबसे अच्छा हल तो यह है कि मैं आत्महत्या कर लूँ।' इसके बाद साँप ने तय किया कि वह स्तंभदीप की जुल्फों से

अपना गला घोंट कर मर जाएगा।

इसी के बाद एक रात साँप रेंग कर स्तंभदीप के पलंग पर चढ़ गया और उसके केशों में उलझ कर वहीं प्राण त्याग दिए।

अगली सुबह जब राजकुमार जागा तो यह देख कर घबड़ा गया कि उसकी पत्नी के बालों में एक बहुत बड़ा मरा हुआ साँप उलझा हुआ है। उसने राजकुमारी को जगाया। उसका सिर साँप के वजन से बहुत भारी था। राजकुमारी को हिलने में भी डर लग रहा था, पर उसका मन पछतावे और दुख से भरा हुआ था। उसे साँप के आत्महत्या करने के कारण का एहसास हो रहा था। पति ने पूछा : 'तुम क्यों रो रही हो।' राजकुमारी ने जवाब दिया : 'प्राणनाथ, यह हमारा घरेलू साँप है। आपको वापस पाने के लिए मैंने इसकी पूजा की थी और चढ़ावे का वायदा किया था। पर मैं भूल गयी। इसीलिए वह आया और प्राण त्याग दिए।' राजकुमारी ने पति से आग्रह किया, 'कृपा करके बच्चे को ले जाइए और पूरे विधि-विधान के साथ साँप का अंतिम संस्कार कीजिए।'

राजकुमार राजी हो गया। उसने बच्चे की मदद से बाकायदा पूरे संस्कारों के साथ साँप की चिता जलाई। फिर पति-पत्नी नियमित रूप से साँप की पूजा करने लगे।

इसके बाद राजकुमारी स्तंभदीप, राजकुमार और वह बच्चा खुशी-खुशी अपने दिन गुजारने लगे।

यह कहानी बताती है कि इस दुनिया में औरतों का भरोसा नहीं किया जा सकता। वे काफी चालबाज और धोखेबाज होती हैं।

दरअसल, साँप को स्त्री के प्रेमी के रूप में देखते ही साँप का प्रतीकात्मक महत्त्व व्याख्यायित करना जरूरी हो जाता है। हालाँकि प्रतीकवाद के चक्कर में मनोविश्लेषण काफी अपयश और कठोर आलोचना झेल चुका है, पर इसके बावजूद इस जरूरत से मुँह नहीं चुराया जा सकता। हम जानते हैं कि फ्रॉयड के प्रतीक संबंधी सिद्धांत पर बड़े आक्रमण हुए हैं। कुछ लोग तो इसे उन सनकी किस्म की पशु संबंधी मध्ययुगीन आख्याओं के समकक्ष तक ठहरा चुके हैं जिनका लहजा नैतिकतावादी होता था। आलोचकों का आरोप है कि फ्रॉयड का यह सिद्धांत प्राकृतिक वस्तुओं और जाँच-पड़ताल के दौरान सामने आई वस्तुओं और तथ्यों का सार्वभौम यौनिक महत्त्व खोज निकालने के फेर में

उनका केंद्रीय संदर्भ नजरअंदाज कर देता है। मानना पड़ेगा कि इस आरोप में कुछ दम जरूर है, पर साथ ही हमें यह नहीं भूलना चाहिए कि प्रतीक और प्रतीकित के बीच आमने-सामने के सीधे संवाद की अवधारणा फ्रॉयड की नहीं, बल्कि विलियम स्टेकेल की देन है। फ्रॉयड ने इस विचार को ग्रहण करके *दि इंटरप्रिटेशन ऑव ड्रीम्स* के द्वितीय और परवर्ती संस्करणों में शामिल कर लिया, यद्यपि सार्वभौम प्रतीकवाद का यह विचार फ्रॉयड के अपने स्वप्न संबंधी सिद्धांत का खंडन करता है।[७] बहरहाल, मनोविज्ञान के इतिहास में इस सिद्धांत की हैसियत भले ही संदिग्ध हो, पर हम जानते हैं कि मनोविश्लेषक अपने क्लीनिक में कोई भी काम करते वक्त अपने मरीज के 'पाठ' की विशिष्टता के साथ जुड़ा रहता है। घनिष्ठ जुड़ाव की यह प्रक्रिया न तो व्याख्याओं की किसी किताब में से उठाए गए सिद्धांत को सरलीकृत ढंग से लागू करने के आधार पर चलती है, न ही इसका काम सार्वभौम प्रतीकों की किसी पदावली से समानार्थक लगने वाली व्याख्याओं के आईने में देख कर मरीज की बातों के मतलब निकालने से चलता है।

प्रतीकवाद संबंधी मनोवैश्लेषिक सिद्धांत को भिन्न परिस्थितियों के बीच अंतर करने में अक्षम और संदर्भ के प्रति बेपरवाह मानने का शायद एक ऐतिहासिक कारण भी है। इसकी जिम्मेदारी उन शुरुआती वर्षों पर जाती है जब मातृ-मनोग्रंथि वाले दौर को ही पुरुष के मानसिक जीवन और प्रतीक-रचना का आलम्ब माना लिया जाता था। उस जमाने में बालक द्वारा अपने दैहिक अंगों की समझ के आधार पर अपने पिता या माँ के साथ अपने प्रतिकूल संबंधों के प्रतीकात्मक निरूपण को समझने के लिए केवल मातृ-मनोग्रंथि संबंधी विश्लेषणात्मक सामग्री ही इस्तेमाल की जाती थी। मिसाल के तौर पर बाल काटे जाने को बधियाकरण की चिंता के प्रतीक के तौर पर देखा जा सकता है। बाद के अपेक्षाकृत विकसित दौर में बधियाकरण की यह चिंता अस्मिता के क्षय या अवमानना के ऐसे प्रतीकों के रूप में व्यक्त होते हुए समझी जाने लगी जिनका हर हालत में मतलब अंग-भंग ही नहीं होता था। दूसरी तरफ, मनोविश्लेषण यह समझने में भी समर्थ हो गया कि एक प्रतीक एक से ज्यादा विचार व्यक्त कर सकता है, और यह कि संदर्भ के विभिन्न विस्तारों और बारीकियों के आधार पर ही तय किया जा सकता है कि क्या विचारणीय छवि प्रतीकात्मक है और अगर है भी तो वह ठीक-ठीक किसको प्रतीकित कर रही है।

दरअसल, इस तरह की सावधानी साँप के मामले में तो और भी जरूरी हो जाती है। इसका कारण यह है कि साँप हमेशा से एक साथ कई तात्पर्यों से संपन्न रहा है। दुनिया के पैमाने पर धार्मिक आस्थाओं के संसार में साँप एक अभिशाप भी है, और पूजनीय भी। साँप सभी तरह के रहस्यों का आगार होने के साथ-साथ पाताली ताकतों की नुमाइंदगी भी करता है। साँप चंद्रमा के प्रभुप्रकाश के रूप में अमरता का प्रतीक है, और मृत्यु की शक्तियों का प्रतिनिधि भी है। इस जैव जगत में प्रतीकात्मक रूप से साँप की हैसियत विलक्षण है।[८]

मनोवैज्ञानिक रूप से और संदर्भ के मुताबिक साँप कई तरह के तात्पर्यों का प्रतीक हो सकता है।[९] इनमें से कुछ मायने तो वास्तविक होते हैं और कुछ समझ के मुताबिक निकाल लिए जाते हैं। मसलन, साँप अपनी लंबाई बढ़ा लेता है, फूल कर उसका आकार बढ़ जाता है, कोबरा या नाग अपना फण उठाता है, जमीन के छेदों और दरारों में रेंग कर घुस जाता है, तरल पदार्थ छोड़ता है एवं गुप्तांगों से जुड़े हुए फूहड़ और चिपचिपे एहसासों की याद दिलाता है। दरअसल, साँप पारंपरिक रूप से पुरुष शिश्न के सबसे महत्त्वपूर्ण प्रतीकों में से एक रहा है। लेकिन, कुछ दूसरे संदर्भ भी हैं जिनमें साँप शिश्न का प्रतीक नहीं है। यहाँ साँप प्रच्छन्न रूप से सब कुछ निगल लेने वाली यौनि का प्रतीक बन जाता है और खतरनाक किस्म के स्त्रीत्व का प्रतिनिधित्व करने लगता है। इस संदर्भ में उसे नाग के बजाय अजगर के रूप में अधिक देखा जाता है। अजगर जो अपने पाश में बाँध लेता है, दम घोंट देता है, अपने आप में समा लेता है और छोटे-छोटे जीव-जंतुओं को निगल जाता है। इस अजगर का जहर संभोग करते समय आलिंगन में होने वाली मृत्यु के समान समझा जाता है। एक अन्य संदर्भ में साँप गर्भनाल से जोड़ कर भी देखा जाता है जो गर्भ तक पहुँचने के पुल के समान होती है। दूसरे, साँप द्वारा केंचुल छोड़ने और नयी त्वचा ग्रहण करने की परिघटना को परिवर्तन और रूपांतरण का प्रतीक माना जाता है। मस्तिष्क थेरेपी की दुनिया में यह मानसिक पुनर्जन्म की उम्मीद के समकक्ष है। हमारी कहानियों के पाठ में प्रेमी के रूप में उभरने वाले साँप की अधिक सुचिंतित व्याख्या करने के लिए हमें तीन संदर्भों के समीकरण पर निगाह डालनी होगी। हमें इससे जुड़े हुए कथात्मक, सांस्कृतिक और प्रतीकात्मक संदर्भों को देखना होगा।

लैंगिक संबंधों के भारतीय आख्यानों में अक्सर नवविवाहिताएँ किसी दूसरी स्त्री के प्रेम में फँसे अपने पति को पाने के लिए संघर्ष करती हुई दिखती हैं। सौतन, उप-पत्नी या रखैल का पात्र कई लोकगाथाओं और गीतों में होता है। इस सौतन के कब्जे से पति को छुड़ाए बिना पत्नी का काम नहीं चल सकता। ज्यादातर कहानियों में दिखाया जाता है कि पत्नी धैर्य, शील और चतुराई के हथियारों से अपने पति को पाने में सफल हो जाती है।[१०] वह एक ऐसी चाल चलती है जिससे उसकी सौतन की बुराइयों की पोल खुल जाती है और उसके मुकाबले पत्नी की अच्छाइयाँ साफ तौर पर उभर आती हैं। लेकिन, प्रेमी के रूप में साँप की स्वैरकल्पना स्त्री के मानस की कुछ अधिक गहरी परतों की तरफ इशारा करती है। मनोवैश्लेषिक शब्दावली में यहाँ अहं से ज्यादा कामतत्त्व की प्रधानता है। खासतौर से लोकगाथाओं में आमतौर से ऐसा है। राजकुमारी स्तंभदीप अपने वैवाहिक जीवन की शुरुआत में ही राजकुमार के व्यवहार से बहुत निराश है। इसी निराशा की प्रतिक्रियास्वरूप साँप प्रेमी की तरह उसके जीवन में आता है। साँप के जरिये ही उसे माँ बनने का मौका मिलता है। माँ का दर्जा पा कर ही स्तंभदीप भारतीय संदर्भों में औरत के रूप में अपनी अस्मिता सुदृढ़ कर पाती है। यानी संयुक्त परिवार की राजनीति में उसकी स्थिति काफी हद तक सुधरने की संभावना बनती है। इस तरह उसके रोमानी परितोष का माध्यम तो बनता ही है, सामाजिक परितोष भी साँप के जरिये मिलता है। यह परितोष उसे किसी और तरह से उपलब्ध होने की संभावना नहीं है। यहाँ साँप स्त्री की स्वैरकल्पनाओं में निवास करने वाले एक आदर्शीकृत शिश्न, एक 'भले शिश्न' की जरूरत पूरी करता है। यह व्याख्या साँप से जुड़े हुए उस सांस्कृतिक प्रतीकवाद के पूरी तरह अनुकूल है जिसके तहत नागदेव की पूजा यौनिकता और प्रजनन से जोड़ कर देखी जाती है। इसकी पुष्टि साँप के सार्वभौम शिश्नगत तात्पर्य से भी होती है। रोगोपचार के दौरान हुए अनुभवों में हमें इस स्वैरकल्पना की अंतर्निहित गतिशीलता की झलकियाँ दिखाई पड़ती हैं।

एक पच्चीस साल की स्त्री इस बात से काफी चिंतित थी कि उसका पति किसी दूसरी औरत में रोमानी दिलचस्पी रखता है। उसे सपना आता था कि जिसमें उसका पति अपनी प्रेमिका के साथ सप्ताहांत की छुट्टियाँ बिताने की बात उससे कहता है। पत्नी सपने में ही इस प्रस्ताव का हिंसक

विरोध करती है। लेकिन पति पर कोई असर नहीं पड़ता और वह प्रेमिका के साथ चला जाता है। पीछे-पीछे डाकुओं की पोशाक पहने देवताओं का एक दल भी जाता है। पत्नी यह नहीं समझ पाती कि ये देवता किसकी तरफ हैं। पत्नी जब पति के ठहरने की जगह पहुँचती है, तो उस घर में एक अस्पताल के बिस्तर पर पति की नंगी और बुरी तरह अंग-भंग लाश पड़ी हुई है। जाहिर है कि उन दस्यु देवताओं ने ही उसके पति को मार डाला है, और उस लाश पर एक चमकीले हीरों से जड़ा हुआ शानदार साँप बैठा हुआ है। पत्नी के भीतर साँप के प्रति तीव्र आकर्षण की अनुभूति पैदा होती है।

इस कहानी से राजकुमारी स्तंभदीप का वह हत्यारा क्रोध गायब है जिसके तहत वह अपने अय्याश पति के प्राण तक ले लेना चाहती थी। सपने में यही काम आधे मन से उन दस्यु देवताओं द्वारा करवाया गया है जो स्पष्ट रूप से उस स्त्री के पक्ष में नहीं हैं यानी पति के प्राण लेने वाले देवता उसके हिस्से नहीं भी हो सकते हैं। इस फर्क के बावजूद सपने और कहानी का नतीजा साफ तौर पर एक ही है। दोनों ही प्रकरणों में निराश करने वाले पति की जगह एक आदर्श प्रेमी की भूमिका निभाने वाला साँप आ जाता है।

ब्रूनो बेतलहीम ने पश्चिमी लोकगाथाओं में दर्ज पशु-दूल्हे की कथा का मनोवैज्ञानिक विश्लेषण किया है।[११] लेकिन, प्रेमी के रूप में साँप की हमारी कहानी उससे काफी अलग है। पशु-दूल्हे की कथा भारतीय कथा के मुकाबले उल्टी है। वहाँ जादूगरनी एक मनुष्य को घिनौने पशु में तब्दील कर देती है और वह पशु के रूप में ही सहवास का अनुभव करता है। वह विवाह के बाद नायिका को हुई निराशा का परिणाम नहीं है। पश्चिमी परीकथा की कुंवारी नायिका अपने पिता के स्नेह या आज्ञापालन के कारण मजबूरी में पशु-दूल्हे के साथ संभोग करती है। पशु-प्रेमी के प्रति नायिका का समर्पण-भाव उसे जादू के चंगुल से छुड़ाता है और उसे पुनः पुरुष का रूप मिलता है। बेतलहीम की व्याख्या के अनुसार परीकथा उस युवती को संदेश देती है कि एक सुखी समागम के लिए यौनक्रिया को घिनौना और पशुवत मानने का विचार उसे बदलना होगा। जबकि मैं प्रेमी के रूप में साँप की व्याख्या एक आदर्शीकृत शिश्न के रूप में करता हूँ। हो सकता है कि यह आदर्शीकरण युवती को अपने बचपन के डरों से मुक्त करने में मदद

करता हो। बचपन में लड़कियाँ वयस्क पुरुष के गुप्तांग से इसलिए डरती हैं कि वह कहीं उन्हें चीर न डाले, भीतर घुस कर काट न खाए। यौन क्रिया उसकी दैहिक सीमाओं का हिंसक अतिक्रमण कर सकती है। 'भला शिश्न' उसे यही अतिक्रमण स्वीकार करने में मदद करता है। भारत के कुछ इलाकों में बच्चियों को साँप का डर दिखा कर नसीहत दी जाती है। लेकिन, इससे भी ज्यादा महत्त्वपूर्ण भूमिका वह है जो एक आदर्शीकृत शिश्न की स्वैरकल्पना उसके जीवन में निभाती है। विवाह के बाद युवती के जीवन में एक आमूल परिवर्तन आता है। नया परिवार उसे अपने हिसाब से ढालने में लग जाता है, और ऊपर से अगर उसका पति भी उसकी परवाह नहीं करता या कहीं और इश्क फरमाता घूमता है तो फिर नवविवाहिता के लिए इसी स्वैरकल्पना का ही सहारा रह जाता है। आदर्शीकृत शिश्न की स्वैरकल्पना उसे सांत्वना भी देती है और नए जीवन में उसके संक्रमण को आसान भी बना देती है।

अगर स्त्री अपने बचपन के सपनों से पल्ला छुड़ाना चाहती है और विवाहित स्त्रीत्व की हकीकतें स्वीकार करना चाहती है तो इसके लिए उसे मानस के स्तर पर एक रूपांतरण की आवश्यकता पड़ती है। इसी रूपांतरण में 'भले शिश्न' की अचेत स्वैरकल्पना से उसे मदद मिलती है। भले ही यह शिश्न किसी का भी हो : पिता का हो, किसी देवता का हो या उसके आदर्श पुरुष का हो। यह शिश्न एक संक्रमणकालीन उपादान की तरह ही उसके काम आ सकता है। इससे पहले कि वह स्त्री विवाहित घरेलू जीवन और मातृत्व में रम जाए, उसके प्रेमी साँप की मृत्यु रात को सोते वक्त उसी के केशों से दम घुटने के कारण होना जरूरी है। साथ ही प्रेम और कामना के उसके शुरुआती सपनों की मृत्यु भी आवश्यक है। चाहे साँप हो या 'भला शिश्न', दरअसल दोनों एक ही हैं। वह स्त्री उनकी मृत्यु के बाद अपने हृदय की गोपनीयता में उसका सोग मनाती रहती है। उनकी स्मृति उसके अपने बेटे के रूप में रह जाती है।

प्रेमी के रूप में साँप के साथ-साथ मेरे पास नागिन-पत्नी की कहानी भी है। इसे मैंने लोकप्रिय जन-संस्कृति के दायरों से उठाया है। १९८७ में आई फिल्म *नगीना* के बारे में कहा जाता है कि उसने भारतीय फिल्म इतिहास में सबसे ज्यादा मुनाफा कमाया था। इसका नायक २१ साल का एक युवक राजू है जो १५ साल इंग्लैंड में बिताने के बाद घर लौटता है।

राजू जब बाहर था, तभी उसके पिता का देहांत हो गया था, और अब वह अपनी अमीर माँ का अकेला बेटा है। उसे बचपन में ही इंग्लैंड भेज दिया गया था ताकि उसकी एक न समझ में आने वाली मानसिक चिंता की बीमारी का इलाज किया जा सके। राजू इलाज से विलायत में ही ठीक होता है, और फिर वहाँ अपने चाचा के पास रह जाता है। वहीं उसकी शिक्षा-दीक्षा होती है।

राजू की गैरमौजूदगी में उसकी विशाल पारिवारिक संपत्ति की देखभाल उसके पिता का दोस्त करता है, जो फिल्म का पहला खलनायक है। वह अपनी बेटी की शादी राजू से करने की जुगाड़ में है। राजू की माता इस रिश्ते के खिलाफ नहीं है। इसलिए अपनी माँ के प्रोत्साहन से राजू पिता के दोस्त की बेटी को लेकर बग्घी की सैर के लिए निकलता है। रास्ते में राजू एक नाग द्वारा डसे जाने से बाल-बाल बचता है। यह नाग बग्घी के पीछे वाले एक्सिल में लिपट कर उसके घर पहुँच जाता है। वहाँ नाग देखता है कि राजू की माँ उसे कितना प्यार करती है और उस खतरे के कारण कितनी खिन्न है जिससे राजू अभी-अभी बच कर आया है।

अगले दिन राजू अपने उस खानदानी घर के खँडहरों में जाता है जहाँ उसने अपनी जिंदगी के पहले छः साल बिताए थे। खँडहरों का फिल्म के नायक पर जबरदस्त भावनात्मक प्रभाव पड़ता है। खंडहरों में घूमते हुए उसे स्त्री की आवाज में एक गीत सुनाई पड़ता है :

भूली-बिसरी एक कहानी,
फिर आई एक याद पुरानी।

खँडहर के आस-पास धुंध लिपटी हुई है जिससे गुजरते हुए राजू को उस गाती हुई स्त्री की मोहक झलकियाँ दिखाई पड़ती हैं। कभी उसके सिर का पिछला हिस्सा, कभी उसका कंधा, और कभी नृत्य की धुन पर थिरकन करता उसका पैर। आखिर में राजू का एक सुंदर युवती से आमना-सामना होता है जो उसे बताती है कि अतीत में कभी वे दोनों उसी खँडहर में काफी समय साथ-साथ बिता चुके हैं। लेकिन, काफी कोशिशों के बावजूद राजू को कुछ भी याद नहीं आता। वह रजनी नाम की उस युवती से मिलता रहता है और उसी प्रक्रिया में उससे प्रेम करने लगता है।

इसी बीच खलनायक यानी पिता का दोस्त अपनी बेटी से नायक की शादी के लिए माँ से इजाजत ले लेता है। राजू इस फैसले का विरोध करता

है और माँ को मनाता है कि वह रजनी के पक्ष में यह फैसला बदल दे। खलनायक को लगता है कि उसका अपमान किया गया है। वह बदला लेने की कसम खाता है। रजनी की हत्या के लिए उसके दो गुर्गे जाते हैं। लेकिन, रजनी की रक्षा करने वाले दो नाग इन हत्यारों को मार डालते हैं। इसके बाद खलनायक डकैतों के एक गिरोह से मिल कर रजनी की शादी की रात को राजू के घर पर हमले की तैयारी करता है। लेकिन, नागों द्वारा डकैतों का रास्ता रोक लिए जाने के कारण रजनी और राजू की शादी निर्विघ्न संपन्न हो जाती है।

फिर खलनायक राजू की संपत्ति वापस करने से इनकार करने का हथकंडा इस्तेमाल करता है। फिल्म में दिखाया जाता है कि वे दस्तावेज कहीं खो गए हैं जिनमें खलनायक ने संपत्ति पर राजू का स्वामित्व स्वीकारा था। अब तक दर्शक जान चुके हैं कि रजनी एक इच्छाधारी नागिन है। लोकगाथाओं के अनुसार जब कोई नाग या नागिन सैकड़ों वर्ष तक तपस्या करता है तो उसमें इच्छानुसार कोई भी रूप धरने की शक्ति आ जाती है। रजनी अपनी नाग-दृष्टि से उन खोए हुए दस्तावेजों का पता लगा लेती है। उधर खलनायक और उसके गुर्गे राजू को जान से मारने के लिए घात लगाए हुए हैं। पर रजनी एक बार फिर अपने पति को बचा लेती है। खलनायक नाग-दंश से मारा जाता है।

अब नायक-नायिका के लिए इससे भी बड़ा खतरा इंतजार कर रहा है। राजू का खानदानी गुरु एक दुष्ट तांत्रिक है। उसके पास तंत्र-मंत्र की जबरदस्त ताकतें हैं। राजू के खानदानी घर में कदम रखते ही उसे अपनी शक्तियों से पता लग जाता है कि वहाँ एक नागिन है और वह रजनी को नागिन के रूप में पहचान भी लेता है। लेकिन, इससे पहले कि वह कुछ कर पाता, राजू उसे घर से निकल जाने का हुक्म देता है क्योंकि वह अंधविश्वास विरोधी होने के कारण तांत्रिकों और गुरुओं को भाव देने के लिए तैयार नहीं है।

राजू को डसने के लिए गुरु अपना पालतू नाग भेजता है। राजू खलनायक के साथ हुई लड़ाई में घायल हो कर अस्पताल में पड़ा हुआ है। सोते हुए पति की देख-भाल कर रही रजनी नागिन बन कर गुरु के नाग से भयंकर संघर्ष करती है और उसे मार डालती है। उसके बाद वह गुरु को चेतावनी देती है कि वह राजू को कोई नुकसान पहुँचाने की जुर्रत न

करे। रजनी दावा करती है कि पति के प्रति समर्पण के कारण उसकी शक्तियाँ भी गुरु की ताकत के बराबर हो गई हैं।

गुरु राजू की माँ को उनकी बहू की असलियत बता देता है। वह रजनी पर कड़ी निगाह रखने की सलाह देता है क्योंकि इच्छाधारी नागिन को चौबीस घंटे में कम से कम एक बार तो अपने असली रूप में आना ही पड़ता है। अपनी बहू की जासूसी करती हुई सास रात में रजनी को नागिन बनते हुए देखती है। इससे घबरा कर वह गुरु के पास सहायता के लिए भागती है। शैतानी इरादों वाला गुरु उससे कहता है कि नाग पंचमी के दिन वह उनके घर आएगा और नागिन-बहू को पकड़ कर ले जाएगा बशर्ते उस वक्त नायक को उसके रास्ते में न आने दिया जाए। तांत्रिक इच्छाधारी नाग को अपने मकसद से हासिल करना चाहता है, क्योंकि उसके जरिये उसे नागमणि मिल सकती है। वह नागमणि, जिस पर कब्जा करके वह धरती का सबसे ताकतवर इनसान बन सकता है।

रजनी को जानकारी है कि उसकी सास तांत्रिक के पास गई थी। वह उसे गुरु की मदद न लेने के लिए समझाती है। रजनी राजू की माँ से कहती है कि उसका मकसद राजू के परिवार को नुकसान पहुँचाना नहीं है, बल्कि वह तो राजू की हिफाजत करना चाहती है। वह राजू के प्रेम के वशीभूत हो कर ही वहाँ आई है। कई फ्लैशबेक-दृश्यों के जरिये वह राजू की माँ को उस दिन की याद दिलाती है जब छठे जन्म दिन पर उनके बेटे को साँप ने काट लिया था। बेटे की मृत्यु हो जाने पर तांत्रिक गुरु ने एक साँप का जीवन लेकर राजू के शरीर में डाल दिया था। जिस साँप की कीमत पर राजू को दूसरा जीवन मिला, वह दरअसल रजनी का पति था जिसकी मृत्यु का बदला लेने की उसने कसम खाई थी। लेकिन, माँ-बेटे का प्रेम देख कर उसका विचार बदल गया और उसने राजू को अपने पति के रूप में स्वीकार कर लिया। रजनी के समझाने के बावजूद डरी हुई सास गुरु की बात मान कर नाग पंचमी के दिन किसी बहाने राजू को घर के बाहर भेज देती है।

इसके बाद आता है नंबर फिल्म के सबसे जोरदार और लोकप्रिय सीन का यानी रजनी के नागिन-डांस का। राजू की खानादानी हवेली के हाल में भगवा वस्त्रों और गले में रुद्राक्ष पहने हुए गुरु और उसके चार चेलों का प्रवेश होता है। वे पाँचों नागमोहिनी बीन बजाना शुरू करते हैं। उधर

सीढ़ियों पर रजनी अपने कमरे में चमकदार सफेद पोशाक में मौजूद है। साँप की त्वचा की तरह शरीर से चिपकी हुई पोशाक में रजनी के बड़े-बड़े स्तन और भारी नितंब उभर आए हैं। जैसे ही बीन की आवाज कमरे में पहुँचती है, रजनी उसके वशीभूत हो कर साँप की तरह लहराने लगती है। वह अपने दोनों हाथ नाग के फण के सदृश्य सिर के ऊपर ले जाती है। इसी मुद्रा में वह कमरे से निकलकर सर्पिलाकार सीढ़ियाँ उतरती हुई हाल में आती है। फिर नृत्य शुरू होता है। रजनी अपने वक्षों और नितंबों को फड़काते हुए गुरु और उसके चेलों के कभी तो पास तो कभी उनसे दूर नाच रही है। बीन कभी क्लोज-अप में फर्श पर मचलती हुई उसकी देह के ऊपर छाती हुई दिखती है, और कभी उससे दूर जाती हुई। गुरु के चेहरे पर एक ठंडी और कठोर वासना है, और रजनी का नृत्य हिचक के साथ पर यौनिक समर्पण की इच्छा व्यक्त कर रहा है। अचानक राजू का अनपेक्षित आगमन होता है। वह बेशर्मी से नृत्य करती हुई अपनी पत्नी को तमाचा मारता है जिससे रजनी गुरु के सम्मोहन से मुक्त हो जाती है। रजनी खँडहर की तरफ भागती है, पीछे-पीछे गुरु जाता है और उनके पीछे क्रोधित राजू। इसके बाद गुरु और राजू के बीच काफी देर तक मार-पीट चलती है जिस दौरान बेटे को बचाते हुए राजू की माँ मारी जातो है। आखिर में नागिन के काटे जाने से गुरु की मौत होती है, पर मरने से पहले वह अपने शैतानी इरादों और पापों को कबूल कर लेता है। वह शिवजी से प्रार्थना करता है कि रजनी को उसकी सर्प यौनि से निकाल कर मानव यौनि प्रदान कर दी जाए। शिव मान जाते हैं और फिर रजनी और राजू सुख के साथ जीवन गुजारने लगते हैं।

नगीना एक फिल्म होने के साथ एक लोकगाथा भी है जिसमें समकालीन भारतीय परिस्थितियों के अनुकूल बनाने के लिए काफीफेर-बदल किया गया है ताकि वह भारतीय समकालीनता में निहित कुछ आधुनिक, अनिवार्यतः पश्चिमी तत्त्वों, को स्पर्श कर सके। भारत के कुछ विद्वानों की मान्यता है कि यूरोप के विपरीत इस देश में लोक और शास्त्रीय परंपराओं के बीच कोई कठोर सीमा विभाजन नहीं है। दोनों का आधार एक ही है और वे अलग-अलग न हो कर एक ही परंपरा के दो पहलू हैं।[१२] इसी तरह मैं भी मानता हूँ कि भारतीय लोकप्रिय जन-संस्कृति को उसके लोकाभिमुख और शास्त्रीय पक्षों से संपूर्णतः अलग नहीं किया जा सकता।

यह लोकप्रिय संस्कृति भी अन्य सांस्कृतिक रूपों की निरंतरता में निरंतर परिवर्तनशील रहती है। यह भी उसी बुनियादी परंपरा का अंग है जिसे उसके जरिये नयी विषय वस्तुएँ और नये आवेग प्राप्त होते रहते हैं।

नगीना की कहानी कई तरह से पढ़ी जा सकती है। मसलन, इसके एक समाजशास्त्रीय पाठ में आधुनिकता की आलोचना निहित देखी जा सकती है। इस आलोचना में राजू को एक ऐसे नायक के रूप में ग्रहण किया जा सकता है जिसका बचकाना पश्चिमी बुद्धिवाद तंत्र-मंत्र में छिपे उन गोपनीय रहस्यों से कतई नावाकिफ है जिनका केवल पारंपरिक ज्ञान के जरिये ही पता लगाया जा सकता है। लेकिन, *नगीना* की कथा के मनोवैज्ञानिक अध्ययन में हमारा जोर उन प्रतीकात्मक अनुगूँजों पर होगा जो साँप की स्त्री-आकृति से पैदा होती हैं। ये अनुगूँजें न केवल फिल्म के कथानक में व्याप्त मिलेंगी, बल्कि भारतीय किस्म के लैंगिक संबंधों की बृहत्तर कथा पर भी इनका प्रभाव मिलेगा।

सर्प-स्त्री से राजू की पहली मुलाकात का दृश्य हमारे सामने वह दिशा स्पष्ट कर देता है जिसके तहत हमें उसके तात्पर्य खोजने चाहिए। रजनी विस्मृत यानी दमित स्मृतियों का गीत उस खँडहर में गा रही है जहाँ राजू ने अपने बचपन के पहले छः साल गुजारे थे। इसीलिए राजू के भीतर बार-बार उस खँडहर में जाने की हूक उठती है। मेरा खयाल है कि अतीत के धुंधलके से बाहर आते हुए और फिर उसमें खो जाने वाली सर्प-स्त्री एक खास तरह की माँ का नजारा पेश करती है जिसका ताल्लुक बच्चे की जिंदगी के सबसे शुरुआती दिनों से होता है। यह निष्क्रिय रह कर दुख सहने वाली ममता की प्रतीक वह माँ नहीं है जिसका चित्रण फिल्मों में किया जाता है। भारतीय कथानकों में पुरुष आमतौर पर माँ का यही रूप देखते हैं। फिल्म में रजनी के रूप में माँ की अचेत संरचना निर्मित की गई है जो बेहद श्रृंगारिक होने के साथ-साथ हर कीमत पर बेटे की हिफाजत भी करती है। एक लुभावनी नर्तकी होने के साथ-साथ वह फुफकार मारती हुई भयानक नागिन भी है जो किसी भी खतरे से बच्चे की सुरक्षा के लिए लड़ सकती है। वह छः साल के बच्चे द्वारा आकांक्षित माँ है। उस बच्चे की, जिसकी स्वैरकल्पना में पिता का खलरूप गुरु के रूप में उस माँ पर अपनी यौनिक दावेदारी करता है। उसी बच्चे के वयस्क पौरुष के सामने वह समर्पण करने के लिए तैयार है (शायद वह उसका कोई प्रतिरोध करना भी

नहीं चाहती)। पिता के शैतानी इरादों से बच्चे द्वारा बचा लिए जाने के बाद वह पिता को पराभूत करने में बेटे की मदद करती है ताकि वे आनंदपूर्वक एक हो कर बचपन के सपने साकार कर सकें।

संदर्भ और टिप्पणियाँ

१. इस प्रकार के किस्से हैं जिन्हें मैक्स ल्युथी प्रदत्त 'एकायामी' की श्रेणी के निकटस्थ माना जा सकता है। देखें : मैक्स ल्युथी, *यूरोपियन फॉकटेल : फॉर्म एंड नेचर,* इंस्टीट्यूट फॉर दि स्टडी ऑव ह्यूमन इशूज, फिलाडेल्फिया, १९८२, पृष्ठ ४-१०; इसी प्रकार के तमिल किस्से के औपचारिक गुणों पर विस्तृत चर्चा के लिए देखें : कामिल वी. स्वेलेबिल, टू *तमिल फॉकटेल्स,* मोतीलाल बनारसीदास, दिल्ली, १९८७, पृष्ठ i-vii

२. इन अर्थों में यह भूमिका वैसी भी हो जाती है जिसे आर्थर डीकमेन ने 'कहानियाँ पढ़ाना' करार दिया है। देखें : आर्थर डीकमेन, *ऑब्जर्विंग सेल्फ,* बीकन प्रेस, बोस्टन, १९८२, पृष्ठ १५३

३. सुधीर कक्कड़, *दि इनर वर्ल्ड : ए साइकोएनालैटिक स्टडी ऑव चाइल्डहुड एंड सोसाइटी इन इंडिया,* ऑक्सफोर्ड यूनिवर्सिटी प्रेस, दिल्ली, १९७८, ८७ फुटनोट।

४. रॉबर्ट पी. गोल्डमेन, 'फादर्स, संस, एंड गुरूज़ : ओडीपल कांफ्लिक्ट इन संस्कृति इपिक्स', *जरनल ऑव इंडियन फिलासफी* ८, १९७८, पृष्ठ ३२५-९२

५. *महाभारत,* विराट पर्व २:१४, अनुवाद : पी.डी. राय, ओरिएंटल पब्लिशिंग, कलकत्ता।

६. स्वेलेबिल, टू *तमिल फॉकटेल्स,* पृष्ठ १३१-३६; ए.के. रामानुजम ने 'दि सर्पेंट लवर' नामक लोककथा खोज निकाली थी जिसके दूसरे हिस्से की कहानी राजकुमारी स्तंभदीप की कथा से मिलती-जुलती थी।

७. देखें : डेविड बिल, 'साइकोएनालैसिस एंड न्यू फिलासफी ऑफ साइंस', *इंटरनेशनल रिव्यू ऑव साइकोएनालैसिस,* १३, १९८६, पृष्ठ १६३-७४

८. देखें : मेनफ्रेड लुरकेर, *आडलेर उंड श्लांगे : टियरसिबोलिक इन ग्लाउबन उंड वेल्टबिल्ट डेर फोल्कर,* ट्यूबिंगन, १९८३; बालाजी मुंडकर, *दि कल्ट ऑव दि सर्पेंट : ए इंटरडिसिप्लिनरी सर्वे ऑव इट्स मेनीफेस्टेशंस एंड ओरिजिंस,* स्टेट यूनिवर्सिटी ऑव न्यूयार्क प्रेस, अलबेनी, १९८३

९. साँप के प्रतीक के मातृ-मनोग्रंथि और प्राक्-मातृमनोग्रंथि संबंधी तात्पर्यों पर संक्षिप्त चर्चा के लिए देखें : फिलिप स्लेटर, *दि ग्लोरी ऑव हेरा,* बीकन प्रेस, बोस्टन, १९६६, ८८ फुटनोट।

१०. बी.ई.एफ. बेक और पीटर जे. क्लाउस (सं.), *फॉकटेल्स ऑव इंडिया,*

यूनिवर्सिटी ऑव शिकागो प्रेस, १९८६, पृष्ठ २७
११. ब्रूनो बेतलहीम, *दि यूसेज़ ऑव इनचेंटमेंट*, नॉफ, न्यूयार्क, १९७६
१२. स्टुअर्ट ब्लेकबर्न और ए.के. रामानुजम, *अनदर हार्मोनी : न्यू एसेज़ इन दि फॉकलोर ऑव इंडिया*, यूनिवर्सिटी ऑव केलिफोर्निया प्रेस, बर्कले, १९८६, पृष्ठ १४

४

गरीबी और यौन नैतिकता

प्रेम लैंगिक संबंधों के मर्म में स्थित है। लेकिन, लाइलाज दोषदर्शियों को इसकी परवाह नहीं। उनकी निगाहें तो प्रेम को सुविधाभोगी वर्गों की अफीम के रूप में ही देखती हैं। ये लोग मानते हैं कि दो वक्त की रोटी के लिए जद्दोजहद कर रहे गरीबों के लिए प्रेम का महत्त्व न के बराबर ही है। नया हो या पुराना, ये दोषदर्शी किसी भी प्रकार के रोमानी विचार को शक की निगाह से देखते हैं। ऑस्कर लेविस की प्रभावशाली उक्ति[१] की तर्ज पर इन लोगों को यकीन है कि 'गरीबी की संस्कृति' इनसान को अलग तरह की मजबूरियों का शिकार बना देती है। ये मजबूरियाँ हर तरह के आदर्शों, मूल्यों और समाज की पारंपरिक संस्कृति के प्रावधानों से ज्यादा ताकतवर साबित होती हैं। क्यों न हों, आखिरकार यह संस्कृति कुल मिला कर एक अभिजन-निर्मिति ही तो है।

लैंगिक संबंधों पर होने वाला विमर्श अधिकांशत: मध्य और उच्च-मध्यवर्ग तक ही सीमित रहता है। इसमें गरीब लोगों के प्रेम संबंधों पर कोई ध्यान नहीं दिया जाता। इस रवैये के विपरीत इस अध्याय में मैंने दिल्ली की दो झुग्गीवासी स्त्रियों की जिंदगी का ब्योरा उन्हीं के शब्दों में पेश किया है, जिससे उनकी उम्मीदों, आकांक्षाओं, स्वैरकल्पनाओं और द्वंद्वों को वाणी मिलती है। ये आत्मकथाएँ जनक और बसंती की हैं। मैंने इन स्त्रियों की कहानी उन्हीं के शब्दों में टेप कर ली थी। मेरी मुख्य

प्राथमिकता यह है कि इन ब्योरों के जरिए रिश्तों के जाल में उलझी दो स्त्रियों की अस्मिता किसी तरह निकल कर सामने आ पाए। एक पेशेवर विश्लेषक होने के नाते मैं अच्छी तरह जानता हूँ कि कहानी को बीच में भंग करने वाले को किस नजर से देखा जाता है। इसलिए बेहतर यही होगा कि मेरी अपनी व्याख्या से पहले पाठकगण जनक और बसंती की कहानियों में स्वयं प्रवेश करें। मेरी कोशिश होगी कि इन दोनों स्त्रियों से संबंधित पाठकीय *अनुभव* की संभावनाएँ मेरी *व्याख्या* द्वारा भ्रूणहत्या की शिकार न हो पाएँ।

इन औरतों का निजी प्रारब्ध जो भी हो, उनकी कहानियाँ हमें भारत के निम्न-वर्गीय जीवन में लैंगिक संबंधों की जानकारी तो देती ही हैं, साथ ही उस बृहत्तर समाज की संस्कृति पर भी रोशनी डालती हैं जिसकी वे दोनों अंग हैं। इससे पहले कि वे अपनी आवाज में बोलें, मैं उनकी कहानी के कुछ ऐसे पहलुओं का सार पेश करूँगा जो अन्य निम्न-वर्गीय भारतीय स्त्रियों के जीवन में भी मिलते हैं। साथ ही मैं इन पहलुओं की तुलना अन्य औरतों के जीवन से भी करना चाहूँगा। उन औरतों के जीवन से, जो भारतीय समाज के ऊँचे तबके से ताल्लुक रखती हैं, उनसे भी और जो दुनिया के अन्य हिस्सों की शहरी झुग्गियों में रहती हैं।

दिल्ली की पुनर्वास बस्तियों में दिल्ली के सबसे ज्यादा गरीब लोग रहते हैं। यहाँ के कई गरीबवासियों की ही तरह मुझे जनक और बसंती में भी आत्म-वर्णन की प्रतिभा दिखाई दी। मुझे लगा कि वे स्वयं को नाटकीय तरीके से पेश भी कर सकती हैं। बस, मेरे जैसे अजनबी में उनके शुरुआती अविश्वास के तिरोहित होने की देर थी। मेरे इरादों की नेकी पर यकीन होते ही एक बार जब वे शुरू हुईं तो मुझे उनके अभिव्यक्ति-कौशल में कोई खामी नहीं लगी। न ही उनकी भाषा वैसे संयमों या मर्यादाओं की सीमित संहिता (मध्य या उच्च-मध्यवर्गीय लोगों द्वारा अपनायी जाने वाली 'विस्तृत' भाषायी संहिता के मुकाबले) से बँधी हुई थी जो आमतौर से पश्चिम की निम्नवर्गीय भाषा का लक्षण होता है।[२] मध्यवर्गीय मानकों के लिहाज से अक्सर भोंडी और अश्लील प्रतीत होने वाली उनकी भाषा औरत की जिंदगी के सजीव पहलुओं और उसके नाटक में उनकी भागीदारी का एकदम सटीक चित्र पेश करने में सक्षम थी। वे किसी पूर्व तैयारी के साथ नहीं बोल रही थीं, पर उनके बोलने में एक नासमझ किस्म का प्रवाह था।

उनकी भाषा में प्रचलित हिंदू संस्कृति से ली गई मिसालों, कहावतों और इशारों की भरमार थी। जाहिर था कि उनकी गरीबी उन्हें इस संस्कृति से काट पाने में नाकाम रही थी। इसका एक उदाहरण हमें जनक की बातों में मिला जब उसने अपने पति की शिकायत की कि वह उसके चालचलन को शक की निगाह से देखता है और यह उसकी नाइंसाफी है। पति के शक करने पर जनक को लगता था कि धरती क्यों नहीं फट जाती और वह उसमें क्यों नहीं समा जाती। यहाँ जनक अपनी स्थिति *रामायण* की नायिका सीता के समकक्ष समझती है जिनके आह्वान पर धरती माता ने अपनी बेकसूर बेटी को अपने आगोश में वापस बुला लिया था।

जनक और बसंती का जीवन संस्कृति के और भी कई पहलुओं से प्रभावित दिखाई पड़ा। वे भारतीय स्त्रियों के लिए निर्धारित कई तरह के कर्मकांडों और व्रतों से वाकिफ नहीं थीं। किसी भी अतींद्रिय परिस्थिति (जैसे किसी स्त्री पर माता का आ जाना) का सामना होने की नौबत आने पर वे जानती थीं कि औरतों के लिए प्रेत बाधा से छुटकारा पाने के लिए कौन-कौन से हिंदू तौर-तरीके तजवीज किए गए हैं।

इन स्त्रियों पर परंपरागत संस्कृति की छाप सबसे ज्यादा तब सामने आई जब पता चला कि पुरुष से रिश्तों के संदर्भ में 'नेक' औरत होने का उनका आदर्श क्या है। जहाँ तक प्रेम संबंधों का प्रश्न है, वे किसी उच्चवर्गीय महिला से अलग नहीं निकलीं। ऊँचे तबके की किसी महिला की ही भाँति उनकी भी इच्छा थी कि उन्हीं के भीतर बैठा एक चौकन्ना संतरी उन पर निगाह रखे और प्रेम के मामले में उन्हें सनद देता रहे। जब कभी वे उस आदर्श से भटकीं, और कभी न कभी तो हर कोई भटक सकता है, तो भद्र समाज की महिलाओं की तरह उन्हें भी अपराध बोध ने सताया। इन गरीब औरतों की मान्यता भी यही थी कि वह स्त्री ही 'नेक' औरत हो सकती है जो एक बेटी के रूप में विवाह के पहले अपने कुँवारेपन को कायम रखे, मन और वचन से एकनिष्ठ आदर्श अपनाए, और इस प्रकार अपने पैतृक सम्मान की रक्षा करके दिखाए। जाहिर है कि हरी-भरी कोख होना इस 'नेक' औरत का एक प्रमुख गुण समझा जाता है। इस मामले में समाज के अन्य तबकों की ही भाँति इन औरतों की निगाह में बेटा पैदा करने की अहमियत काफी है। अगर वह 'नेक' औरत से संबंधित आदर्श के इस आयाम पर खरी नहीं उतरती तो उसे संपत्ति और घर से बेदखल

होना पड़ सकता है। इन गरीब औरतों के दिल में बेदखली के इस दंड के प्रति शिकायत का भाव तो है, पर 'अच्छी' औरत के आदर्श पर खरे न उतर पाने के बदले वे उसे स्वीकार करती हुई भी दिखती हैं।

दुनिया में भारत के अलावा ऐसे किसी समाज से मैं परिचित नहीं हूँ जहाँ स्त्रियाँ पारंपरिक संस्कृति के आदर्शों के तहत पतिव्रता बनना चाहती हों। अर्थात अपना पूरा जीवन वे पति के कल्याण और जरूरतों को पूरा करने के लिए समर्पित करना ही 'अच्छी' औरत होने की निशानी मानती हों। हालाँकि यौननिष्ठा का प्रश्न किसी भी पितृसत्तात्मक समाज के लिए बहुत अहमियत रखता है, लेकिन पतिव्रता होना सिर्फ यौननिष्ठा तक ही सीमित नहीं है। पुरुष-दृष्टि पतिव्रता के बुनियादी अर्थों को किस तरह ग्रहण करती है, इसे जानने के लिए *महाभारत* का वह प्रकरण याद करना चाहिए जिसमें देवी पार्वती एक पतिव्रता स्त्री के आचरण की संहिता बताती हैं। पार्वती के अनुसार पतिव्रता स्त्री वह होती है जो 'सूर्य और चंद्र के ऊपर या किसी पुरुषवाचक वृक्ष पर भी अपनी निगाह नहीं डालती।' हिंदू मिथकों में सूर्य और चंद्र दोनों ही पुरुषवाचक हैं। पार्वती इसके आगे कहती हैं :

> जो नारी पति को परम श्रेष्ठ जानती है, जो कल्याणी सती पतिव्रता होती है, उसके लिए पति सेवा ही पुण्य है, पतिसेवा ही तपस्या और वही सनातन स्वर्ग है। स्त्रियों के लिए पति ही देवता है, पति ही बंधु है और पति ही उनकी गति है; नारी के लिए पति के समान कोई दूसरा सहारा नहीं है; और न कोई दूसरा देवता है। स्त्रियों के लिए पति की प्रसन्नता और स्वर्ग का निवास एक समान नहीं हो सकता। हे देव महेश्वर, तुम्हारे अप्रसन्न रहते मैं स्वर्ग की अभिलाषा नहीं करती। पति यदि दरिद्रता, किसी प्रकार की व्याधि से ग्रस्त, दुखी, शत्रु के वशीभूत अथवा ब्रह्मशापयुक्त हो कर भी किसी अकार्य, अधर्म अथवा प्राणनाश करने की भी आज्ञा करे, उसे भी आपद्धर्म अवलोकन करके निःशंक भाव से करना योग्य है।[3]

सांस्कृतिक परंपरा की प्रमुख धाराओं पर नजर डाली जाए तो पत्नी द्वारा 'सदाचरण' का यह आग्रह वहाँ बार-बार दर्ज मिलता है। किसी भी हिंदू स्त्री की 'विचारधारा और पराअहं' की आंशिक रचना इसी 'सदाचरण' से होती है। भारतीय समाज के अलग-अलग तबकों पर इसका असर कहीं ज्यादा तो कहीं कम है। झोंपड़पट्टियों में रहने वाली स्त्रियों की जीवन-कथाओं में भी यह पतिव्रता स्त्री प्रतिध्वनित होते सुनी जा सकती

है। ये स्त्रियाँ खुद भी अक्सर पतिव्रत आदर्श की मूर्तिमान स्वरूप सीता और उनके मिथकीय जीवन के किसी न किसी प्रकरण का हवाला देती हुई नजर आती हैं।

इन स्त्रियों की स्थिति और अधिकांश उच्चवर्गीय स्त्रियों की स्थिति में एक फर्क अवश्य है। झोंपड़पट्टियों की स्त्रियों के ज्यादातर पति असमर्थ और लाचार बने रहने में माहिर होते हैं। नतीजतन, इन स्त्रियों को अक्सर परित्यक्त हो कर अकेले ही परिवार की जिम्मेदारी उठानी पड़ती है। हालाँकि, परित्यक्त होने के कारण उनकी हालत घेटो-बस्तियों (जैसे न्यूयार्क की घेटो-बस्तियाँ) में रहने वाली परित्यक्ताओं जितनी खराब नहीं होती। शारीरिक और आर्थिक सुरक्षा के साथ-साथ पुरुष साहचर्य की खामोश जरूरतें इन स्त्रियों को किसी गैर-मर्द के साथ कमोबेश स्थायी किस्म के संबंध बनाने पर मजबूर कर देती हैं। इस तरह के संबंधों और परस्पर सहमति के आधार पर होने वाली दूसरी या तीसरी शादियों के कारण हर हाल में नेक स्त्री की वह छवि दरक ही जाती है जो ये गरीब स्त्रियाँ अपने मन में बसाए रहती हैं। इस छवि के अनुसार उनके लिए न केवल इस जीवन में, बल्कि अन्य सभी जन्मों में एक ही पुरुष की वफादार बन कर रहना ही श्रेयस्कर होता है। भले ही जीवन की कई वंचनाओं की भरपाई के लिए इन औरतों ने गैर-मर्द का दामन पकड़ा हो, पर दुनिया के अन्य भागों की झुग्गीवासी स्त्रियों के विपरीत भारतीय झुग्गियों में रहने वाली स्त्रियों को ये यौन संबंध कभी सांत्वना नहीं दे पाते। अन्य भारतीय महिलाओं की ही तरह इन गरीब स्त्रियों में भी जिंदगी के घावों की भरपाई किसी सेक्शुअल तरीके से करने के प्रति अरुचि देखी जाती है।

दुनिया की अन्य झुग्गीवासी औरतों की तरह ही दिल्ली की झुग्गियों में रहने वाली स्त्रियों को भी पुरुष के साथ संबंधों में शारीरिक हिंसा का सामना बहुत ज्यादा करना पड़ता है। इन रिश्तों में अक्सर विस्फोट होते रहते हैं और इसका कारण होता है दोनों ही पक्षों द्वारा एक-दूसरे की यौननिष्ठा पर संदेह करने की प्रवृत्ति। दो समानताएँ और भी हैं। पश्चिम की ही भाँति दिल्ली की झुग्गीवासी औरतें भी (सेक्स को छोड़ कर) अन्य आनंदवादी रुझानों के प्रति अधिक सहिष्णु हैं। शायद इसीलिए वे कठोर जिंदगी की मुश्किलों के बावजूद स्वत:स्फूर्त ढंग से जीवन का आनंद उठा पाती हैं। दूसरे, इन औरतों ने भी एक तरह की सहनशीलता और

समस्याओं का सामना करने की क्षमता विकसित कर ली है, जबकि इसी तरह की समस्याओं के सामने मध्य और उच्चवर्गीय स्त्रियाँ अक्सर लाचार दिखती हैं।

लेकिन, दुनिया के अन्य शहरों की ऐसी ही औरतों के विपरीत दिल्ली की गरीब औरतों की जिंदगी के अंतरंग दायरों और पारंपरिक संस्कृति का सूत्र अभी कायम है। मायके के साथ भी उनके निकट संबंध बने रहते हैं। अपने माता-पिता, भाइयों और बहनों से मिलने वाले सहयोग-समर्थन के कारण इन स्त्रियों से अन्य भारतीय स्त्रियों को ईर्ष्या ही होती होगी। आम तौर से विवाह के बाद महिलाओं से अपेक्षा की जाती है कि वे अपने मायके से किसी भी मदद या राहत की उम्मीद किए बिना विवाहित जीवन की मुश्किलों से खुद ही निबटेंगी। यही कारण है कि झुग्गियों की स्त्रियाँ शायद ही कभी हाशिये पर, अलग-थलग और पराधीन महसूस करती हों। असहायता की स्थिति उन्हें भी सताती है, पर कभी-कभी ही।

जिंदगी की हकीकतें संगीन हो जाने पर सांस्कृतिक परंपराओं और परिवार के साथ जुड़ाव ही इन स्त्रियों के लिए सुरक्षा कवच की भूमिका अदा करता है। एक 'नेक' औरत के रूप में अपना आत्मसम्मान कायम रखने के दारुण लेकिन कटिबद्ध संघर्ष में यही स्रोत उन्हें अपनी स्वैरकल्पना के लिए कच्ची सामग्री मुहैया कराता है। तकलीफदेह जिंदगी के बावजूद अवसाद और आक्रोश से उन्हें यही स्वैरकल्पना बचाती है। इसके तहत वे स्वयं को उस नायिका के रूप में देखती हैं जो किस्मत की मार और मर्द जाति की चोटों से घायल होने के बावजूद कष्ट भोगने की क्षमता एवं अटल नेकचलनी के कारण अंततः विजयी होती है। यह स्वैरकल्पना उस समय अपने चरम पर पहुँचती है जब स्त्री के कल्पना-पटल पर नाटक का अंतिम दृश्य आता है। स्त्री कल्पना करती है कि पश्चात्ताप में डूबे हुए पुरुष को उसकी सही कीमत का एहसास हो गया है और उसकी क्रूरता स्त्री के प्रति प्रेम में तब्दील हो गई है। इस दृश्य में जवान हो चुके बच्चे भी होते हैं, जो अपनी माँ की कुर्बानियों का एहसास करके उसकी जरूरतों और कल्याण का ध्यान रख रहे होते हैं। उधर ऊपर स्वर्ग में देवता भी अपना उपेक्षा भाव त्याग कर उसकी प्रशंसा करते हैं, और स्त्री के त्याग और तपस्या से अभिभूत हो कर देवलोक से उसके ऊपर पुष्पवर्षा होती है।

जनक की कहानी उसी की जबानी

पिछले १७-१८ साल से हम मदनगीर में रह रहे हैं। पहले हम गाँधीनगर में रहते थे। हम तीन बहनें और दो भाई थे। पाकिस्तान से शरणार्थी बतौर दिल्ली आने के बाद हम रिश्तेदारों के यहाँ टिक गए थे। मेरे पिता बहुत गरीब थे। शाम को सोने से पहले हमें केवल दो रोटियाँ नसीब होती थीं। तीसरी रोटी शायद ही कभी मिलती हो। कभी जब हम पहन-ओढ़ लेतीं या चोटी कर लेतीं तो लोग कहते : 'बाप तो इतना गरीब है। कपड़ों के लिए पैसे न जाने कहाँ से आ जाते हैं?' जबकि असलियत यह थी कि हमें फटे-पुराने कपड़े ही मिल पाते थे। पिता ज्यादातर बेरोजगार रहते। मैं घर में सबसे बड़ी थी। शाम को जब पिताजी घर वापस आते तो उनकी बहुत बुरी हालत होती। मेरा दिल उनके लिए भर आता। लेकिन, दूसरी बहनों को इसकी ज्यादा परवाह नहीं थी।

जिन दिनों मैं दसवीं में पढ़ रही थी, एक व्यक्ति अक्सर मेरे घर आता था। मैंने उससे ग्रामीण कल्याण कर्मचारी की नौकरी दिलाने के लिए कहा। (यह बात मैं सिर्फ आपको बता रही हूँ। और किसी को आज तक नहीं बताई)। उसने जवाब दिया कि वह नौकरी दिला देगा। इरविन अस्पताल के सामने एक दफ्तर था जहाँ से वह व्यक्ति लड़कियों को नौकरी दिलाने का काम करता था। मैं शुरू से ही होशियार और चौकन्नी थी। वह मुझे अपने साथ दफ्तर ले गया। शाम को करीब सात बजे शाहदरा में एक सुनसान जगह ले जा कर उसने मुझसे कहा : 'कपड़े उतार।' उस जगह आजकल कब्रिस्तान बन चुका है। उस दिन भगवान ने ही मुझे बचा लिया। मैंने अपनी नयी चप्पलें उतारीं, जो मैं लखनऊ से ले कर आई थी। उसे चरका दिए बिना मेरा बचना नामुमकिन था। मैंने उससे कहा : 'मैं कपड़े उतारूँगी, पर तुम जरा पीछे हट जाओ ताकि मुझे शर्म न आए।' उसने समझा कि मैं उसके जाल में फँस चुकी हूँ। मैंने अपना इजारबंद ढीला किया और शलवार उतार कर वहाँ से भाग निकली। सिर्फ कमीज पहने हुए मैं नंगी घर लौटी, पर वह मुझे हाथ तक नहीं लगा सका। इसके बाद मैं रोती रही, रोती रही। उस दिन मेरे माता-पिता की इज्जत लुट ही गई होती। भगवान अगर मुझे ताकत न देता तो शायद मैं न बच पाती। बाद में वही व्यक्ति मेरी शलवार और चप्पलें ले कर घर आया, क्योंकि वह जानता था कि मेरे पिता बहुत गरीब हैं। माजरा समझते ही मेरे माता-पिता पछाड़ खा

कर गिर पड़े। उन दिनों मैं सारे व्रत रखती थी और हर दिन मंदिर जाती थी।

ग्रामीण कल्याण कर्मचारी की ट्रेनिंग लेने के लिए मैं शिमला के पास दुर्गापुर गई। उस समय मेरे पास एक वर्दी तक नहीं थी। एक ठेकेदार से मेरी जान-पहचान हो गई। उसने कहा कि वह मुझे वर्दी खरीद देगा। लेकिन उसकी आँख में भी खोट था। देखो, कोई गरीब होता है तो हर कोई उसकी तरफ बुरे इरादे से ही देखता है। ठेकेदार मेरे लिए दो साड़ियाँ, जूते और ब्लाउज लाया। मुझे रात में अकेले सफर करना था। ठेकेदार मुझसे बोला कि मुझसे शादी कर लो, क्योंकि मेरी बीवी अच्छी औरत नहीं है। इस पर मैंने उससे कहा : 'मैंने तुम्हें भैया कहा है, इसलिए मैं तुम्हें इस नजर से नहीं देख सकती।' फिर मैं गाड़ी पर चढ़ गई, पर उदासी मुझे पूरे रास्ते सताती रही।

मैं अपने पिता की रुपए-पैसे से मदद करना चाहती थी। दुर्गापुर में मुझे घर की याद आने लगी। मुझे चेचक हो गई। चमड़ी पर छाले पड़ गए। साल भर बाद मैं घर लौटी। उस समय तक माँ बिस्तर से लग चुकी थी। दूसरी बहनें उसका खयाल नहीं रखती थीं। मैंने माँ का इलाज कराया। मुझे अपने भाई-बहन बहुत प्यारे थे। मैं उन्हें पढ़ा-लिखा देखना चाहती थी, पर उन्हें गलत रास्ता पसंद था। मेरे माँ-बाप इज्जत वाले लोग थे, पर उनके बच्चों ने उनके यकीन के साथ दगा किया।

आज मैं पचास साल की हो चुकी हूँ। मैं सत्रह साल की थी, जब मेरी शादी प्रेमनाथ के साथ गाँधीनगर में हुई। वह दूर का रिश्तेदार था, और उन दिनों इलाहाबाद में फौज की नौकरी करता था। एक बार जब वह मेरे घर आया तो मेरे पिता ने उससे मेरा खयाल रखने के लिए कहा क्योंकि मैं दूर अकेली नैनीताल के पास एक गाँव में रह रही थी। जब प्रेमनाथ उस गाँव में मुझे ढूँढ़ता हुआ आया तो मैंने बड़ी इज्जत के साथ उसकी अगवानी की। देखने में प्रेमनाथ उन दिनों तक एकदम बदल चुका था। उसका खयाल था कि अगर उसकी मेरे साथ शादी हो जाए तो वह खुश रहेगा। लेकिन ऐसा खयाल मेरे दिमाग में कभी नहीं आया था। जब वह इलाहाबाद वापस गया तो उसने वहाँ से मुझे एक खत लिख कर शादी करने के लिए कहा। पर मैंने कहा कि यह नहीं हो सकता क्योंकि हम लोग रिश्तेदार हैं।

लेकिन, मैं आपको बताऊँ कि सच्चाई कुछ और थी? मैं इलाहाबाद

उससे मिलने गयी थी। स्टेशन पर मुझे विदा करते समय वह बहुत रोया था। उन दिनों वह बड़ा सुंदर लगता था और मुझे ऐसे सुंदर लोग पसंद थे। उसका रंग गोरा था और वह इतनी मीठी जबान में और धीमे-धीमे बोलता था कि पास में बैठा हुआ तीसरा व्यक्ति भी जान नहीं सकता था कि वह क्या कह रहा है। उसमें बड़ी नरमी थी। उससे मिलने के बाद मैं सब कुछ भूल गयी। मैंने अपने आप से कहा कि मुझे उसे अपने लिए हासिल करना ही होगा। बचपन में ही उसकी माँ गुजर गयी थी। उसका अकेलापन देख कर मुझे और कुछ याद नहीं रहा। मैंने उसके अंदरूनी गुणों की तरफ कोई ध्यान नहीं दिया। मैं उसी के बारे में दिन-रात सोचती रहती। हम चिट्ठियों में कविताएँ और गीत लिख कर एक-दूसरे को भेजते रहते थे। हमारा खयाल था कि हम एक-दूसरे के बिना नहीं रह सकते।

छुट्टियों में घर आने पर मैंने माँ को उसके बारे में बताया। नौकरी से छुट्टी ले कर एक दिन वह मेरे घर आया और बैठ कर बात की। उसने कहा कि अगर वह मेरे साथ शादी न कर सका तो हर एक को चाकू भौंक देगा। मेरे पिता ने अपनी पगड़ी उतारी और मेरे पैरों पर रख कर बोले : 'बेटा, मेरी लाज रख ले, और इससे शादी से इनकार कर दे। यह बहुत बुरा आदमी है। तुम्हारी जिंदगी बरबाद कर देगा।' मैंने जवाब दिया : 'नहीं, अगर वह बुरा आदमी है तो उसे नेक बनाना मेरा काम है।' मैंने पिता से यह भी कहा : 'क्या फरक पड़ेगा है अगर उसने मुझे मार भी डाला। तुम मेरी अर्थी को श्मशान तक कंधा देना।' आखिर में पिता ने मेरी शादी कर दी, पर जब मेरी विदा होने वाली थी तो वे घर से निकल कर सामने नहीं आए। उन्होंने कहा : 'यह शादी उसने मेरी मर्जी के खिलाफ की है। उसने मेरी नहीं सुनी। विदा के वक्त मैं उसे नहीं देखूँगा। वह मेरी बेटी नहीं बेटा थी, लेकिन उसने मुझे धोखा दिया।' मेरी डोली उठी, पर मेरी बहिन के घर गई क्योंकि मेरे पति के पास मुझे कहीं ले जाने के लिए पैसा नहीं था।

मुझे छोड़ कर इलाहाबाद जाते समय प्रेमनाथ वायदा करके गया था कि पैसा भेजेगा। मेरे माता-पिता उससे नफरत करने लगे थे। उनका कहना था कि शादी के बाद अपनी बीवी को छोड़ जाना बहुत बेइज्जती की बात है। उन्होंने मुझे भी कोंचना शुरू कर दिया। मैंने उसे एक परेशानी भरा खत लिखा और उसे बताए बिना इलाहाबाद आ गई। हमने उसके एक दोस्त के यहाँ कमरा लिया और एक साल मजे में गुजारा। हम लगातार साथ-साथ

रहते। मैं एक रात भी अकेली नहीं सोई। फिर मैं पेट से हो गई। मेरी तबीयत खराब होती चली गई। उल्टियाँ रुक ही नहीं रही थीं। आठ महीने में वह मुझे मेरी माँ के पास वापस ले आया। मेरी बच्ची केवल पाँच हफ्ते की थी जब वह फौज से भाग आया, पर बहाना यह बनाया कि छुट्टी पर आया है। एक दिन गुजरा, दो दिन गुजरे। जब भी बच्ची रोती वह कहता : 'चलो इसे जमुना में फेंक देते हैं। इस बहनचोद को नदी में फेंको।' न मेरे पास खाने के लिए कुछ था, न बच्ची को खिलाने के लिए। घर पर माता-पिता कहते थे : 'जब उसके पास एक पैसा तक नहीं है तो फिर शादी से क्या फायदा हुआ। वह तो सिर्फ नंगा है, भुखमरा भिखारी।' मुझसे ये बातें बर्दाश्त नहीं होती थीं, इसलिए हम लोग मेरी बहन की झुग्गी में लिंक रोड पर रहने चले गए। हमें अपनी झोंपड़ी तो मिल गई, पर हमारे पास बच्ची के दूध तक के लिए पैसे नहीं थे। उस समय तक प्रेमनाथ मेरी एक कोड़े से पिटाई करने लगा था।

बच्ची कमजोरी के कारण चार महीने में ही गुजर गई। हम उसे इरविन अस्पताल ले गए जहाँ उसे ग्लूकोज की चार बोतलें चढ़ाई गईं, पर वह सुबह तक बच नहीं सकी। अब तक प्रेमनाथ को पैसे की कमी खलने लगी थी। मैंने उससे कहा : 'मैं हमेशा तुम्हारे साथ हूँ। मैंने अपने माता-पिता को छोड़ दिया। भाइयों और बहनों को छोड़ दिया, सभी रिश्तेदारों को छोड़ दिया। मैं तुम्हारे साथ हूँ।' तभी मेरी बहिन ने उसे इरोस सिनेमा में सौ रुपए महीने पर काम दिला दिया।

एक रात हुआ यह कि वह मेरी छोटी बहन को लेकर सिनेमा गया। इस बहन की कुछ दिन पहले ही मौत हुई है। हम लोग पूरी रात उसे खोजते रहे। सुबह जब वह घर लौटा तो पिये हुए था। मैंने उससे कहा : 'देखो, मैंने तुम्हें पूरी रात ढूँढ़ा है।' प्रेमनाथ ने अपने जूते उतारे और एक जूते से मेरे सिर पर चार-पाँच बार मारा। अगर वह किसी औरत के साथ था तो मेरी हिम्मत कैसे हुई उससे सवाल करने की। जब किसी मर्द का चालचलन खराब हो जाता है तो हमेशा वह औरत को मारता है। वह मुझे झोंपड़ी में बंद करके चला गया। उसी दिन पुलिस झुग्गियाँ गिराने आयी। पुलिस वालों ने हमें और हमारा सामान ट्रकों में लादा और मदनगीर में छोड़ आए। उस समय वहाँ धूल भरा खाली मैदान पड़ा था। मैं अकेली थी। जब मेरे भाइयों को पता चला तो वे ढूँढ़ते हुए आए। उन्होंने पूछा कि क्या

हुआ। मैंने बताया कि उनका जीजा मुझे छोड़ गया है। वे पूरे दिन मेरे लिए झुग्गी बनाने के लिए जमीन साफ करते रहे, नींव खोदते रहे।

आखिर में प्रेमनाथ वापस आया। वह हर दिन मुझे सताता और पीटता। अब तक मेरे दूसरा बच्चा हो चुका था। वह करीब पंद्रह महीने का था। प्रेमनाथ बच्चे के सामने चाकू निकालता और मुझे जान से मारने की धमकी देता। मेरी माँ अक्सर कहती : 'उसे छोड़ दे। उसका चालचलन अच्छा नहीं है। तू सारी जिंदगी रोएगी।' पर मैं कहती : 'नहीं, मैंने उसका हाथ पकड़ा है। वह मेरा पति है। चाहे तुम सब मुझे छोड़ जाओ, पर मैं उसे नहीं छोड़ूने वाली।' वह काफी ड्रामेबाजी करता, गालियाँ देता, मार-पीट करता, कई-कई दिन घर नहीं लौटता। जब मैं बीमार थी तो भी उसने कभी एक कप चाय या दूध के लिए भी मुझे नहीं पूछा। वह अक्सर धमकाता : 'मैं तुझे छत से नीचे फेंक दूँगा।' कुछ भी हो, वह मेरा पति था। फिर एक दिन मेरा बेटा भी गुजर गया, वह केवल डेढ़ साल का था।

देखिए, बचपन में मेरे पिता मुझे कहानियाँ सुनाते थे। उन्हीं में से एक कहानी मुझे अभी तक याद रह गयी है। एक गाँव में एक ब्राह्मण की बेटी और एक ब्राह्मण का बेटा एक-दूसरे से प्यार करते थे। ब्राह्मण लड़के ने लड़की से भाग जाने के लिए कहा और एक रात वे भाग निकले। रास्ते में वे एक घर के वरांडे में आराम करने के लिए रुके। तभी एक घर में चोरी करके आए दो चोर वहाँ आए जहाँ वे दोनों सो रहे थे। चोरों के पीछे-पीछे गाँव वाले आए और उन्हें वरांडे में घेर लिया। गाँव वालों ने लड़की से पूछा कि उनमें उसका पति कौन सा है। ब्राह्मण लड़का दुबला-पतला था, पर उन चोरों में से एक सुंदर और तगड़ा नौजवान था। फिर उसके पास रुपया और जेवरात भी थे। लड़की का मन बदलते एक सेकंड भी न लगा। उसने अपने ब्राह्मण प्रेमी को ठुकरा कर चोर को अपना पति बताया और उसके साथ चली गई। रास्ते में एक नदी पड़ी जिससे वे सोच में पड़ गए कि उसे कैसे पार करें। चोर ने कहा : 'पहले मुझे पार करने दो। मैं उस पार सामान का थैला छोड़ कर वापस आऊँगा और फिर तुम्हें नदी पार ले जाऊँगा।' जब वह उस पार पहुँचा तो लड़की ने उसे आवाज दे कर उसे भी ले जाने के लिए कहा। इस पर वह चोर बोला : 'जब तुमने एक आदमी का हाथ पकड़ कर इतनी आसानी से छोड़ दिया, तो मैं कैसे मान लूँ कि तुम मुझे नहीं छोड़ोगी।' इस तरह मेरे पिता ने मुझे समझाया था कि औरत

हमेशा एक ही मर्द की होती है। अगर उसे खुशी मिलेगी तो केवल उसी मर्द से, किसी और से नहीं। पति ही भगवान होता है।

एक और कहानी थी जो मुझे बड़ी अच्छी लगती थी। यह एक राजा और उसकी पाँच लड़कियों के बारे में थी। राजा ने एक दिन पाँचों लड़कियों को एक लाइन में बैठाया और पूछा : 'जो खाना तुम खाती हो वह तुम्हें कौन देता है?' केवल एक लड़की को छोड़कर बाकी सब ने कहा : 'पिताजी, आप हमें खाना देते हैं।' पाँचवीं लड़की का कहना था : 'पिताजी, मैं भगवान का दिया खाती हूँ, जो मेरे करम के मुताबिक मुझे मिलता है।' इस पर राजा बहुत गुस्सा हुआ। उसने एक कोढ़ी को बुलाया जिसके बदन से पीप बह रही थी, और उस लड़की की शादी उसके साथ करके फटे-पुराने चिथड़ों में महल से निकाल दिया। महल छोड़ते समय उस पाँचवीं बेटी ने कहा : 'पिताजी, यह पति ही मेरा कर्म है। यह पति मेरा भगवान है।'

फिर उसने अपना पेट भरने के लिए भीख माँगी। धीरज के साथ रोटी के टुकड़े तोड़ कर उसके मुँह में रखे। कोढ़ी उससे कहता था कि वह अपनी जवानी उस पर बरबाद न करे, किसी और से शादी कर ले। वह हमेशा जवाब देती कि भगवान ने मुझे तुम्हारी सेवा के लिए बनाया है। एक दिन वह उसे जंगल में छोड़ कर भीख माँगने के लिए शहर गई। एक चिड़िया आई और उस पेड़ पर बैठ गई जिसके नीचे कोढ़ी आराम कर रहा था। चिड़िया ने कोढ़ी से कहा : 'मेरे राजकुमार, पास ही में एक तालाब है। उसमें नहाओगे तो उसके पानी से तुम्हारा कोढ़ चला जाएगा।' कोढ़ी घिसटता हुआ तालाब के पास गया और उसमें अपनी एक टाँग डाली जो एक पल में ठीक हो गई। फिर उसने दूसरी टाँग पानी में डाली। वह भी एकदम ठीक हो गई। फिर उसने अपना पूरा शरीर पानी में डुबा दिया और बाहर निकला तो किसी शानदार राजा की तरह पूरी तरह ठीक हो चुका था। जब लड़की वापस आयी तो उसे यकीन ही नहीं हुआ कि यह खूबसूरत इनसान उसका पति है। तब उसके पति ने अपनी छोटी उँगली, जो पहले उसने पानी में नहीं डाली थी, पानी में डाल कर दिखायी जो फौरन ठीक हो गयी। वह चिड़िया फिर आई और बोली : 'अगर तुम दो कनस्तर तेल उबाल कर तालाब में डालोगे तो पानी बीच में से फट जाएगा और तुम्हें तले में दस राजाओं द्वारा दबाया गया खजाना मिल जाएगा।' उन

दोनों ने चिड़िया के कहने के मुताबिक ही किया और सोने व जवाहरातों से अपने लिए एक बहुत बड़ा महल बनवाया।

एक दिन पति ने अपनी पत्नी से कहा कि हमें तुम्हारे पिता को रात्रिभोज पर बुलाना चाहिए। जब राजा आया तो उसकी बेटी ने हर बार नया पकवान परोसते समय नये जेवर और नयी पोशाक पहनी। जब राजा खा चुका तो वह वही चिथड़े पहन कर आयी जिनमें उसे महल से निकाला गया था। फिर उसने अपने पति को राजा के सामने पेश किया और बोली : 'ये कपड़े आपने मुझे दिए थे और आप देखिये कि ये कपड़े मुझे अपने कर्म से मिले हैं। आपने पति के रूप में मुझे कोढ़ी दिया था, पर मेरे कर्म ने मुझे पति के रूप में यह पुरुष दिया है।'

जो आपके कर्म ने आपकी किताब में लिख दिया है, कोई उसकी एक लाइन भी नहीं मिटा सकता। मेरा पति मेरा न हो सका। मैं नहीं समझती कि ऐसा क्यों हुआ। लेकिन मेरे न समझ पाने का मतलब यह नहीं हो सकता कि मैं अच्छे धार्मिक विचारों को छोड़ दूँ और बुरे विचार अपना लूँ। तुम्हें शांति अपने मर्द से ही मिल सकती है, किसी और से नहीं।

हम पाँच साल तक झुग्गियों में छिपे रहे क्योंकि फौज से भागने के कारण उसके नाम वारंट निकला हुआ था। आखिरकार एक दिन पुलिस पहुँच ही गई। उसे पकड़ कर पंजाब में बंगा ले जाया गया। मैं पूरे रास्ते रोते हुए पीछे-पीछे पुलिस स्टेशन तक गई। वे उसे जलंधर के फौजी छावनी वाले जेल में ले गए। मैं इक्कीस दिन तक वहीं रही, और उससे रोज मुलाकात की। हर दिन जब भी मैं उससे मिलने गई, उसने मुझे गालियाँ दीं और हर दिन मैं रोई।

मैं उससे प्यार करती थी। मैं उससे इतना प्यार करती थी कि माता-पिता, भाई-बहिन, और पूरी दुनिया मरी निगाहों में मेरे मर्द के सामने कुछ नहीं थी। मैं उसे नहीं छोड़ सकती थी। मैंने कहा कि अगर वह मुझसे दूर भेज दिया गया तो मैं मर जाऊँगी। उन्होंने उसे तीन महीने की सजा सुनाई और लखनऊ जेल भेज दिया। मैं दिल्ली वापस आई। पूरा घर बिना किसी की देखभाल के यूँ ही पड़ा हुआ था। ऊपर से उसका बच्चा भी मेरी कोख में पल रहा था। तीन महीने की जेल काट कर जब वह वापस आया तो मैंने एक लड़के को जन्म दिया। फौज ने उसे तीन सौ पचास रुपए दिए थे, जो उसने बच्चे के इलाज पर खर्च कर दिए, पर फिर भी वह बच न सका।

इसके बाद वही पुरानी कहानी फिर से शुरू हो गई। पीना, मार-पीट, गंदी-गंदी गालियाँ, शक-शुबह। वह कहता : 'यह आदमी क्यों आया, वह आदमी क्यों आया?' मैं जवाब देती : 'मैंने तुम्हारे लिए हर किसी को छोड़ दिया। मैंने तुम्हें अपना सब-कुछ दे दिया। मुझ पर झूठी तोहमत मत लगाओ।' इस पर वह डंडा उठा लेता, चाकू निकाल लेता। मैं डर के मारे चुप रह जाती।

फिर मैंने एक के बाद एक चार लड़कियों को जन्म दिया। चौथी बेटी के बाद उसने मुझे आराम तक नहीं करने दिया। बच्चा जनने के तीसरे दिन ही उसने मुझे रसोई में काम करने भेज दिया। जचगी के वक्त भी उसने मेरे घर वालों में से किसी को मेरे पास मेरी मदद के लिए नहीं आने दिया था। जब पाँचवाँ बच्चा होने को था तो मैंने कहा : 'हे भगवान, मुझे लड़का देना वरना ये इनसान मुझे जीने नहीं देगा।' लेकिन, जिन लोगों की आदतें खराब होती हैं, वे दस बेटों के बावजूद नहीं बदलते।

धीरे-धीरे हमने मेहरौली में एक छोटा-सा घर बना लिया, और अपनी पाँच बेटियों के साथ वहाँ रहने चले गए। मैंने सोचा कि शायद अच्छे लोगों के साथ रहते-रहते वह कुछ बदल जाए। हमने मदनगीर की अपनी झोंपड़ी भी नहीं छोड़ी थी। लेकिन, उसकी आदतें बिगड़ती चली गईं। वह मुझे पीटता और घर से निकल जाने के लिए कहता। लेकिन, मैं अपनी बेटियों के भविष्य के बारे में सोचती, उनकी शादियों के बारे में सोचती। अगर मैं घर छोड़ जाती तो लोग यही कहते कि मैं बुरी औरत थी जो अपने प्रेमी के साथ भाग गई। मेहरौली में हम लोगों के बगल में ही एक औरत रहती थी। उसने कुछ जंतर-मंतर किया जिससे मेरी बड़ी बेटी बहुत बीमार हो गई। मैं सभी अस्पतालों में गई। फिर एक ने मुझे मेहरौली वाले मजार के बाबा के पास भेजा। बाबा ने मुझसे कहा कि फिक्र मत करो और एक शीशी में पानी भर कर दे दिया। उस पानी से मेरी बच्ची अच्छी हो गई। बाबा ने यह भी बता दिया कि पड़ोस की औरत ही इस बीमारी की जिम्मेदार है। इस पर मैंने अपने पति से कहा कि वह उसके पास न जाया करे। उसने मेरे पति को एकदम मेरे खिलाफ कर दिया था। वह उसे पिलाती थी और भड़काती थी कि उसकी गैरमौजूदगी में दूसरे मर्द मेरे पास आते हैं।

एक रात वह पी कर आया। उस रात वह मुझे मार ही डालना चाहता

था। बच्चों को अपने साथ ले कर मैं पिछवाड़े की दीवार पर चढ़ कर पड़ोसी के घर में छिप गई। वह खुला चाकू ले कर सड़क पर मुझे ढूँढ़ रहा था। सुबह मैं पुलिस थाने गई और लिख कर दे दिया कि मैं केवल अपनी पाँच बेटियों के साथ आई हूँ ताकि वह मेरे ऊपर चोरी का इल्जाम न लगा सके। अगले दिन मैंने अपनी बहिन की बेटी के जरिये उसे संदेश भिजवाया। मेरे पति ने सबके सामने उससे कहा कि मैं अपनी बेटियों को सड़क पर रंडी का पेशा करने के लिए क्यों नहीं भेज देती। फिर मैं इरोस सिनेमा गई जहाँ वह काम करता था और उससे कहा कि वह सबके सामने पूरे घर का तमाशा क्यों बना रहा है। इस पर उसने पूरी भीड़ के सामने मुझे पीटना शुरू कर दिया और तब तक पीटा जब तक मेरे पूरे बदन पर नील नहीं पड़ गए। पर मैं जमीन पर नहीं गिरी। जब कुछ टैक्सी ड्राइवरों ने मुझे बचाने के लिए दखल दिया तो वह भाग निकला। हम मदनगीर वापस चले गए और मैंने काम करना शुरू कर दिया। वह हर एक-दो दिन बाद आता और हम सभी को गंदी-गंदी गालियाँ देता : बहनचोदो, छिनालो, हरामियो, तुमसे तो रंडियाँ भी बेहतर हैं। जाओ, सड़क पर पेशा करो। उसने मुझे ऐसी-ऐसी गंदी गालियाँ दीं कि अगर धरती फट जाती तो मैं उसमें समा जाती। तीन महीने बाद हम सब मेहरौली लौट गए।

वह जिस सिनेमा में काम करता था वहाँ किसी ने बहुत-सा रुपया चुरा लिया। चोरी में उसका नाम भी आया, उसकी नौकरी तो चली ही गई, उसे गिरफ्तार भी कर लिया गया। मैंने एक अदालत से दूसरी के चक्कर लगाए, वकील किया, जिस जेल में वह था उसे तलाशा और जमानत का बंदोबस्त किया। इसमें मेरा सारा पैसा खर्च हो गया। जेल से छूट कर वह मुझसे बोला : 'कुतिया, तूने यह सारा पैसा क्यों खर्च कर दिया?'

मेरा भाई, मेरी बहिन, उसके बच्चे मुझसे मिलने आए। उस दिन मैं बहुत रोई क्योंकि मेरी ही बहिन ने मुझसे धोखा किया। मुझे आपसे कहते हुए बर्दाश्त नहीं हो रहा है। जब कोई आदमी बुरा बन जाता है, तो औरत उसका फायदा उठाती है। पहले तो उन्होंने मुझसे उनके लिए खाना पकाने के लिए कहा और फिर मैंने उन्हें शराब पिलाई। थोड़ी-सी मैंने भी पी और फिर सो गई। भगवान जाने उस रात उसने क्या किया। तीन बोतलें शराब की खत्म हो गई होंगी। रात में जब मेरी लड़की की आँख खुली तो उसने देखा कि मेरा पति और मेरी बहिन वही काम कर रही है जो औरत और

मर्द के बीच होता है। मेरा पूरा बदन थरथरा उठा। मैंने खुद से कहा : 'अब मेरा घर बरबाद हो गया।'

मैंने अपनी माँ को बताया। वह साफ-साफ बोलने वाली औरत है और मेरा कोई नुकसान होते देख कर बर्दाश्त नहीं कर सकती। वह सीधे बहिन के घर गई और उससे बोली : 'तू क्यों उस गरीब औरत का घर बरबाद करने पर तुली है?' जब मेरी बहिन को पता चला कि मुझे सब बात पता है, तो वह मुझसे मिलने आयी। मैं कुछ नहीं बोली। मैं पूरी दुनिया के सामने तमाशा नहीं खड़ा करना चाहती थी। मेरी बहिन ने केवल इतना कहा : 'जीजाजी ने मुझे खाने के लिए कुछ रोटी दी थी और उसकी कीमत वसूल ली।'

देखिए, जब कोई मर्द नशे में होता है तो वह अपनी बीवी, बहिन और यहाँ तक कि माँ के बीच भी फर्क नहीं कर पाता। वह अपनी माँ को भी चोद डालेगा। वह जब शाम को घर आया तो मैंने उसे जम कर गरियाया। मैंने कहा : 'मेरी बहिन हो, मेरी कुछ भी हो। लेकिन अगर वह औरत मेरे घर की देहरी लाँघेगी तो मैं उसे आग लगा दूँगी और खुद को भी जला डालूँगी।'

एक दिन उसने 'धंधे' के लिए मुझे बुलाया पर मेरे कपड़े उतारने के बाद बोला : 'तू अब घर से निकल जा।' कितनी बेइज्जती महसूस की मैंने। अगर मेरे पास मिट्टी के तेल का कनस्तर होता तो मैं उस रात खुद को आग लगा लेती।

देखिए, एक तरह का प्रेम वह होता है जिसमें औरत अंधी हो जाती है और होश खो देती है। एक दूसरे तरह का प्रेम वह है जो सच्चा होता है और एक और तरह का प्रेम झूठा प्रेम होता है। एक औरत इन सभी तरह के प्रेमों के बीच हर फर्क जानती है। भले ही वह कहे न, पर समझती सब है। सच्चे प्रेम में बड़ा रस होता है, झूठा प्रेम सूखा होता है। यह तीसरा प्रेम औरत को अंधा बना देता है ताकि वह यह न पूछ पाए किस-किस दूसरी औरत के पास उसका मर्द जाता है। ये तीन किस्में होती हैं प्रेम की। मेरी आँखों पर पर्दा डालने के लिए ही वह दस-पंद्रह दिन में एक बार मुझे बिस्तर पर बुलाता था।

देखिए, मैं नहीं चाहती थी कि वह प्रेम में कोई कमी महसूस करे। अगर उसने मुझे बीस बार बुलाया होगा, तो मैं उसके पास बीस बार गई।

अगर दस बार बुलाया, तो दस बार गई। मर्द घर के बाहर तभी जाता है, जब उसे घर के भीतर पूरा प्रेम नहीं मिलता। इसलिए मैंने उसे कभी भूखा नहीं जाने दिया। शादी के शुरुआती दिनों में तो वह मुझे दिन में दो से चार दफे तक बुलाता था।

मैं कभी-कभी पी लेती हूँ। शराब कई तरह से मदहोश करती है। मैं अपने बारे में बता रही हूँ। जब कोई औरत पी लेती है तो उसे मर्द की जरूरत पड़ती है। हर औरत यही कहेगी। उसे नया आदमी चाहिए। ऐसा महसूस होना कुदरती है। शुरू में मेरे पति को पता ही नहीं था कि संभोग कैसे होता है। उसे तो औरत की महीनावारी तक का पता नहीं था। मैंने उसे हर चीज सिखाई। मेरे भीतर इतनी ताकत थी कि अगर वह मुझे दस बार बुलाता तो भी मेरे लिए कम पड़ जाता था। अब तो उसने मेरा बदन बरबाद करके रख दिया है। जब मैं चलती थी तो लोग कहते थे : 'देखो, पुलिस इंस्पेक्टर आ रहा है!' लेकिन, अब तो ताकत नहीं रही। नहीं, ताकत तो अब भी है, और फिर से आ जाएगी अगर वह मेरे साथ बदसलूकी न करे और अपनी जिंदगी मेरे साथ बाँटे। अगर वह अभी भी मुझसे प्यार करने लगे तो मैं सारी बातें भूल जाऊँगी। पहले वह मुझे 'पहलवान' कहता था। फिर वह मुझे 'सरदारनी' कहने लगा। लेकिन, अब वह मुझे कुतिया, छिनाल और 'बदमाश' कहता है। एक दिन वह जल्दी घर लौटा पर मैं वहाँ नहीं थी। मैं अपनी गली के भजन कार्यक्रम में गई हुई थी। इस पर उसने किरासिन के दो कनस्तर निकाले और बोला : 'खुद को आग लगाने से पहले मेरे पास सिनेमा में खबर भिजवाने का इंतजाम कर जाना। मैं तेरी लाश फेंकने आऊँगा।'

फिर एक दिन जब वह काम पर जा रहा था तो रास्ते में उसका एक्सीडेंट हो गया। मेरी बहिन का लड़का उसे लाया। सारे बदन पर पट्टियाँ बँधी हुई थीं, टाँके लगे हुए थे। उसे देखते ही मैं उसकी दी हुई सारी तकलीफें भूल गई। मेरा दिल उसके लिए रो पड़ा। मैंने उसका नमक खाया था और उसके लिए वफादार थी। जब मैं उसके लिए दूध लाई तो वह बोला : 'बहनचोद, जा अपने माँ-बाप को जा कर दूध पिला।' पट्टियाँ बँधी हुई थीं, पर फिर भी अगले दिन वह काम पर गया और वापसी में तलाक के कागज लाया। उसने मुझसे उन पर दस्तखत करने के लिए कहा। मैंने कहा : 'पहले ठीक हो जाओ, फिर तलाक ले लेना।' बच्चे और मैं मदनगीर

चले आए। वह बारह दिन तक कहीं और रहा और फिर घर वापस आ गया।

मेरी कोई इच्छा पूरी नहीं हुई। शादी के पहले मैंने सोचा था कि मैं अच्छे कपड़े पहनूँगी, जेवर पहनूँगी, और सबसे ज्यादा तो मैंने यह सोचा था कि मुझे प्यार मिलेगा। मैंने सोचा था कि हमारे दो दिल मिल कर एक हो गए हैं और अब हम साथ-साथ यह जिंदगी गुजार देंगे। पहले कुछ साल तक तो मैं करवाचौथ का व्रत भी रखती थी। वह कहता था : 'तुम यह तमाशा क्यों कर रही हो। ये ड्रामेबाजी क्यों?' मैंने कहा : 'तुम्हारे लिए मेरे दिल में सच्चा प्रेम है।' जरा देखिये तो, उसने किस-किस तरह मुझे सताया।

कहते हैं कि एक बुरा आदमी था। लोगों ने उससे पूछा कि अच्छे लोग क्यों मर जाते हैं और बुरे क्यों नहीं मरते। उसका कहना था कि भगवान भी बुरे आदमी को नहीं चाहता, क्योंकि वह जानता है कि वह स्वर्ग में भी अपनी गंदगी साथ ले कर आएगा। देखिए, सीता ने भी बहुत अत्याचार सहे, पर एक आदमी के प्रेम में उसने धरती पर अपना समय काट दिया। मैंने भी हर बात इसलिए बर्दाश्त की कि मैं उससे प्रेम करती थी। उसने मेरे साथ हजारों बार बदसलूकी की होगी, पर मैं उसके बिना नहीं रह सकती थी। लेकिन, जो आदमी सबके सामने मुझे पीटता है और गाली देता है, मैं उससे कैसे प्यार करती रह सकती हूँ। अब मेरे भीतर मेरा प्रेम धीरे-धीरे मर रहा है। मैं सिर्फ बच्चों के बारे में सोचती हूँ। वह तो यह भी नहीं जानता कि बच्चे किस क्लास में पढ़ रहे हैं और वे स्कूल भी जाते हैं या नहीं। असल में उसकी आँख तो हमारी तीसरी बेटी पर टिकी हुई है जो अभी-अभी चौदह की हुई है। मुझे इस आदमी पर चौकन्नी निगाह रखनी होगी।

मेरी तबीयत भी खराब हुई है और मेरे दिल पर भी असर पड़ा है। कभी-कभी मैं पागल सी हो जाती हूँ। अगर कोई औरत बातें करके जी हल्का कर लेती है तो उसका दिमाग दुरुस्त रहता है। वरना उसके भीतर कुछ न कुछ कोंचता रहता है। बातें करके दिल के गुबार निकल जाते हैं। मैं अपने आप से बातें करती हूँ या फिर गली में बच्चों के सामने बोलना शुरू कर देती हूँ। मेरे बच्चे भी कभी-कभी मुझे पागल कहते हैं। इस सबके बावजूद मैं गुस्सा नहीं होती। बच्चे कहते हैं : 'माँ, तुम पत्थर की बनी हो।' मुझसे सारी जिंदगी गंदी-गंदी बातें कहने के बाद अब वह भी हार गया

है। लेकिन, मुझे कोई गुस्सा नहीं है। अगर उसे बाहर से औरत मिल सकती है, तो हमें भी बाहर से मर्द मिल सकता है। लेकिन, ऐसा करना मेरे धर्म के खिलाफ जाना होगा, और जब मैं मरूँगी तो मेरे साथ केवल मेरा धर्म जाएगा। कहते हैं कि सूरज पर थूकने वाले का थूक उसी के मुँह पर गिरता है। इसलिए अगर थूक गिरेगा तो उसी का चेहरा सनेगा। मर्द और औरत का प्रेम बड़ा विचित्र होता है। जो मर्द दे सकता है वह प्रेम औरत को कोई और नहीं दे सकता। किसी मर्द को भीतर से प्रेम करने वाली औरत केवल उसी के लिए भूखी होती है। अब तो मैं संन्यास ले कर जंगल में चली जाना चाहती हूँ। मुझे बच्चों से उम्मीद है, पर मेरी माँ की तरह कोई मेरी देखभाल नहीं करने वाला। बेहतर होता कि अगर मैं किसी अंधे से शादी कर लेती। कम से कम मुझे उसकी सेवा करने का मौका तो मिलता और फिर अच्छे कामों का फल नसीब होता। आँखों वाले के साथ शादी करके मुझे क्या मिला—बरबादी, गंदगी, बदसलूकी।

बसंती

शादी से पहले मैं अपने माँ-बाप के साथ बिहार के अपने गाँव में मजे से रहती थी। हम तीन भाई और तीन बहिनें थीं। एक भाई सबसे बड़ा था और फिर उसके बाद मैं थी। दो भाइयों और एक बहिन की शादी अभी होनी है।

वैसे तो मेरी माता और पिता दोनों से पटरी खाती थी, पर सबसे ज्यादा प्यार मुझे अपने पिता से था। मैं उनका सारा काम करती थी। माँ मेरी अक्सर पिटाई करती। पूरे दिन वह मुझे कोसती रहती क्योंकि मैं कोई काम नहीं करती, बस खेलती रहती। हफ्ते में दो-तीन बार माँ मुझे जरूर पीटती। चूँकि माँ ही तुम्हें काम करना सिखाती है, इससिए मार भी उसी की ज्यादा खानी पड़ती है। मुझे अपने बचपन की ज्यादा याद नहीं है सिवाय इसके कि मार-पीट के बावजूद मैं खुश थी और हँसती रहती थी। हम एक-दूसरे को चाहते तो बहुत थे, पर बातचीत ज्यादा नहीं होती थी। मुझे याद है कि हमारे घर में त्योहार मनाए जाते थे। होली पर हम शराब की पूजा करते। हम चावल से शराब बनाते और फिर उसे पीतल की तश्तरी में रख कर कुछ साल की पत्तियाँ डाल देते। उसकी पूजा करते और फिर पीते। हम

एक मुर्गे की पूजा भी करते थे। हम उसका खून निकालते और उसकी एक बूँद पीते। हर साल काली की पूजा भी होती थी। दो दिन हम उपवास रखते और फिर देवी किसी एक औरत पर आ जाती। जब तक देवी उस औरत में रहती, कोई उसके पास न जाता। उसके बच्चे भी नहीं। इसके बाद हम मंदिर जाते, दूध, पानी और फूल चढ़ाते, और फिर नहाते। लेकिन, जब से मैं दिल्ली में हूँ, मैंने ये तमाम संस्कार छोड़ दिए हैं क्योंकि मैं गलत रास्ते पर चल निकली हूँ। हर साल हम रामलीला देखने भी जाते थे, हालाँकि मुझे ज्यादा कुछ समझ में नहीं आता था। अब तो मैं रामलीला केवल बच्चों की वजह से देखने जाती हूँ।

जब मैं सयानी हुई तो पंद्रह की उम्र में माता-पिता ने मेरी शादी कर दी। शादी के बाद मैं पति के साथ कलकत्ता रहने गई। पहले छः साल मैंने बड़े मजे में गुजारे। मैं घर पर रहती और वह काम पर जाता। मेरा पति मेरे साथ अच्छी तरह पेश आता और हमारे पास किसी चीज की कमी भी नहीं थी। वह मुझसे प्रेम से बातें करता और हम खूब हँसते। जहाँ तक 'काम' का सवाल है, वह रात में दो-दो बार होता। शुरू में मुझे दर्द हुआ, पर बाद में मुझे मजा आने लगा। केवल माहवारी के समय ही हम अलग-अलग सोते थे। उस वक्त तो वह मेरे हाथ से पानी भी नहीं लेता था। सोने से पहले हम पीते, पान चबाते और सिगरेट पीते।

मैं उम्र में कम थी इसलिए पेट से नहीं हो पाई। जब शरीर तैयार होता है तो बच्चे भी आ जाते हैं। कुछ दिनों बाद मैं बीमार पड़ गई। मुझे चक्कर आते, बुखार आ जाता और मैं लकड़ी की तरह सूखती चली गई। मेरे लिए चलना भी मुश्किल हो गया और मेरी सुनने की ताकत में नुक्स भी आ गया। मैं डॉक्टर के पास गई, चार महीने तक रोज नारियल पानी पिया, और कुछ नहीं खाया। शायद कलकत्ता का पानी मुझे रास नहीं आ रहा था। लेकिन, हम लोग इतने खुश थे कि बच्चा न ठहर पाने की भी हमें कोई चिंता नहीं थी। मैंने सोचा कि हम दोनों यहाँ विदेश में हैं, जब मैं ठीक हो जाऊँगी तो हम गाँव वापस जाएँगे, तब वहाँ बच्चा होगा।

गाँव लौटने के बाद मैं काफी परेशान हुई। हमने अपने खेत बेच डाले। वह मजूरी करके पैसा कमाता और मैं चावल की शराब बना और बेच कर उस आमदनी को बढ़ाती। जब मुझे बच्चा नहीं हुआ तो उसने कहा कि मेरी उसके साथ रहने की कोई तुक नहीं बची। मैंने उससे कहा : 'जो ईश्वर

करेगा, वह होगा। अगर हमारे बच्चा नहीं है, तो मैं क्या कर सकती हूँ? चार-पाँच साल और इंतजार करते हैं।' इस तरह बात करना उसने शादी के सात साल बाद शुरू किया। जब मेरी ननद मिलने आई तो उसने कहा : 'दुखी क्यों हो? जब भगवान चाहेगा तो बच्चा देगा।' मैंने कहा : 'लेकिन, तुम्हारा भाई समझे तब न। वरना मैं कैसे इस घर में रह पाऊँगी?' उसके बाद मेरे पति ने मेरी सास के साथ मिल कर मुझे खाना देना बंद कर दिया। मेरी पिटाई भी होने लगी। मेरे पूरे शरीर में काले-नीले निशान, सूजन और खरोंचें हो गईं। मेरा पति मुझे लात मारता और डंडे से पीटता था।

एक दिन उसने कहा : 'अगर तुम मेरे घर में रहना चाहती हो तो रह सकती हो, पर मुझे दूसरी शादी कर लेने दो।' इस पर मेरा कहना था : 'मैं तुम्हें दूसरी शादी कर लेने दूँगी, पर फिर मैं यहाँ नहीं रहूँगी। मुझे तो फिर यहाँ दुख ही मिलने वाला है। जब तुम मुझे इतना पीटते हो तो दूसरी शादी के बाद मुझसे कैसे अच्छा सुलूक करोगे।' उसने कहा कि वह अपना वायदा निभाएगा : 'तुम यहाँ आराम से रहो, और मैं दूसरी शादी कर लूँगा।' मैंने उसे अपने पास से पाँच सौ रुपए और तीन पोशाकें दीं और उसकी शादी करा दी। हम लोग दो साल तक साथ-साथ रहे पर मैं खुश नहीं थी। मेरा पति हम दोनों के बीच में सोता था। कभी वह किसी के साथ प्यार करता, कभी किसी के साथ।

एक दिन उसने कहा : 'घर से निकल जा। मैं तुझे नहीं रखना चाहता।' मैं ट्रेन के सामने कूद कर घर से खुदकशी करने निकल पड़ी। गाँव के एक लड़के ने मुझे रोका और कहा : 'तुम क्यों मरना चाहती हो? तुम अभी भी जवान हो, तुम्हारे हाथ-पैर मजबूत और तंदुरुस्त हैं। मरने की क्या जरूरत है?' मेरा कहना था : 'अब मेरा दुनिया में कोई नहीं बचा। इसलिए जीने से क्या फायदा।' जब मेरे पति ने यह सुना तो फौरन आया। मैं एक पेड़ के नीचे बैठी थी। उसने मुझसे घर चलने के लिए कहा। मैंने जवाब दिया : 'तुम रोज शराब पीते हो। मुझे पीटते हो। मैं तुम्हारे साथ नहीं जाऊँगी।' उसकी दूसरी बीवी ने कहा : 'जिज्जी, अगर तुम नहीं रुकोगी तो मैं भी घर में नहीं रहूँगी। मैं कहीं भी चली जाऊँगी, किसी भी मर्द के साथ चली जाऊँगी, खाने के लिए भीख माँग लूँगी, पर तुम्हें घर नहीं छोड़ना चाहिए। मुझे बहुत दुख होगा अगर तुम चली गईं।'

मेरी सास बहुत बुरी औरत थी। वह मुझे पीटती थी, लातें मारती थी।

वह मुझसे रोटी छीन लेती थी। जब मेरा मर्द मुझे रोटी देता तो वह कहती : 'उसे खाना क्यों देता है। उसे खाने के लिए कुछ मत दे।' कोई बहुत दुखी हो कर ही घर छोड़ता है। मैं निराश थी कि मुझे बच्चा नहीं हो रहा है और मेरा पति भी इसीलिए दुखी था। इसलिए मैंने चले जाने का फैसला किया। लेकिन, जाने से पहले मैंने घर की हर चीज गुस्से में तोड़ डाली। मैंने हर चीज बरबाद कर दी। मैंने कहा : 'तू मेरा घर बरबाद करना चाहती थी। ले, मैंने अपने हाथ से ही कर डाला।' छोड़ने से पहले मैंने गुस्से में अपने बचाए हुए तीन हजार रुपए भी नहीं लिए। मेरे जाने के बाद दूसरी बीवी को वे रुपए चावल के कोठार में मिले। बाद में मेरा पति मेरी तारीफ करते हुए दूसरों से कहता फिरा : 'हमारी कितनी कम आमदनी थी, फिर भी उसने इतने रुपए कैसे बचा लिए!' उसने मेरे बारे में यह भी कहा कि मैं तो बड़ी समझदार हूँ और पता नहीं क्यों मैं हर चीज तोड़-फोड़ कर भाग गई।

मेरे माता-पिता ने कहा : 'तुम चिंता मत करो। खुद कमाओ। परेशान न हो और जहाँ किस्मत ले जाए वहाँ जाओ। त्योहार-मेला जाओ, नाच देखने जाओ।' लेकिन, जब जोड़ी टूट जाती है, तो कोई कैसे सुखी रह सकता है। मैं घर में औरतों के साथ रही और व्यापारी की तरह चावल का काम किया। फिर मैंने सोचा : 'मायके में मुझे क्या सुख मिलेगा।' जब भाइयों की शादी होगी और वे बीवियाँ लाएँगे तो हो सकता है कि वे मुझे घर में न रखना चाहें। इसके बाद मैंने पिता से कहा : 'जब तक आप जिंदा हैं मैं पूरी ताकत से काम करूँगी। लेकिन जब आप नहीं रहेंगे और मैं भी कमजोर हो जाऊँगी तो मेरी देखभाल कौन करेगा। अगर मेरे कोई बेटा-बेटी होती तो कोई बात नहीं थी, वरना मुझे पूछने वाला कौन है?' इसी के बाद मैंने दिल्ली चले आने का फैसला किया जहाँ मेरे दो भाई और एक बहन पहले से रह रहे थे। दिल्ली आ कर मैं झाड़ू लगाने लगी। यहीं मेरी मुलाकात मेरे दूसरे पति से हुई जो एक ठेकेदार था। उसने मुझसे शादी करने के लिए मेरे पिता को पंद्रह सौ रुपए दिए। शादी के बाद मन्नू के पिता (दूसरा पति) ने कहा : 'मैंने शादी करके गलती की। पर डरो मत। मैं आखिर तक तुम्हारी जरूरतों का खयाल रखूँगा।' मैंने जवाब दिया : 'ठीक है, पर तुम कभी-कभी मुझसे मिलते रहना।' आज उसके बच्चे बड़े हो चुके हैं, और वे भी मुझसे मिलने आते हैं। मेरा अपने पति से कहना है :

'तुम्हें जो करना हो करो। दूसरी बीवी कर लो। पर मुझे खाना देते रहो।' लेकिन, आजकल वह मुझे कुछ नहीं देता।

मैं खुद काम करती हूँ और कमाती हूँ। मेरे तीन बच्चे हैं, दो बेटे और एक बेटी। मेरी बहिन के दो बच्चे भी मेरे साथ ही रहते हैं क्योंकि उसकी मौत हो चुकी है। कभी-कभी मेरे दिल में दोबारा शादी करने की बात आती है। मेरा बहनोई कहता है कि वह अपने बच्चे ले जाएगा। मैं कहती हूँ : 'उन्हें मेरे साथ ही रहने दो। मेरी बात सुनो, वरना बाद में पछताओगे। यहीं कमाओ और यहीं उन्हें भी रोटी दो।' अब हम अपनी बहिन की मौत का मुकद्दमा भी लड़ने जा रहे हैं क्योंकि उसका खून हुआ था। मेरे ऊपर पहले देवी आती थीं, पर मैं बुरी तरह थक जाती थी इसलिए मैंने उसे बहिन के ऊपर भेज दिया था। अब देवी खूनी पर चली गई है। जब देवी मुझ पर आती थीं तो मेरा पूरा बदन काँपने लगता था। अब मैं अक्सर बीमार पड़ जाती हूँ। देवी के आने पर कई चीजों का ध्यान रखना पड़ता है, जैसे गंदे बरतन न छूना, झोंपड़ी को फौरन गोबर से लीपना, वगैरह। अब मैं उसका भोग नहीं लगा सकती। मुझे रोजी भी तो कमानी है। जब तक मैं जिंदा हूँ, मैं कमाऊँगी, बच्चों का पेट भरूँगी, और जब कोई दिक्कत आएगी तो देखा जाएगा क्या किया जा सकता है।

शादी के वक्त मुझे कोई चिंता नहीं थी। भगवान ने हम दोनों का जोड़ा बहुत अच्छा बनाया था। न कोई बड़ा-बूढ़ा था जो बीच में टाँग अड़ाता। लेकिन जब मैं उसकी गलती के बारे में सोचती हूँ कि उसने मुझे घर से निकाल दिया तो मेरा दिल बैठने लगता है। मैं कितनी अच्छी तरह रहती थी। अब मैं एक झुग्गी में रहती हूँ। भगवान जाने अब क्या होगा, हालाँकि भगवान में मेरा यकीन अभी कायम है। पता नहीं मुझे खुशी मिलेगी या दुख। बच्चे बड़े होंगे तो पता नहीं मुझे सुख देंगे या नहीं। फिलहाल तो उन्हें स्कूल जाना है।

शादी करने से कोई फायदा नहीं, किसी किस्म का फायदा नहीं। बच्चे बड़े हो कर कम से कम यह तो कहेंगे कि माँ ने उन्हें कड़ी मेहनत करके पाला। लोग और रिश्तेदार मुझसे शादी करने को कहते हैं। लेकिन, अब मैं किसी की तरफ हाथ नहीं बढ़ाना चाहती। मैं कहीं नहीं जाना चाहती। मुझे जहाँ जगह मिलेगी, मैं वहीं बनी रहूँगी।

कभी मैं सोचती हूँ कि मन्नू का बाप बूढ़ा हो गया है और मरने वाला

है। मुझे भी उसके साथ रहने में शर्म आती है। एक बार मन्नू के बाप ने भी मुझे पीटा था। उसका कहना था : 'तुम दूसरे आदमी से बात करती हो।' इस पर मेरा कहना था : 'जब कोई मेरे सुख-दुख के बारे में पूछता है तो मुझे जवाब तो देना ही पड़ेगा। फिर तुम भी तो मुझे दुख देते हो। अगर तुम मुझे खुश रखोगे तो मैं किसी दूसरे आदमी से क्यों बात करूँगी।' इस पर वह चुप रह गया। मैंने यह बात अपने किसी भाई और बहिन से नहीं कही, क्योंकि इससे उसकी बेइज्जती हो जाती। मैं तो उनसे कहती हूँ कि हम अच्छी तरह रहते, खाते और पीते हैं। तीन साल से उसने मुझे कुछ नहीं दिया। एक चीथड़ा तक नहीं। केवल बच्चों के लिए उसने केवल सौ रुपए निकाले थे। मैंने कहा था : 'अगर ये तुम्हारे बच्चे हैं तो इनके लिए कुछ कपड़े तो खरीद दो।' तब वह उनके लिए कुछ घटिया किस्म के कपड़े खरीद कर लाया।

मुझे अक्सर अपनी शुरुआती शादीशुदा जिंदगी की याद नहीं रहती। में एकदम अकेली हूँ। मैं केवल बच्चों के बारे में सोचती हूँ और उससे मुझे कुछ सुख मिलता है। या कभी-कभी मेरे घर वाले मुझसे मिलने आते हैं। तब हम कुछ हँसी-मजाक कर लेते हैं। इस तरीके से मुझे कुछ खुशी मिल जाती है। रिश्तेदारों से मुझे शांति मिलती है।

मैंने सोचा कि मैं डूब कर मर जाऊँ पर बच्चों की सोच कर रुक गई। कभी-कभी मेरा दिल रोता है। मैं किसी से नहीं झगड़ना चाहती पर जब कोई मुझसे मेरे बारे में झूठी बातें कहता है तो मैं उबल पड़ती हूँ। जब कोई कहता है कि मैं छिनाल हूँ और बंगलों में काम करते हुए मैं गाँड़ मरवाती हूँ तो मुझे गुस्सा आ जाता है। यह सब करने का मेरे पास वक्त ही कहाँ है? मेरे पास तो बैठने तक की फुरसत नहीं है।

एक और बात है जो मुझे गुस्सा दिला देती है। ये प्रेम का चक्कर है। एक आदमी है जिसने मुझे जरूर ही कोई चीज पिला दी है जिसके कारण मैं उसके प्रेम में फँस गई हूँ। मैं तो उसे भाई समझती थी, पर उसने मेरे साथ बुरा काम किया। अगर वह मुझसे प्यार करता रहता तो भी ठीक था, पर वह न तो मुझसे बात करता है और न ही मुझे किसी से बात करने देता है। अब तो वह बच्चों से भी बात नहीं करता। मुझे बहुत दुख होता है, इतना कि दर्द के मारे दिल की धड़कन तक बंद हो जाती है।

वह उस ग्वालिन की वजह से मुझसे बात नहीं करता। मैं कहती हूँ :

'तुमने मेरे साथ वह गलती तो कर दी, अब मैं तुम्हारे साथ जाऊँगी।' मैं उससे शादी तो नहीं ही करूँगी, पर अपने से दूर भी नहीं जाने दूँगी। वह डर गया है इसलिए नहीं आता। छः साल तक उसने मुझे रखा, पर अब उसे परवाह नहीं है। मेरा पति इस बारे में जानता है। वह कहता है कि मैं जवान औरत हूँ इसलिए वह बुरा नहीं मानता। पहले, मेरा पति मेरा अच्छा खयाल रखता था। जब भी उसे रात में मेरी जरूरत पड़ती, अपनी झोंपड़ी में मुझे ले जाता था। बच्चे भी उसे पापा कहते थे। लेकिन, अब वह कहता है कि वह मुझ पर दूर से निगाह रखेगा और मुझे किसी दूसरे मर्द से हँसी-मजाक नहीं करना चाहिए। उसकी ग्वालिन से आशनाई हो गई थी, पर मैं बीच में आ गई। मैंने उससे कहा कि अगर उसने उस ग्वालिन को छुआ भी, तो मैं जिंदा ही उसकी खाल खींच लूँगी। एक दिन मैंने उन दोनों को साथ देख लिया। मैंने उसे अलग खींचा और अपने सैंडल उतार कर उसे लगाई। मैंने कहा : 'हम छः साल तक प्रेमी रहे, पर मैंने तुझे मारने के लिए अपनी सैंडल पहले कभी नहीं उतारी। आज तुझे फैसला करना पड़ेगा। मुझे बता कि इस औरत के साथ तेरा क्या ताल्लुक है। वरना मैं तुझे पीटूँगी। तूने मेरी जिंदगी बरबाद कर दी, पर मैं तुझे भी नहीं छोड़ने वाली।'

वहाँ चार-पाँच लोग खड़े थे। ग्वालिन बोली कि मैं छिनाल हूँ। फिर वह चुप हो गई, और मेरा गुस्सा भी उतर गया। पर भीतर ही भीतर मैं उबलती रही। उससे लड़ने पर मुझे कुछ राहत मिली, पर मैं कर ही क्या सकती हूँ? अगर मेरा जोड़ा न टूटा होता, तो मैं इस हालत में होती ही क्यों मैं एक मर्द से दूसरे मर्द के पास गई, और आखिर में तीन लोगों को प्यार किया। अब न कभी मैं प्यार करूँगी, न शादी। मैं कमाऊँगी और बच्चे बड़े करूँगी। मेरी लड़की बड़ी हो रही है, और मुझे उसकी शादी का इंतजाम करना है। मुझे उसके लिए पैसा बचाना है ... लेकिन प्रेम के कारण मेरा दिल दुखी है। कहते हैं कि जंगल में जब पतंगे जलते हैं तो हर कोई देखता है, पर जब किसी के दिल में आग लगती है तो कोई नहीं देख पाता। मैं तो मंदिर भी नहीं जा सकती, क्योंकि मैं गलत रास्ते पर जा चुकी हूँ। हमारे इलाके में लोग औरतों को गलत रास्ते पर नहीं चलने देते। वह अपने रिश्तेदारों तक से बेकार में बात नहीं करती। जब तक शादी नहीं होती, उसे कुछ आजादी रहती है, पर शादी के बाद वह केवल अपने पति के साथ ही जा सकती है। दूसरे मर्दों से बात करने का तो कोई सवाल ही नहीं

उठता। मैंने यह रास्ता छोड़ दिया, इसीलिए दुख पा रही हूँ।

जनक और बसंती की कथाएँ बताती हैं कि झुग्गियों में गुजरने वाली गंधाती हुई जिंदगी भी उनकी रोमानी कामनाओं की चमक धुँधली नहीं कर पाई। इसके उलट उनकी आर्थिक दरिद्रता और गरीबी के खिलाफ संघर्ष ने उन्हें 'प्रेम की भाषा में जीवन का तात्पर्य' समझने के प्रति पूरी तरह से जागरूक कर दिया। वे यह सपना देखती रहीं कि प्रेम जिंदगी बदल सकता है। वे सोचती रहीं कि काश उन्हें सच्चा प्रेम मिला होता। अपने तमाम दुख और दर्दनाक हालात के बावजूद (या शायद उसी की वजह से) उन्होंने इस खयाल के प्रति अपना लगाव कभी नहीं छोड़ा।

इस सपने का केंद्रीय बिम्ब स्त्री-पुरुष की *जोड़ी* है। दुनिया में हर देश-काल में इस तरह की जोड़ी का विचार मानवीय कल्पनाशीलता को काफी आकर्षित करता रहा है। कभी दॉस्ताएव्स्की ने भी कहा था कि प्रेमी की निगाह से जोड़े में हम शायद कभी अपने जोड़ीदार को देखते हैं, कभी खुद को देखते हैं, वैसे ही जैसे कभी ईश्वर ने देखा होगा। जनक और बसंती की स्वैरकल्पनाओं की जोड़ी में एक और सार्वभौम मिथक की अनुगूँजें सुनाई पड़ती हैं। ये प्रतिध्वनियाँ इधर-उधर मुँह मारने वाले पति और उस परित्यक्त पत्नी की हैं जिसने शादी के बिस्तर की पवित्रता को वफादारी से कायम रखा है। इसी मिथक के भारतीय संस्करण में पार्वती के क्रोध और ईर्ष्या की कथाएँ दर्ज हैं, जब कि शिव निरंतर मोह-जाल फैलाते घूम रहे हैं। इसमें वह कथा भी है जिसमें राधा कभी तो क्रोधित होती है तो कभी एकांत में पड़ी रहती है, जबकि कृष्ण अन्य गोपियों के साथ रास रचा रहे होते हैं। मुझे पता है कि जोड़ी के माध्यम से संतोष की कामना करती हुई स्त्री में जुंग के अनुयायी 'युग्मीय-वृत्ति' के दर्शन करेंगे। वे कहेंगे कि इसका ताल्लुक आत्मा के स्त्रीसुलभ पहलुओं से है।[४] इस मान्यता के अनुसार स्त्री के दर्द, गुस्से, जलन, प्रतिशोध की भावना और निराशा की जिम्मेदारी पुरुष के परस्त्रीगमन पर कम जाएगी, और उसकी जोड़ी बनने की जरूरत पूरी न होने पर ज्यादा होगी।

लेकिन, दूसरी तरफ फ्रॉयड के अनुयायी यह जिम्मेदारी व्यक्ति पर डालेंगे। वे इसकी जिम्मेदारी औरत (या पुरुष) के जीवन में आने वाली

स्वैरकल्पना की उन जरूरतों पर डालेंगे जो जोड़ी से संबंधित हैं। फ्रॉयड ने जोड़ीदार चुनने यानी पार्टनर बनाने को 'वस्तु-चयन' का नाम दिया था। अर्थात वे वयस्क जोड़ीदार को एक ऐसे स्थानापन्न के रूप में देखते थे जो इनसान के बचपन के जोड़ीदार की जगह ले लेता है। बचपन में आमतौर पर पिता, माता या कोई सहोदर यह भूमिका निभाता है। वयस्क होने पर चुने गए पार्टनर के माध्यम से व्यक्ति अपने बचपन में जोड़ी की अभिलाषा के तहत अनुभव की गई पीड़ा, मोहभंग और अप्राप्ति की भरपाई करता है। इस प्रकार जोड़ीदार कोई एक या नाना प्रकार की अन्य जरूरतें पूरी करता नजर आता है। औरत उसके आईने में खुद को देख कर अपने होने का एहसास और मजबूत करती है, और बदले में जोड़ीदार की आँखों की चमक में उस रिश्ते से जुड़े स्त्री के हर कार्य की समर्थनपूर्ण पुष्टि झलकती है। दूसरी तरफ संभवतः अपने पुरुष पार्टनर में स्त्री आदर्शीकृत अन्य को भी हासिल करती है। इस अन्य में वह समा जाना चाहती है, ताकि उसकी अपनी इयत्ता सुसंगत और शक्तिमंत हो सके। यहाँ पुरुष की भूमिका एक ऐसे पात्र की भी हो सकती है जिसमें स्त्री अपनी इयत्ता के तमाम अरुचिपूर्ण और परित्यक्त पहलू रखना चाहती हो। इस प्रकार पुरुष पार्टनर स्त्री की नकारात्मक अस्मिता का साकार रूप बन जाता है। नकारात्मक अस्मिता यानी स्त्री जैसा बनने से डरती है और जिसे स्वीकार करने के लिए तैयार नहीं होती। स्त्री अपने जिन आक्रामक अथवा यौन आवेगों को स्वीकार नहीं करती, पुरुष पार्टनर उन्हीं का आगार बन जाता है। उस पुरुष में वह अपनी 'दुष्टता' जीती है ताकि उसे अपने 'सद्‌गुणों' और 'पवित्रता' कायम रखने का मौका मिल सके। या फिर पुरुष पार्टनर स्त्री के दुर्बल पक्ष को अपना लेता है ताकि स्त्री को मजबूत और ओजस्वी बने रहने का मौका मिल सके। स्त्री यह भूमिका तब तक निभाती रह सकती है जब तक अपनी निगाह में वह पुरुष का विलोम रहेगी और उसका यह खयाल पुरुष की कमजोरी और निष्क्रियता की अभिव्यक्ति से पुष्ट होता रहेगा।

इसमें कोई शक नहीं कि युंग या फ्रॉयड की किसी न किसी विचार-प्रेरणा का सूत्र जनक और बसंती द्वारा देखे गए जोड़ी के सपने का कारण बता ही देगा। पर, मुझे यकीन है कि निजी स्वैरकल्पनाओं और सार्वभौम आदर्शों के आधार पर की गई व्याख्याओं के अलावा एक सांस्कृतिक बिम्ब भी है जो जोड़ी बनाने की इस स्त्री-कामना के आईने में स्पष्ट रूप

से झलक रहा है। मूर्तिवाचक दृष्टि से देखें तो यह सांस्कृतिक बिम्ब भगवान शिव के *अर्धनारीश्वर* रूप में दिखाई पड़ता है। दोनों लिंगों के गुणों को दर्शाने वाले इस रूप के दाएँ हिस्से में पुरुष दिखता है और बाएँ हिस्से में स्त्री। भगवान का यह रूप अपनी पत्नी उमा या पार्वती के साथ उनका विलयन दिखाता है।

यहाँ अर्धनारीश्वर का प्रतीक नश्वर पति-पत्नी की के दो अस्तित्वों के उलट ईश्वरीय पति-पत्नी के एकमेक अस्तित्व के प्रतिनिधि के रूप में उभरता है। पति अपनी समस्त अंतरंगता के बावजूद केवल पार्टनर ही रह जाता है और उसकी पृथक सीमाबद्ध शख्सियत मुखर बनी रहती है, पर अर्धनारीश्वर के तहत वह सिर्फ पार्टनर नहीं रहता। इस सांस्कृतिक आदर्श के अनुसार जोड़ी का मतलब दो व्यक्ति न हो कर दो व्यक्ति-एक अस्तित्व है।

अगर मनोवैज्ञानिक धारणाओं के दायरे में देखें तो स्त्री के विवाह संबंधी आदर्श का निकटस्थ निरूपण मनोविश्लेषक हाइंस काहुट की उस धारणा में मिल सकता है जिसे उन्होंने 'आत्मवस्तु'[५] करार दिया था। किसी पुराने विचार का प्रकटन प्रतीत होने वाली इस धारणा के तहत आत्मवस्तु न तो स्त्री की अपनी इयत्ता की रूपरेखा के मुताबिक होती है, न ही जोड़ीदार की इयत्ता के। वह तो दोनों इयत्ताओं के बीच के मध्यवर्ती दायरे में आवाजाही करती रहती है। कोहुट का कहना है कि बचपन की शुरुआत में बनने वाली आत्मवस्तुएँ (जिसमें जोड़ीदार अधिकतर परवरिश करने वाले माता-पिता में से कोई होता है) आभ्यंतरीकरण के माध्यम से होने वाले रूपांतरण के दौर से गुजर कर स्त्री की इयत्ता का आधार रचती हैं। वयस्क होने पर यही आत्मवस्तुएँ उसकी इयत्ता की जीवनी शक्ति बन जाती हैं।

भारतीय संदर्भ में जोड़ी को एक 'सांस्कृतिक आत्मवस्तु' की तरह समझा जा सकता है जिसके तहत एक हिंदू स्त्री सीता और राम के बजाय *सीताराम* का एवं राधा और कृष्ण के बजाय *राधाकृष्ण* का आह्वान करती है। इस तरह वह स्त्री भारतीय स्त्रियों की बिरादरी का अंग बन जाती है, और उसे अपनी अस्मिता की जीवनी-शक्ति व नैरंतर्य कायम रखने में मदद भी मिलती है। चाहे समाज की दूसरी औरतें हों या फिर जनक और बसंती हों, जोड़ी न टूटने की धारणा के साथ दृढ़ता के साथ चिपके रहने के उनके

आग्रह को समझना जरूरी है। झोंपड़-पट्टी की जिंदगी की तकलीफदेह हकीकतों, पत्नी के साथ मार-पीट करने वाले पतियों, खुल कर प्रेम न कर सकने वाले प्रेमियों, विवाहेतर संबंधों और राजीबाजी से होने वाली शादियों के बीच जोड़ी की धारणा स्त्री को उसके होने का एहसास बनाए रखने में मदद करती है। अगर हम यह समझ लेंगे कि औरत की अस्मिता जोड़ी के बने रहने और उसकी अहमियत से कितनी जुड़ी हुई है तो हमें यह समझने में भी मदद मिलेगी कि रुपए-पैसे के लिहाज से पुरुष की मोहताज न होने के बावजूद कई औरतें अपमान बर्दाश्त करते रहने के बजाय अत्याचारी पति का साथ छोड़ना पसंद क्यों नहीं करतीं। तब हम शायद यह भी बेहतर ढंग से समझ पाएँगे कि विवाहित जीवन के सबसे ज्यादा तनाव के क्षणों में और पति के प्रति गुस्से से उबलने के बावजूद स्त्री संबंध तोड़ने के बजाय आत्महत्या करना क्यों पसंद करती है।

संदर्भ और टिप्पणियाँ

१. ऑस्कर लुइस, *ला विडा*, विंटेज बुक्स, न्यूयार्क, १९६८, पृष्ठ XLii

२. बी. बेंस्टाइन, *सोत्सियाले स्टुकटुअर उंड स्प्रासफेहाल्टन*, एम्स्टर्डम, १९७०

३. *महाभारत*, अनुशासन पर्व, अनुवाद और टीका : डॉक्टर पंडित श्रीपाद दामोदर सातवलेकर, स्वाध्याय मंडल, पारडी, बलसाड (महाराष्ट्र), पृष्ठ ८७०

४. युंग की अवधारणाओं पर चर्चा के लिए देखें : आर.एम. स्टाइन, 'कपलिंग-अनकपलिंग : बिंडुंग उंड फ्राइहाउट', *अनालिटिशे शिशोलोगी*, १४, १९८३, पृष्ठ १-१४

५. हाइंस काहुट, *दि एनालैसिस ऑव दि सेल्फ*, इंटरनेशनल यूनिवर्सिटी प्रेस, न्यूयार्क, १९७१

५

गाँधी और स्त्रियाँ

भारत में स्त्री-पुरुष संबंधों के विभिन्न आयामों की खोज करते-करते मेरी निगाह बीसवीं सदी की महानतम हस्तियों में से एक गाँधी के आत्मकथात्मक लेखन पर भी पड़ी। चूँकि गाँधी की हैसियत और प्रतिष्ठा एक सांस्कृतिक नायक की है, इसलिए उनके आत्मकथात्मक लेखन का विखंडन करना मेरे लिए आसान होने के साथ-साथ कुछ अधिक कठिन भी था। हालाँकि, मैंने इसके लिए भी वही तरीका अपनाया, और आत्मकथात्मक पाठ के छिपे हुए तात्पर्यों को बाहर ला कर ही उसका विखंडन किया।

प्रत्येक आत्मकथा लेखक जाने-अनजाने अपनी जिंदगी के ब्योरे अपने हिसाब से चुन कर उन्हें क्रमशः इस तरह से दर्ज करता है कि एक सुसंगत और संतोषजनक कहानी बन सके। यह कहानी एक खास तरह के पाठक को दिमाग में रख कर लिखी जाती है, जिसका मकसद पाठक को यह समझाना होता है कि लेखक की तत्कालीन स्थिति का औचित्य क्या है। सिंहावलोकनात्मक विवरणों से समृद्ध किसी भी आत्मकथा का विखंडन करना आसान होता है, क्योंकि लेखक की कहानी में शामिल अन्य पात्रों द्वारा दिए गए विवरणों के आधार पर उसमें संशोधन और परिवर्तन किए जा सकते हैं।[१] गाँधी के मामले में तो यह बात और भी आसान हो जाती है, क्योंकि उनके ऊपर समकालीन और निधनोपरांत जीवनीपरक

काम काफी हुआ है। आत्मकथा के नायक के अवचेतन में उसका अपना ही मिथक रहता है। इस मिथक की संगति भंग न करने के लिए लेखक आत्मकथा रचते समय अपनी जिंदगी की कई विच्छिन्नताओं और जरूरी ब्योरों को छोड़ता जाता है। जहाँ तक ईमानदारी और स्पष्टवादिता का सवाल है, मेरे खयाल से गाँधी की आत्मकथा *सत्य के साथ प्रयोग अथवा आत्मकथा* एक ऐसी रचना है जिसे अगर विलक्षण नहीं तो आत्माख्यानों के इतिहास में दुर्लभ तो माना ही जा सकता है। इसमें 'सत्य' के साथ गाँधी का सरोकार अर्ध-रहस्यवादी किस्म का है। आत्म-साक्षात्कार की इस कहानी में अगर कुछ तथ्यानुसार नहीं भी है, तो उसका मतलब यह नहीं निकालना चाहिए कि लेखक ने कुछ जानबूझ कर छिपाया होगा, बल्कि मेरे विचार से इसकी जिम्मेदारी लेखक के अचेत इरादों पर डालना उचित होगा।

दूसरी तरफ आत्मकथा के विखंडन का यह काम कठिन इसलिए था कि गाँधी आधुनिक भारत के सबसे बड़े सांस्कृतिक नायक हैं। किसी भी भारतीय बालक के लिए गाँधी का चेहरा या फिर नेहरू और विवेकानंद जैसे नायकों का चेहरा एक सा ही होता है। इसकी वजह यह है कि संस्कृति उन पर मुखौटे फिट कर देती है, ताकि बच्चों के लिए ऐसे अनुकरणीय आदर्श पेश किए जा सकें जिनसे तादात्म्य स्थापित करने में उन्हें आसानी हो। भारत में हर बच्चे को ऐसे बँधे-बँधाए आख्यान पढ़ाए गए हैं जो इन नायकों की अद्भुत प्रतिभा और महानता का गुणगान करते हैं। उनके प्रचारित जीवन-चित्रों में आम इनसानों जैसी कोई खामी नहीं दिखती। उन्हें देख कर लगता ही नहीं कि इन लोगों को कभी ईर्ष्या, क्रोध, वासना, मामूलीपन, क्षुद्रता या मूर्खता ने सताया होगा। फिर हमारे विश्लेषक भी तो इसी संस्कृति के पुत्र हैं। जाहिर है कि अपने सांस्कृतिक नायक के जीवन का विश्लेषण करते समय एक खास तरह के 'प्रति-अंतरण' से ओतप्रोत हो जाना उनके लिए स्वाभाविक ही होता होगा। अर्थात विश्लेषित से हार्दिक निकटता महसूस करते हुए भी उसके प्रति आलोचनात्मक निरासक्ति कायम रखना सामान्य स्थितियों में मुश्किल हो जाता है। विशेष तौर पर गाँधी जैसे व्यक्ति के मामले में तो यह कठिनाई और भी गंभीर हो जाती है। गाँधी की छवि की खास बात यह है कि वह बड़ी आसानी से जीवनीकार के निजी अतीत में दर्ज उन आदर्शीकृत छवियों में घुल-मिल

जाती है जिनके प्रति वह एक तरफ सराहना का भाव रखता है और दूसरी तरफ जिनके खिलाफ वह प्रच्छन्न विद्रोह भी करता रहा है। इस तरह की विश्लेषक-मुद्रा का तात्पर्य समझने के लिए हमें उस अंतर्विरोध में झाँकना होगा जो नायक-वंदना के मकसद से लिखी गई जीवनियों और नायक-निंदा के मकसद से लिखे गए वृत्तांतों के बीच होता है।

जहाँ तक मर्द के औरत से रिश्ते की कहानी का सवाल है, विश्लेषक हर हालत में अपनी शुरुआत (और शायद उसका अंत भी) नायक की माँ से करता है। लेकिन, हम यह भी जानते हैं कि सभी तरह के इनसानी रिश्तों में माँ और बेटे का युग्म ऐसा है जो समझते-समझते हाथ से फिसल जाता है। यह रिश्ता जिंदगी के उस दायरे में स्थित है जो भाषा के जन्म से भी पहले बन जाता है। इसीलिए, केवल शब्दों के जरिये इस युग्म की सच्चाई पकड़ने की कोशिश उस अवधि के परेशान कर देने वाले विभ्रमों की दुनिया में ले जाती है जिसमें माँ बेटे को जीवन प्रदान करने के बाद एक पूरा संसार भी थमाती है। अगर नाबोकोव जैसे कुछ अपवादों को छोड़ दिया जाए तो माँ अपने बेटे के साथ केवल स्मृति के सहारे संवाद नहीं कर सकती।[२] बेटे के लिए माँ का सत्य तो कल्पना, प्रतीक और यथार्थ के उस संयोग या एक तरह की आपसी बातचीत में निहित रहता है। शुरुआती जीवन में वह इसी के जरिये माँ को समझता है, और शायद बाद में इसी सामग्री के जरिये वह एक कलाकार सरीखी प्रतिभा का प्रदर्शन करता हुआ अपनी माँ को कल्पित कर पाता है। कुछ दूसरे किस्म के लोग, जिनमें गाँधी भी शामिल हैं, किसी जमाने में माँ के साथ बनाए गए युग्म को टुकड़ों-टुकड़ों में मातृमूलक निरूपणों के आईने में देखते हैं। ये निरूपण कई तरह के हो सकते हैं : इनमें वे निर्जीव चीजें (विश्लेषक की भाषा में 'आंशिक' अथवा 'संक्रमणकालीन' वस्तुएँ) भी शामिल हो सकती हैं जो माँ की जीवनी-शक्ति के साथ बालक को प्राप्त होती हैं। साथ ही इस प्रतिनिधि की भूमिका वह स्त्री भी अदा कर सकती है जो आगे चल कर पुरुष बनने वाले उस बेटे को मोहित करेगी और अपनी बाँहों में थाम लेगी। अन्य सभी माताओं की तरह पुतलीबाई को भी गाँधी सबसे छोटे होने के कारण सर्वाधिक प्रिय थे। दूसरे गाँधी अपने साथ एक रोगग्रस्त देह ले कर आए थे, इसलिए भी पुतलीबाई को उनकी विशेष देखभाल करनी पड़ती थी। अपने बेटे के आंतरिक जीवन पर पुतलीबाई का स्थायी लेकिन विरल

प्रभाव था। उस प्रभाव की तीखी चमक आसानी से देखी जा सकती थी, पर उसकी परिभाषा स्पष्ट नहीं थी। हम देखेंगे कि स्त्रियों के साथ गाँधी के संबंधों में, जिनमें पत्नी कस्तूरबाई का नाम सबसे पहले आता है, उनकी माँ किस तरह एक मरुमरीचिका की तरह मौजूद रहती हैं, और किस तरह उन संबंधों में पुतलीबाई का अस्थायी पुनर्जन्म होता है।

गाँधी की उम्र पचपन के आसपास रही होगी, जब उन्होंने पाँच साल की अवधि में अपनी आत्मकथा लिखी। अपने यौनविषयक चिंतन और वैवाहिक जीवन के द्वंद्वों के बारे में गाँधी का वृत्तांत तेरह साल की उम्र से शुरू होता है। उनकी शादी अपने गृह-नगर पोरबंदर के एक संपन्न व्यापारी की बेटी कस्तूरबाई नाकनजी के साथ तय हुई थी। उस समय दोनों की उम्र सात-सात साल थी। जब दोनों बच्चे वय:संधि में पहुँचे तो परिवारों ने तय किया कि अब शादी कर देने का समय आ गया है।

भारत के पश्चिमी तट पर स्थित काठियावाड़ क्षेत्र में ही गाँधी की परवरिश हुई और वहीं एक छोटी-सी देशी रियासत में उनके पिता दीवान थे। उस इलाके में ऐसे बाल विवाह अपवाद नहीं थे। आत्मकथा से पता चलता है कि अपने विवाह के तैंतालीस साल बाद लिखते हुए भी उस समारोह के काफी ब्योरे याद थे। वह एक बहुत बड़ा समारोह था जिसमें गाँधी के साथ उनके बड़े भाई और चचाजात भाई की शादी भी एक साथ हुई थी। बालक मोहनदास नये कपड़ों, शादी की जोरदार दावत और नाच-गानों से भरी हुई शामों और रातों के बारे में सोच कर काफी उत्साहित था। शादी के दौरान एक कर्मकांड की जरूरतों के मुताबिक जब दूल्हा और दुलहन को एक-दूसरे का हाथ थामना था, तो मोहनदास ने कस्तूरबाई का हाथ हल्के से मसल दिया था और वैसे ही उत्साह से कस्तूरबाई ने भी जवाबी तौर पर गाँधी का हाथ मसला।

शादी का मजा एक दुर्घटना से जरूर किरकिरा हुआ। बारात जाते समय वह घोड़ागाड़ी उलट गई जिसमें मोहनदास के पिता जा रहे थे। घायल हो जाने के कारण जब वे शादी में देर से पहुँचे तो उनकी बाँहों और पीठ पर पट्टियाँ बँधी हुई थीं। लेकिन, शादी की उत्तेजना में बालक मोहनदास ने अपने घायल पिता की तरफ कोई ध्यान नहीं दिया। गाँधी ने इस घटना से शर्मसार होते हुए लिखा है : 'मैं पितृभक्त तो था ही, पर विषय भक्त भी तो वैसा ही था न? यहाँ विषय का मतलब एक इंद्रिय का विषय

नहीं है, बल्कि भोग मात्र है।'[३]

आत्मकथा में अपनी युवा इयत्ता पर पीछे मुड़ कर निगाह डालते हुए गाँधी महसूस करते हैं कि बालक मोहनदास के मानस पर सेक्स हावी हो गया था। स्कूल में रहते हुए भी वह लगातार अपनी बीवी के बारे में सोचता रहता था। पत्नी का सामीप्य पाने के लिए वह बेचैनी से रात होने का इंतजार करता। ईर्ष्या भी मोहनदास को जलाए डालती। अपनी गैरमौजूदगी में वह अपनी बीवी की एक-एक गतिविधि की जानकारी चाहता। वह उसे मंदिर जाने, घर के काम के लिए बाहर जाने या सहेलियों से मिलने की इजाजत तक देने के लिए तैयार नहीं था। लेकिन, कस्तूरबाई ऐसी लड़की नहीं थी कि इन नाजायज पाबंदियों और बेबुनियाद जलन पर आधारित इल्जामों को निस्पृह भाव से सहन कर लेती। कद-काठी में छोटी के बावजूद कस्तूरबाई अपने चमकीले श्यामल केशों, वलयाकार चेहरे पर गहराई से टँकी हुई बड़ी-बड़ी कजरारी आँखों, सुगढ़ मुँह और सुदृढ़ चिबुक के साथ एक आकर्षक लड़की थी। मर्दों की मनमानी के सामने झुक जाने वाली औरतों के विपरीत उसमें अपने कमसिन पति के साथ आजाद-खयाली और अधीरता के साथ पेश आने की क्षमता भी थी। दोनों के बीच होने वाले हिंसक झगड़े रात में संभोग के दौरान शांत हो जाते, पर दिन होते ही विवाद फिर शुरू हो जाता।

बाद में गाँधी को इस बात का बड़ा अफसोस हुआ कि उन्होंने शादी के पहले पंद्रह साल तक कस्तूरबाई के साथ अच्छा सुलूक नहीं किया। उन्होंने अपनी जलन के दो कारण बताए। पहला था अपनी बेचैन यौन कामनाओं और स्वैरकल्पनाओं का पत्नी पर प्रक्षेपण। जिसका नतीजा खुद गाँधी के शब्दों में यह था : 'मैंने अपनी कमजोरियों का गुस्सा उसके ऊपर निकाला।' दूसरा कारण था शेख मेहताब का असर, जो किशोरवय में गाँधी का अंतरंग मित्र था। मेहताब शारीरिक रूप से मजबूत, निडर और बाँका नौजवान था, जबकि मोहनदास में ऐसी कोई खूबियाँ नहीं थीं। मेहताब को गाँधी ने अपनी आत्मकथा में एक ऐसी शैतानी प्रतिभा के रूप में चित्रित किया है जिसके प्रलोभनों को नकारना उनके बस की बात नहीं थी। मेहताब उन सभी मर्यादाओं और मूल्यों का उल्लंघन करता था जो मोहनदास को प्रिय थीं। वह शेख मेहताब ही था जिसने शाकाहारी गाँधी को मांसाहार के पापबोध ग्रसित आनंद से परिचित कराया। उसी ने अपने

साथ गाँधी को चकलाघर ले जाने का बंदोबस्त किया। कस्तूरबाई के चालचलन पर गाँधी के शक को मेहताब के कारण लगातार हवा मिलती रहती थी। इन दोनों के युवकोचित मर्यादा उल्लंघन के बारे में सौ साल बाद पढ़ते हुए हमें मेहताब में ऐसी कोई खास शैतानियत नहीं दिखाई पड़ती। वह पुरुषों के लड़कपन की उस दुनिया का एक औसत प्रतिनिधि ही लगता है जिसमें शिश्न-शक्ति की डींगें और बेपरवाह किस्म के पराक्रम की बातें आम होती हैं। गाँधी उस समय करीब तेरह साल के थे। (स्वयं गाँधी समेत अन्य सभी ब्योरों के अनुसार) अपनी 'माँ के इस लाड़ले' को कैशोर्य की उत्तेजक यौन कामनाओं के साथ-साथ एक अजनबी लड़की के साथ भावनात्मक अंतरंगता कायम करने की समस्या से जूझना पड़ रहा था। ऐसी स्थिति में शेख मेहताब की दोस्ती उनके लिए ईश्वर के वरदान की तरह थी। उसने मोहनदास को लड़कपन की जन्नत मुहैया कराई। एक ऐसी जन्नत जिसमें नए लड़के स्त्रियों और इतरलिंगी प्रेम के प्रति एक साथ बेपरवाही और भयग्रस्तता के शिकार रहते हैं। इस जन्नत में चलने वाली पुरुषोचित छेड़छाड़ से समलैंगिक कामुकता का धुँधलका बन जाता है। जवानी की निरंतर सक्रियता और इस धुँधलके की मदद से नौजवानों को धीरे-धीरे अपने भीतर और बाहर के स्त्रीत्व को समझने का मौका मिलता है। शायद यही वजह थी कि परिवार की आपत्तियों और इस मित्रता के बारे में खुद गाँधी के विचारों के बावजूद (वे मानते थे कि मेहताब को सुधारने के लिए उससे दोस्ती बनाए हुए हैं) मोहनदास और मेहताब की गहरी दोस्ती बीस साल तक टिकी रही। अपने इंग्लैंड प्रवास के दौरान गाँधी ने अपने नाममात्र के भत्ते से मेहताब को धन भी भेजा। वापस आने के बाद वे स्वयं अपनी तरफ से उससे मिले और दक्षिण अफ्रीका की समुद्री यात्रा करते समय भी उसे अपने साथ ले गए।

गाँधी ने लिखा है कि वैवाहिक जीवन के शुरुआती वर्षों में दो परिस्थितियों ने उन्हें मानसिक और शारीरिक तबाही से बचा लिया। इनमें पहली परिस्थिति तो हिंदुओं में प्रचलित गौने की वह प्रथा थी जिसके कारण कुछ वर्षों तक पति और पत्नी को अलग-अलग रखा जाता है। पत्नी मायके में रहती है जिससे लड़कपन की कामोत्तेजना में डूबने से व्यक्ति बच जाता है। कस्तूरबाई बहुत-बहुत दिनों तक मायके रहती थीं। स्वयं गाँधी के अनुमान के मुताबिक शादी के पहले छः साल के दौरान वे दोनों

आधे समय भी साथ-साथ नहीं रहे होंगे।

गाँधी को बरबादी से बचाने वाली दूसरी बात थी उनकी बहुत गहरी कर्तव्य भावना। एक बहुत बड़े संयुक्त परिवार के सदस्य के रूप में उनकी एक निश्चित भूमिका और कार्यभार थे। एक पुत्र के रूप में तो वे विशेष रूप से कर्तव्यनिष्ठ थे। बूढ़े होते हुए बीमार पिता के प्रति उनके मन में जिम्मेदारी का गहरा एहसास था। स्कूल से घर आ कर पहले वे पिता के साथ वक्त गुजारते, उनके पैर दबाते और उनकी दूसरी जरूरतें पूरी करते। लेकिन, पिता की सेवा करते हुए भी उनका मन भटकता रहता। वे बेचैनी के साथ सेवाकार्य खत्म होने का इंतजार करते। उनके दिमाग में यही बसा रहता कि घर के एक अन्य कमरे में उनकी बालिका-पत्नी मौजूद है। गाँधी की आत्मकथा के पाठक जानते हैं कि उनकी यौन कामनाओं और पिता के प्रति कर्तव्य और समर्पण-भाव के बीच अंतर्विरोध ने किस प्रकार उनके वैवाहिक जीवन पर असर डाला, खासकर उनके विवाह का दैहिक पक्ष तो भारी पापबोध से दब गया। हम यहाँ उस घटना का संक्षिप्त वर्णन करेंगे जो अक्सर या तो एक हितोपदेश कथा के रूप में सुनाई जाती है, या फिर मनोवैश्लेषिक मकसदों से एक पाठ के रूप में उद्धृत की जाती है।

बात उस समय की है जब गाँधी के पिता गंभीर रूप से बीमार थे। उनकी तीमारदारी में पुत्र का हाथ बँटाने के लिए उनके छोटे भाई भी आए हुए थे। एक रात करीब साढ़े दस-ग्यारह बजे जब गाँधी पिता के पैर दबा रहे थे, चाचा ने उनसे आराम करने के लिए कहा। इस मौके से खुश हो कर गाँधी फौरन अपने सोने के कमरे में गए और गर्भवती पत्नी को संभोग के लिए जगा दिया। कुछ ही मिनट बाद एक नौकर ने शयनकक्ष के दरवाजे पर दस्तक दे कर पति-पत्नी को सूचित किया कि पिता का देहांत हो गया है। इस घटना का गाँधी को जीवन भर अफसोस रहा। उन्होंने आत्मकथा में इसकी चर्चा की है कि अंधी विषयवासना के कारण वे अपने पिता की अंतिम सेवा से वंचित रह गए और उन्हें 'पितामह' का वह आशीर्वाद नहीं मिल सका जो उनके बजाय बड़े भाई के परम भक्त ने ग्रहण किया। गाँधी ने लिखा है : 'पिछले अध्याय में मैंने अपनी जिस शरम का जिक्र किया है, वह यही शरम है।'

> सेवा के समय भी विषय की इच्छा! इस काले दाग को मैं आज तक नहीं मिटा सका, भूल नहीं सका। और मैंने हमेशा माना है कि यद्यपि माता-पिता

के प्रति मेरी अपार भक्ति थी, उसके लिए मैं सब कुछ छोड़ सकता था, तथापि सेवा के समय भी मेरा मन विषय को छोड़ नहीं सकता था। यह सेवा में रही हुई अक्षम्य त्रुटि थी। इसी से मैंने अपने को एकपत्नी-व्रत का पालन करने वाला मानते हुए भी विषयांध माना है। इससे मुक्त होने में मुझे बहुत समय लगा और मुक्त होने से पहले के धर्म-संकट सहने पड़े।

अपनी इस दोहरी शरम की चर्चा समाप्त करने से पहले मैं यह भी कह दूँ कि पत्नी के जो बालक जन्मा वह दो या चार दिन जी कर चला गया। कोई दूसरा परिणाम हो भी क्या सकता था?[४]

गाँधी यह कहते हुए प्रतीत होते हैं कि विषय वासना सभी पीढ़ियों के लिए खतरा बन जाती है, न केवल माता-पिता के लिए जिनके प्रति व्यक्ति नैतिक और पुत्रवत दायित्वों से बँधा होता है, बल्कि ऐसे संभोग से पैदा हुए बच्चों के लिए भी।

अट्ठारह साल की आयु में मोहनदास अपनी पत्नी और परिवार को पीछे छोड़ कर (हाल ही में उन्हें पुत्रप्राप्ति हुई थी) कानून की पढ़ाई करने समुद्री रास्ते से इंग्लैंड रवाना हो गए। विदेश में पढ़ने की उनकी योजना का उनकी बिरादरी और परिवार की तरफ से इस रूढ़िवादी आधार पर खासा विरोध हुआ कि विदेश जाने वाला व्यक्ति नेक हिंदू नहीं बना रह सकता। गाँधी की बिरादरी तो किसी भी कीमत पर नहीं मानी और उसने उन्हें जातिबाहर कर दिया, पर परिवार को गाँधी ने मना लिया। उन्हें अपनी माँ के सामने कसम खानी पड़ी कि वे सात समंदर पार प्रवास करते हुए विषय वासना भड़काने वाली तीन चीजों 'शराब, औरत और गोश्त' से बाकायदा दूर रहेंगे। चारित्रिक पतन के अंदेशों से ग्रस्त हिंदुओं के बीच इन पाबंदियों को 'शराब, औरत और नाच-गाने' के थोड़े खुशनुमा लहजे में जाना जाता है।

इंग्लैंड में अपने तीन साला प्रवास का गाँधी द्वारा दिया गया ब्योरा कई नजरियों से उल्लेखनीय है। विद्याधर नैपॉल को इस ब्योरे में यह दिखा कि गाँधी किस शिद्दत के साथ अपने-आप में डूबे हुए थे। इतने ज्यादा कि उन्हें अपने आस-पास के माहौल का भी कोई खयाल नहीं था।[५] गाँधी अपने ब्योरे में न तो मौसम का जिक्र करते हैं, न आबोहवा का। वे लंदन की इमारतों और सड़कों का भी वर्णन नहीं करते। उन्हें वहाँ के सामाजिक, बौद्धिक और राजनीतिक जीवन का वर्णन करने में भी कोई दिलचस्पी नहीं दिखती।

गाँधी ने जिन बातों में गहरी दिलचस्पी दिखाई, वे थे हाशिये पर पड़े

हुए कुछ संगठन और उनके उद्देश्य। ब्रिटिश समाज की मुख्य धारा के हिसाब से इन संगठनों को झक्खियों की श्रेणी में ही डाला जा सकता था। गाँधी 'लंदन वेजिटेरियन सोसाइटी' और 'इसोटेरिक क्रिश्चियन यूनियन' के सक्रिय सदस्य बन गए। (कई साल बाद तक वे दक्षिण अफ्रीका में अपने लेटर हैड पर खुद को इन संगठनों का एजेंट बताते रहे)। वे रूसी रहस्यदर्शी मादाम ब्लावत्स्की की उत्तराधिकारी और खुद को 'जीसस की दुलहन' बताने वाली एनी बेसेंट के जबरदस्त प्रशंसक भी थे।

दूसरी उल्लेखनीय बात यह है कि गाँधी ने अपनी आत्मकथा में अपनी यौन कामनाओं के आलोड़न की बहुत कम चर्चा की है। यह बात इसलिए भी उल्लेखनीय लगती है कि न केवल उनका निकट अतीत उनके आत्म-मोह के मर्म में उनकी सेक्शुअलिटी दिखा रहा था, बल्कि आने वाले समय में भी निजी स्तर पर सेक्शुअलिटी उनके केंद्रीय सरोकारों में से एक होने वाली थी। वे बताते हैं कि जवानी के पहले उफान में किस तरह अंग्रेजी संस्कारों (जैसे कि डांस करना) में रँग कर उनमें कुछ छैलापन आया। लेकिन उनके ब्योरे से इस बारे में बहुत कम जानकारी मिलती है कि एक ऐसे समाज में वे कामनाओं और उनके उफान से कैसे निबट पाए जिसमें काठियावाड़ के मुकाबले स्त्री-पुरुष कहीं अधिक आजादी से मिलते-जुलते थे। ध्यान रहे कि कामनाओं की दृष्टि से गाँधी की युवावस्था आवेगमय थी, भले ही उनकी एंद्रिकता में संकोच के पहलू भी थे। इस सिलसिले में गाँधी की चुप्पी का अपवाद केवल एक घटना के रूप में मिलता है। इंग्लैंड में गाँधी का प्रवास खत्म होने ही वाला था कि उन्हें पोर्ट्समाउथ में शाकाहारियों के एक सम्मेलन में भाग लेने जाना पड़ा जहाँ वे एक स्त्री के घर में अपने दोस्त के साथ ठहरे। इस स्त्री का वर्णन गाँधी ने 'वेश्या नहीं, न निर्दोष ही' के रूप में किया है। रात में जब दोनों दोस्त उस स्त्री के साथ ताश खेल रहे थे, तो सेक्शुअल विनोद शुरू हो गया जिसमें गाँधी को रस आने लगा और वे उत्साह से उसमें शरीक हो गए। गाँधी लिखते हैं कि वे 'वाणी से क्रिया में उतरने की तैयारी' कर ही रहे थे, तभी उनके दोस्त ने उन्हें उनकी शपथ याद दिला दी :

> मैं शरमाया। सावधान हुआ। हृदय में उन मित्र का उपकार माना। माता के सम्मुख की हुई प्रतिज्ञा याद आई। मैं भागा। काँपता-काँपता अपनी कोठरी में पहुँचा। छाती धड़क रही थी। कातिल के हाथ से बच कर निकले हुए

शिकार की जैसी दशा होती है वैसी ही मेरी भी हुई। मेरा खयाल है कि परस्त्री को देख कर विकारवश होने और उसके साथ रंगरेलियाँ करने की इच्छा पैदा होने का मेरे जीवन में यह पहला प्रसंग था।[६]

गाँधी की आत्मकथा के इस हिस्से का यह एकमात्र स्पष्ट प्रसंग है जब उच्चतर कर्तव्य भावना यौन प्रलोभन का प्रतिरोध करते हुए और अंततः उसे जीत लेती दिखायी गई है। मेरा खयाल है कि गाँधी के पूर्ववर्ती सेक्शुअल सरोकार इस घटना के बाद दब गए और फिर उनका प्रकटन दो अलग-अलग धाराओं के रूप में हुआ। ऐसी धाराओं के रूप में जिनका संबंध जननेंद्रियों से जुड़ी सेक्शुअलिटी से प्रतीत नहीं होता। इनमें से एक धारा धार्मिक और आध्यात्मिक मामलों में गाँधी की दिलचस्पी बढ़ते जाने से ताल्लुक रखती है। गाँधी आत्मकथा में थियोसोफिस्टों से मुलाकातों का वर्णन करते हैं, ईसाई पादरियों से बातचीत की चर्चा करते हैं, और बताते हैं कि उन दिनों वे धार्मिक किस्म का प्रेरक साहित्य पढ़ा करते थे। कभी-कभी लगता था कि गाँधी अपनी सेक्शुअल जद्दोजहद और अपनी आध्यात्मिक दिलचस्पियों के बीच सूत्र से अनजान थे। इसीलिए उन्होंने भगवद् गीता के इन श्लोकों का उल्लेख किया है :

ध्यायतो विषयान्पुंसः संगस्तेषूपजायते।
संगात्संजायते कामः कामात्क्रोधोभिजायते॥
क्रोधाद् भवति सम्मोहः सम्मोहात्स्मृतिविभ्रमः।
स्मृतिभ्रंशाद् बुद्धिनाशो बुद्धिनाशात्प्रणश्यति॥

(विषयों का चिंतन करने वाले पुरुष को उन विषयों में आसक्ति पैदा होती है। फिर आसक्ति से कामना पैदा होती है और कामना से क्रोध पैदा होता है। क्रोध से मूढ़ता पैदा होती है, मूढ़ता से स्मृतिलोप होता है और स्मृतिलोप से बुद्धि नष्ट होती। और जिसकी बुद्धि नष्ट हो जाती है उसका खुद भी नाश हो जाता है।)

गाँधी लिखते हैं कि 'इन श्लोकों का मेरे मन पर गहरा असर पड़ा। उनकी भनक मेरे कानों में गूँजती ही रही।'[७]

दूसरी धारा थी गाँधी का आहार के प्रति मोह। इस मोह से उनका पीछा सारे जीवन नहीं छूटा। आत्मकथा के एक के बाद एक बहुत से पन्नों पर हम गाँधी द्वारा दिए गए निरे तथ्यगत ब्योरे पढ़ते चले जाते हैं कि वे क्या खाते थे और क्या नहीं खाते थे। क्यों वे कोई खास तरह का भोजन ग्रहण कर लेते थे, और क्यों उससे इनकार कर देते थे। और यह कि शाकाहार के एक प्रमुख समर्थक ने उनसे अंडों के बारे में क्या कहा, और

फिर किसी दूसरे ने उसका किस तरह खंडन कर दिया। गाँधी के बाद के जीवन में आहार और सेक्शुअलिटी के बीच का रिश्ता साफ होता चला गया। आत्मकथा में जब भी वे ब्रह्मचर्य संबंधी चिंतन करते दिखते हैं, हर बार इस चिंतन के बाद उन आहारों की विस्तार से चर्चा मिलती है जिनके कारण विषय वासना भड़कती है या मंद होती है। हमें याद रखना चाहिए कि पश्चिम के मुकाबले भारतीय चेतना में आहार संबंधी प्रतीक सेक्शुअलिटी से कहीं अधिक निकटता और स्पष्टता से जुड़े हुए हैं। ए.के. रामानुजम हमें बताते हैं कि भोजन करने और यौनानंद प्राप्ति को व्यक्त करने वाले शब्दों की व्युत्पत्ति संस्कृत में एक ही है। दोनों ही शब्द *भुज* से निकले हैं, और मैथुन की क्रिया को अक्सर संभोग के नाम से याद किया जाता है जिसका मतलब होता है कि स्त्री और पुरुष द्वारा एक-दूसरे को भोजन कराना।[८]

भारत लौटने पर गाँधी के सामने समस्या यह आई कि एक वकील के रूप में रोजी कैसे कमाई जाए। गाँधी ने पाया कि वकालत करने में वे न तो पेशागत रूप से और न ही निजी तौर से सक्षम हैं। उनकी बिरादरी का एक हिस्सा अभी भी उनके खिलाफ था, क्योंकि उसकी पाबंदियों का उल्लंघन करके विदेश जाने की जुर्रत की थी। ऊपर से एक बड़े संयुक्त परिवार की जिंदगी के साथ तालमेल बैठाने में आने वाली दिक्कतें भी थीं। परिवार की दिक्कत यह थी कि उसे भी अपने कमोबेश अंग्रेजीदाँ सदस्य की नयी आदतों और मूल्यों के साथ तालमेल कायम करना था। आज की दुनिया में जब बहुत से लोगों के लिए एक तरह के सांस्कृतिक माहौल से दूसरे तरह के माहौल में आवाजाही करना आसान हो गया है, शहरी संस्कारों वाले किसी भी भारतीय के लिए गाँधी की जिंदगी की इस त्रासिक कामुदी पर मुस्कराना आसान है। पर, गाँधी उस समय एक तरह के प्रतिलोम सांस्कृतिक सदमे से गुजर रहे थे। गाँधी के घर में नाश्ते की मेज पर उन दिनों चाय, कॉफी, ओटमील दलिया और कोको दिखाई पड़ने लगा था। काठियावाड़ की उस भीषण गर्मी में वे जूते और गँधाते हुए मोजे पहनते थे। उपनिवेश की प्रजा के रूप में अपने अंग्रेज मालिकों के साथ गाँधी का तादात्म्य इतना गहरा था कि कुछ साल बाद जब दक्षिण अफ्रीका जाने के लिए उन्हें समुद्री जहाज पर चढ़ना था तो उन्होंने जोर दिया कि उनके बेटों को इटैनियन कॉलर और टाई समेत अंग्रेजी पब्लिक स्कूल के

छात्रों जैसी पोशाक पहनाई जाए। गाँधी का निर्देश था कि बेचारी कस्तूरबाई कोरसेट, बस्टल, हाई लेस कॉलर, फीतेदार जूतों समेत किसी ब्रिटिश लेडी की तरह सजें। एक तो कस्तूरबाई ने इसका जबरदस्त विरोध किया, दूसरे इस हिदायत के बेतुकेपन का एहसास होने पर गाँधी इतना मान गए कि अगर कस्तूरबाई किसी पारसी लेडी की पोशाक पहन लें तो काम चल जाएगा। उन दिनों अंग्रेजों की निगाह में पारसी समुदाय सबसे ज्यादा आदर का पात्र हुआ करता था।

गाँधी के वैवाहिक जीवन में अशांति जारी थी। कलह की जड़ थी उनकी प्रबल संभोगेच्छा। इंग्लैंड प्रवास से न तो गाँधी की ईर्ष्या घटी थी, और न ही पत्नी के चालचलन पर शक कम हुआ था। अपने पुराने दोस्त शेख मेहताब के उकसावे पर गाँधी ने एक बार तो पत्नी की चूड़ियाँ तक तोड़ डालीं और उन्हें मायके भेज दिया। किसी भी भारतीय स्त्री के लिए चूड़ियाँ टूटना वैधव्य का प्रतीक होता है। कस्तूरबा की मायके से वापसी की इजाजत देने में गाँधी को एक साल लगा। इस घटना के चार साल बाद जा कर कस्तूरबाई पर उनका संदेह शांत हो पाया।[९] शुद्धतावादी लोग खास तौर से अपने ऊपर निर्भर स्त्रियों से जालिमाना सुलूक करते हैं। वे डरते हैं कि वह स्त्री कहीं उनके पुण्यों को न खा जाए।

लगता है कि श्रृंगारिक द्वंद्वों के साथ-साथ आर्थिक, सामाजिक और पारिवारिक द्वंद्वों ने गाँधी को आध्यात्मिक रास्ता अपनाने की प्रेरणा दी होगी। इस यात्रा में उन्हें गाइड के तौर पर रायचंद्र भाई मिल गए। युवक रायचंद्र पेशे से जौहरी थे। गाँधी को लगा कि वे उनके दिल के सबसे ज्यादा नजदीक हैं क्योंकि रायचंद्र को हीरों के बजाय मोक्ष में ज्यादा दिलचस्पी थी। ये दोनों अक्सर मिलते और आध्यात्मिक विषयों पर चर्चा करते। रायचंद्र की निष्ठा, कटिबद्धता और हिंदू चिंतना और शास्त्रों के बारे में गहन ज्ञान का गाँधी के मन पर गहरा असर पड़ा। गाँधी मानते थे कि तीन लोगों ने उनके जीवन पर बहुत बड़ा असर डाला है। इनमें दो लोग थे टॉल्स्टाय और रस्किन। तीसरी विभूति रायचंद्र के साथ ही उनका सबसे लंबा निजी साथ रहा। मोक्ष के बारे में प्रगल्भ चर्चा करने वाले उस युवा जौहरी को गाँधी अपना आध्यात्मिक गुरु बनाते-बनाते रह गए। उन्होंने लिखा भी है : 'अपने आध्यात्मिक संकट के समय मैं उनका आश्रय लिया करता था।'[१०]

गाँधी के ऊपर चार सौ से भी ज्यादा जीवनीपरक रचनाएँ लिखी जा

चुकी हैं। उनकी अपनी संकलित रचनाओं के नब्बे खंडों में न जाने कितनी कीमती सामग्री मौजूद है। पर अफसोस की बात तो यह है कि इस सबके बावजूद रायचंद्र भाई के साथ हुई गाँधी की चर्चाओं, उनके साथ हुए पत्र-व्यवहार और आध्यात्मिक संकट के समय लिए गए मार्गदर्शन के बारे में कोई जानकारी नहीं मिलती। गाँधी के लेखन में मिलने वाले कुछ यत्र-तत्र हवालों से यह जरूर पता लगता है कि उन दोनों के विचार-विनिमय का केंद्रीय सरोकार सेक्शुअलिटी और मोक्ष का अंत:संबंध था। उनकी दिलचस्पी यौन पुंसत्व के मानसिक और आध्यात्मिक रूपांतरण में थी। दरअसल, अधिकांश हिंदू तत्त्वमीमांसा और व्यवहार के मर्म में यही मुद्दा है। गाँधी बताते हैं कि : 'मुझे पहले-पहल रायचंद्रभाई से मालूम हुआ कि दूध इंद्रियविकार पैदा करने वाली वस्तु है।' ब्रह्मचर्य व्रत लेने के अपने निर्णय में प्रमुख भूमिका निभाने का श्रेय गाँधी ने रायचंद्र को ही दिया है।[११]

१८९३ में चौबीस साल की उम्र में गाँधी दक्षिण अफ्रीका के लिए रवाना हुए जहाँ उन्हें एक भारतीय व्यापारी के यहाँ वकील का काम मिल गया था। बीच-बीच में थोड़े समय के लिए वे घर भी आए, पर अगले २२ वर्ष तक वे दक्षिण अफ्रीका में ही रहे।

दक्षिण अफ्रीका में गुजरे वक्त में से १९०० से १९१० के बीच का दौर वह था जब गाँधी चालीस से पेटे से गुजर रहे थे। यह अवधि गाँधी की ऐतिहासिक शख्सियत की रचना के लिए निर्णायक थी। इन्हीं दिनों गाँधी ने अपनी वह छवि गढ़ी जो आज तक उनके नाम से जुड़ी हुई है। दक्षिण अफ्रीका में रहने वाले भारतीयों के अधिकारों के लिए पहली अहिंसक राजनीतिक मुहिम इसी अवधि में चलाई गई। इसी महान आंदोलन के गर्भ से सत्याग्रह का औजार निकला और इसी के दौरान उस पर सान रखी गई। इसी मुहिम के खत्म होते-होते गाँधी का नाम दुनिया के कई हिस्सों के लिए सुपरिचित हो गया। यह अवधि हमारे लिए इसलिए भी महत्त्वपूर्ण है कि इसी दौरान गाँधी यह परिभाषित कर पाने में कामयाब रहे कि उन्हें किस तरह की निजी जिंदगी गुजारनी है, और इसी दौरान उन्होंने स्त्री-पुरुष के बीच हो सकने वाले वांछित संबंधों के बारे में अपने उन विचारों का विकास किया जो आगे चल कर कस्तूरबाई के साथ उनके अपने वैवाहिक जीवन का आधार बनने वाले थे।

इस दौरान गाँधी ने कम्यूनों की स्थापना की और उनमें अपने अनुयायियों और समान दृष्टि वाले जिज्ञासुओं के साथ रहे। उन्होंने आहार और प्राकृतिक चिकित्सा ज़ैसी वैकल्पिक आयुर्विज्ञान प्रणालियों के साथ रेडिकल प्रयोग किए। आम तौर पर उनकी जीवन चर्या संन्यासियों जैसी रही और ब्रह्मचर्य उनके निजी जीवन की आधारशिला बन गया। दरअसल, गाँधी का जीवन इन दिनों जिस तिपाई पर खड़ा था उसका एक पैर अगर ब्रह्मचर्य था, तो बाकी दोनों पैर अहिंसा और सत्य थे जिन्हें गाँधी ने सचेत रूप से अपनी वयस्क अस्मिता की तरह अपनाया था। इनके बारे में गाँधी ने बाद में लिखा भी : 'अहिंसा मुझे काफी कठोर संघर्ष के बाद मिली, ब्रह्मचर्य के लिए मैं अभी तक संघर्ष कर रहा हूँ, लेकिन सत्य हमेशा स्वाभाविक रूप से मुझे प्राप्त होता रहा है।'[१२]

यौन परित्याग का फैसला गाँधी ने १९०१ में लिया। इसी वर्ष रायचंद्र का देहांत हुआ और इसी के ठीक पहले गाँधी के चौथे बेटे का जन्म हुआ (गाँधी के सबसे छोटे बेटे देवदास का जन्म १९०० में हुआ था)। इन दोनों घटनाओं ने गाँधी द्वारा की गई यौन त्याग की प्रतिज्ञा में अवश्य योगदान किया होगा। बेटे के जन्म ने गाँधी को उनकी उन दैहिक कामनाओं की याद दिला दी होगी उनके लिहाज से घिनौनी होने के कारण कलंक की तरह थीं। ध्यान रहे कि जिस रात उनके पिता की मृत्यु हुई थी, गाँधी अपनी दैहिक कामनाओं की तृप्ति में लगे थे और वे मानते थे कि उनकी अभिशप्त वासना के कारण ही उनका नवजात शिशु जीवित नहीं रहा। उन्हीं घृणित दैहिक कामनाओं का त्याग गाँधी के लिए रायचंद्र की दिवंगत आत्मा (और एक तरह से उनके पिता की भी) को अर्घ्य देने जैसा था। ब्रह्मचर्य व्रत लेने से पहले गाँधी ने कस्तूरबाई से कोई विचार-विमर्श नहीं किया। गाँधी ने कबूल किया है कि पहले कुछ वर्षों में वे ब्रह्मचर्य व्रत का पालन करने में 'कमोबेश कामयाब ही रह सके'।[१३] नवंबर १९०१ में गाँधी परिवार सहित भारत लौटे और अगले साल अफ्रीका जाते समय अपनी पत्नी से वायदा कर गए कि उन्हें जल्दी ही बुला लेंगे। लेकिन, गाँधी कस्तूरबाई को साथ रखने में हिचक रहे थे। उनकी हिचक में इस हकीकत का हाथ भी रहा होगा कि यौन क्रिया से दूर रहने का संकल्प उस समय तक कमजोर किस्म का ही था। गाँधी ने अपने रिश्तेदारों को पत्र लिख कर कहा कि वे कस्तूरबाई को दो-तीन साल वहीं बने रहने के लिए मनाएँ क्योंकि दक्षिण

अफ्रीका में की गई उनकी आर्थिक बचत से पत्नी और बच्चे भारत में आसान जिंदगी गुजार सकते हैं।[१४] गाँधी की यह आर्थिक सफाई न तो अकेले घर चलाने की हकीकतों में फिट बैठती है, न ही गाँधी के अपने चरित्र और स्वभाव से मेल खाती है। भारत आने से कुछ महीने पहले ही उन्होंने एक ट्रस्ट को सोने और हीरों के वे जेवर भेंट कर दिए थे जो अफ्रीका में रहने वाले कृतज्ञ भारतीय समुदाय ने उन्हें उपहार में दिए थे। तब गाँधी ने कहा था : 'मैं समझता हूँ कि यह मँहगा उपहार न मेरे और न ही मेरे परिवार के किसी निजी काम का है।' साथ ही गाँधी ने यह भी कहा था कि उनके लिए भारतीय समुदाय का स्नेह ज्यादा कीमती है, न कि रुपया-पैसा।[१५]

१९०६ में दक्षिण अफ्रीका में अपनी पहली अहिंसक राजनीतिक मुहिम की पूर्व संध्या पर गाँधी ने ब्रह्मचर्य का पूरी तरह पालन करने का निश्चय किया। उस समय उनकी उम्र ३७ वर्ष की थी। अगले पाँच साल तक यौन संयम रखने के अपने प्रयासों के बारे में उनका मानना था कि वे यौनिकता के संपूर्ण और अनुलंघनीय त्याग के लिए तैयारी के वर्ष थे। टाल्स्टॉय की मिसाल ने उनका संकल्प और मजबूत किया। १९०५ में गाँधी ने लिखा : 'वे (टाल्स्टॉय) सभी तरह के सांसारिक आनंदों का भोग करते थे, रखैलें रखते थे, पीते थे और धूम्रपान की लत के जम कर शिकार थे ... उन्होंने अपने सभी दुर्गुण त्याग दिए, सादा खाना खाने लगे और मन, वचन और कर्म से किसी भी जीवित प्राणी को चोट पहुँचाने की स्थिति में नहीं रह गए।'[१६] टाल्स्टॉय ने *क्रूज़र सोनाटा* (१८८९) में न केवल अविवाहितों बल्कि विवाहितों के लिए भी यौन पवित्रता संबंधी अपने विचारों की रूपरेखा पेश की है। गाँधी ने ब्रह्मचर्य की हिंदू धारणा से इन विचारों को जोड़ा और स्त्री-पुरुष के बीच 'उचित' संबंधों की अपनी दृष्टि की रचना की। यह सिर्फ निजी आचरण संहिता ही नहीं थी। इन विचारों के आधार पर ही उन सभी लोगों की जिंदगी चलती थी जो गाँधी के भारत और दक्षिण अफ्रीका में स्थापित किए गए आश्रमों में रहते थे। गाँधी ने स्त्री-पुरुष के बीच आदर्श रिश्ते की अपनी व्याख्या इस प्रकार की है :

> विवाह का मुख्य उद्देश्य ही विषय-वासना संयम और परिष्कार है। यौन क्षुधा को संतुष्ट करने के लिए की गई शादी व्यभिचार है, विषयासक्ति है ... अगर उन्होंने एक प्रेमपूर्ण आलिंगन के लिए ही एक-दूसरे का साथ किया है तो वे

शैतान के सबसे नजदीक हैं।

इस तरह के हालात (अगर गर्भाधान न हुआ हो) के लिए केवल एक नियम बनाया जा सकता है कि जब तक गर्भाधान न हो जाए, मासिक धर्म के आखिर में केवल एक बार मैथुन की अनुमति दी जाए। इस उद्देश्य की प्राप्ति के बाद उसे पूरी तरह त्याग देना चाहिए।

इसमें कोई शक नहीं कि स्त्री हो या पुरुष, हमारे स्वभाव की अधिकांश एंद्रिकता का कारण उस धार्मिक मान्यता के कारण उपजा अंधविश्वास ही है जिसके तहत विवाहित लोग एक ही बिस्तर पर साथ-साथ सोने और एक ही कमरे में रहने के लिए बाध्य होते हैं। लेकिन, आज के बाद से प्रत्येक पति-पत्नी एक दृढ़ संकल्प कर सकते हैं कि रात को न एक कमरे में रहेंगे और न एक बिस्तर पर सोएँगे ताकि उनके बीच यौन संपर्क से बचा जा सके, उस सर्वोच्च उद्देश्य को छोड़ कर जो मनुष्य और पशु दोनों के लिए वांछित है।[१७]

गाँधी के ब्रह्मचर्य व्रत के और जो भी नतीजे रहे हों, पर उनके वैवाहिक संबंधों में उससे काफी सुधार आया। शायद इसलिए कि इस व्रत के बाद उन्होंने बेचारी कस्तूरबाई को उस मोहक सुंदरी के रूप में देखना बंद कर दिया था जो पवित्रता के उनके चिर-वांछित आदर्श की प्राप्ति में बाधक बन जाती थी। दक्षिण अफ्रीका प्रवास की शुरुआत से ही उनके बीच झगड़े और कलह खूब होते थे। दोनों में इस बात पर भी झगड़ा था कि कस्तूरबाई अपने गहने अपने पास रखना चाहती थीं, पर गाँधी उन्हें स्वत्वहीनता की खूबियों का कायल बनाना चाहते थे। घर में आने वाले एक अछूत ईसाई की जूठन साफ करने के गाँधी के आग्रह से तो इतना जबरदस्त विस्फोट हुआ कि कस्तूरबाई के घर से निकाले जाने की नौबत ही आ गई। छुआछूत से संबंधित मर्यादाओं में रची-बसी एक पारंपरिक हिंदू स्त्री के रूप में कस्तूबाई को यह काम कतई मंजूर न था। दोनों के बीच अपने बड़े बेटे हरिलाल को लेकर भी अक्सर झगड़े हुआ करते थे। हरिलाल चाहते थे कि वे अपने समवयस्क बच्चों की ही तरह स्कूल जाएँ और उसी तरह उनका लालन-पालन हो। चूँकि शिक्षा के बारे में गाँधी के विचार बहुत रेडिकल किस्म के थे, इसलिए वे हरिलाल को स्कूल भेजने के लिए तैयार नहीं थे। जबकि कस्तूरबाई अपने पहले बच्चे के हितों की वकालत करने पर अड़ी रहती थीं।

ब्रह्मचर्य व्रत लेने से पहले गाँधी का अपनी पत्नी के प्रति व्यवहार हर

तरह से निरंकुशतापूर्ण था। कस्तूरबाई 'एकदम इस्पात' की तरह थीं जिन्हें गाँधी अपनी इच्छा के मुताबिक मोड़ कर वे बातें मानने के लिए मजबूर करते थे जो शायद उन्हें सनकी किस्म की और परिवार के वर्तमान व भविष्य के लिए नुकसानदेह लगती होंगी।

१९०६ के बाद दोनों के रिश्ते सुधरते चले गए। अब गाँधी संतोष के साथ लिख सकते थे : 'मैं अपनी पत्नी के हृदय में उस समय तक स्थान नहीं बना सका जब तक मैंने उसके साथ पहले से अलग सुलूक करने का फैसला नहीं कर लिया, और इस तरह मैंने स्वयं को पति के रूप में सभी अधिकारों से वंचित करते हुए उसे उसके सभी अधिकार सौंप दिए।'[१८] बाद के सालों में भी दोनों के बीच कभी-कभार असहमतियाँ हुईं, जो या तो बच्चों के मसले पर होती थीं, या फिर विभिन्न आश्रमों में गाँधी के नजदीक आने के लिए आतुर स्त्रियों को लेकर कस्तूरबाई की आपत्तियों का नतीजा थीं। अगर इन समस्याओं को छोड़ दिया जाए तो उन दिनों दोनों का वैवाहिक जीवन गहरी अंतरंगता और शांत प्रेम से परिपूर्ण लगता था। ऐसे बुजुर्ग दम्पति को देख कर लोग बहुत प्रभावित होते थे।

गाँधी के लिए ब्रह्मचर्य केवल मोक्ष का रास्ता ही नहीं था, बल्कि उनकी राजनीतिक गतिविधियों की गंगोत्री भी था। उन्होंने अहिंसा के जिस हथियार का पहले दक्षिण अफ्रीका में नस्ली उत्पीड़न के राजनीतिक प्रतिरोध के लिए और फिर ब्रिटिश साम्राज्य के खिलाफ प्रभावी ढंग से इस्तेमाल किया था, उसने यौन कामनाओं की राख से ही फीनिक्स पक्षी की तरह जन्म लिया था। गाँधी ने इस बारे में लिखा है :

> अहिंसा का मतलब है सार्वभौम प्रेम। अगर एक पुरुष किसी एक स्त्री को अपना प्रेम देता है या कोई स्त्री किसी एक पुरुष को अपना प्रेम देती है, तो फिर दुनिया के लिए क्या बचता है? इसका सीधा मतलब यह हुआ, 'पहले हम दोनों और बाकी सब शैतान के जिम्मे।' पत्नी अगर वफादार है तो उसे पति के लिए सब कुछ त्यागने के लिए तैयार रहना चाहिए, अगर पति वफादार है तो उसे पत्नी के लिए सब कुछ कुर्बान करने के लिए तैयार रहना चाहिए। जाहिर है कि ऐसे लोग सार्वभौम प्रेम की ऊँचाइयों तक नहीं उठ सकते, या वे समूची मानवता को अपने बाल-बच्चों की तरह नहीं देख सकते। कारण यह है कि वे अपने प्रेम के चारों तरफ एक चौहद्दी खींच लेते हैं। उनका परिवार जितना बड़ा होता है, सार्वभौम प्रेम से वे उतने ही दूर होते जाते हैं। अतएव, अहिंसा के नियम के पालन करने वाला विवाह नहीं

कर सकता, शादी के बंधन के बाहर भोग के बारे में तो वह सोच भी नहीं सकता।[१९]

जिनकी शादी हो चुकी है, उनके बारे में गाँधी का कहना था :

अगर विवाहित जोड़े खुद को भाई-बहिन मानने लगें तो वे सार्वभौम प्रेम के लिए मुक्त हो सकते हैं। दुनिया की सभी स्त्रियों को अपनी बहिनों, माताओं और बेटियों के रूप में देखते ही पुरुष अपनी बेड़ियाँ तोड़ने में कामयाब हो जाएगा।[२०]

गाँधी मानते थे कि सेक्शुअल प्रेम इनसान के निजी सरोकारों का विस्तार करने के बजाय उन्हें सीमित कर देता है, और पति की संकीर्ण भूमिका उस इरादे के खिलाफ जाती है जिसके तहत व्यक्ति को पति की भाँति सारे संसार की देखभाल करने के लिए तत्पर रहना चाहिए। बहरहाल, हमारे लिए मुद्दे की बात यह नहीं है कि यौनिक प्रेम के बारे में गाँधी के इन विचारों में कितनी सच्चाई थी। हमारा मकसद तो गाँधी के द्वंद्व की उन्हीं की समझ के मुताबिक व्याख्या करना है जिस तरह वे उसे देखते थे। गाँधी ने इस द्वंद्व का सूत्रीकरण कई तरह से किया है। जैसे, कामना से उपजी आवश्यकताएँ समुदाय की बेरोकटोक सेवा करने के उच्चतर उद्देश्य के खिलाफ दबाव डालती हैं।

गाँधी द्वारा इस द्वंद्व के एक अन्य सूत्रीकरण के अनुसार विषय वासना की संतुष्टि व्यक्ति के उस कर्तव्य के खिलाफ जाती है जिसके अनुसार उसे निजी जीवनी शक्ति और मानसिक ताकत बढ़ाने का प्रयास करना चाहिए। वे कहते हैं, 'विषय-भोग में लिप्त व्यक्ति का दमखम घट जाता है, वह जर्जर और कायर हो जाता है।'[२१] इस प्रकार की भावनाएँ गाँधी के लेखन में अक्सर गूँजती सुनी जा सकती हैं। राजनीतिक काम करने की अपनी क्षमता के बारे में उनका यह दावा भी था कि ब्रह्मचर्य के माध्यम से उन्होंने यह सब कर गुजरने की मानसिक ताकत प्राप्त कर ली है। एक अन्य सूत्रीकरण आध्यात्मिक और धार्मिक पदावली में है जिसके अनुसार गाँधी 'ईश्वर का खोजा' अर्थात ईश्वर का हिजड़ा बनना चाहते थे और यौनिकता उसमें बाधा डालती थी। गाँधी की इस इच्छा से जीसस द्वारा इस्तेमाल किए गए मासूम बचपन के उस रूपक की याद आ जाती है जिसके जरिये जन्नत में दाखिल हो सकने वालों का वर्णन किया गया है। पैगंबर मुहम्मद भी उन लोगों का स्वागत करते हुए याद आते हैं जो किसी ऑपरेशन के जरिये नहीं

बल्कि खुदा की इबादत के जरिये 'हिजड़े बन गए' हैं। यहाँ गाँधी भी आत्म-साक्षात्कार के मकसद से और हजरत मूसा की तर्ज पर ईश्वर को 'रूबरू' देखने के लिए यौन संन्यास को पूर्व शर्त की तरह पेश करते नजर आते हैं।

ब्रह्मचर्य के महत्त्व और खूबियों के बारे में गाँधी के विचार हिंदू और ईसाई धार्मिक परंपरा का मिश्रण लगते हैं, ठीक उसी तरह जैसे उनके द्वारा स्थापित कम्यून हिंदू महाकाव्यों में वर्णित आश्रमों और दक्षिण अफ्रीकी ट्रैपिस्ट मठों के मिले-जुले रूप थे। अपने एक भ्रमण के दौरान गाँधी ट्रैपिस्ट मठ देख कर काफी प्रभावित हुए थे। गाँधी ने इन विचारों को अपने ढंग का एक खास मोड़ दिया। वे अपनी संस्कृति में आहार और सेक्शुअलिटी को बरक्स रखने के सरसरी रवैये से परे चले गए। उन्होंने आहार और ब्रह्मचर्य के पालन को जोड़ दिया। आहार के साथ उनके प्रयोग सारे जीवन चलते रहे ताकि उन्हें बार-बार हाथ से फिसल जाने वाला वह संयोग मिल जाए जिसके माध्यम से यौनेच्छा पर काबू किया जा सके। उनके प्रति सराहनाभाव रखते हुए भी निष्पक्ष निगाह रखने वाले एक अनुयायी के अनुसार दक्षिण अफ्रीका में कई-कई महीने तक खाना पकाने में नमक या कोई और मसाला न डालने का प्रयोग चला। एक दौर में चीनी का इस्तेमाल एकदम बंद कर दिया गया और मिठास लाने के लिए खजूरों और किशमिशों का प्रयोग किया गया। इसके बाद जैतून के तेल के साथ बिना तला हुआ खाना परोसने का दौर चला। गाँधी का यह अनुयायी बताता है, 'आहार के खाद्य-मूल्य पर गंभीरता से चर्चा होती थी, और मानवीय शरीर पर उनके प्रभाव और उनकी नैतिक खूबियों की विधिवत जाँच की जाती थी। कुछ समय तक कटे हुए प्याज की एक डिश को रक्त-शोधक मान कर रात के खाने में इस्तेमाल किया जाता रहा ... अंत में मिस्टर गाँधी इस नतीजे पर पहुँचे कि प्याज विषय-विकार पैदा करता है, इसलिए भोजन से प्याज निकाल दिया गया। मिस्टर गाँधी का कहना था कि दूध भी इनसानी जिदंगी के 'विषय-भोग' वाले पक्ष पर असर डालता है, इसलिए दूध को भी पूरी तरह त्याग दिया गया। एक बार मैंने मिस्टर गाँधी से कहा, 'हम बिल्कुल चटोरों और पेटुओं की तरह भोजन के बारे में बात करते हैं। हमसे ज्यादा खाने के बारे में शायद ही कोई चर्चा करता हो। लगता है कि हम हमेशा यही सोचते रहते हैं कि हमें क्या चीज खानी चाहिए, क्या नहीं।

मेरे खयाल से बेहतर हो कि खाने के बारे में सोचने के चक्कर में फँसने के बजाए हम कुछ भी खाने लगें।'[२२] लेकिन, गाँधी के लिए आहार का सवाल जिंदगी और मौत के सवाल की तरह गंभीर था।

> जीभ के स्वाद पर नियंत्रण का ब्रह्मचर्य के पालन से नजदीकी ताल्लुक है। मैं अपने अनुभव से जानता हूँ कि ब्रह्मचर्य का पालन अपेक्षाकृत आसान हो जाता है अगर कोई अपनी जीभ के स्वाद पर काबू पा ले। प्राचीनकाल से मान्यता प्राप्त व्रतों में इसे स्थान नहीं दिया गया है। शायद इसलिए कि बड़े-बड़े ऋषि-मुनियों के लिए भी ऐसा करना बहुत कठिन था। भोजन को उसी तरह ग्रहण करना चाहिए जैसे हम दवा ग्रहण करते हैं, बिना यह सोचे हुए कि वह स्वादिष्ट है या नहीं। और उसकी मात्रा भी शरीर की जरूरत के हिसाब से सीमित होनी चाहिए।... जो व्यक्ति नाना प्रकार के खाद्यों को त्याग देता है, उसे आत्म-नियंत्रण प्राकृतिक रूप से प्राप्त हो जाता है।[२३]

गाँधी का यह कथन सेंट ऑगस्टीन की याद दिलाता है जो भोजन को एक तरह की औषधि की तरह ग्रहण करते थे। खाने और पीने के प्रति विषयासक्ति के खिलाफ दैनंदिन संघर्ष चलाने वाले सेंट ऑगस्टीन का कहना था : 'कंठ की लगाम न ढीली पकड़ी जानी चाहिए, न ही कड़ाई से।'[२४] एंद्रिकता की जकड़ से छुटकारा पाना उनका सामान्य उद्देश्य था। इसी के अंग के रूप में ऑगस्टीन ने आहार के प्रति ऐसा रवैया अपनाया था। वे तो मानते थे कि 'श्रवणेंद्रिय से मिलने वाले आनंद ने भी उन्हें फँसा कर अपने अधीन कर रखा है।'[२५] ऑगस्टीन सभी तरह की इंद्रियजनित सामग्री की निपीति चर्या करते थे। लेकिन, गाँधी की मान्यता थी कि आहार सभी दैहिक आवेगों का मुख्य नियामक होता है। वे लिखते हैं, 'जिस मनुष्य में विषय-वासना रहती है उसमें जीभ के स्वाद भी अच्छी मात्रा में रहते हैं। मेरी भी यही स्थिति थी। जननेंद्रिय और स्वादेंद्रिय पर काबू पाने की कोशिश में मुझे अनेक कठिनाइयों का सामना करना पड़ा है।'[२६]

उपवास करना इस भोगवादी व्याधि का एक रेडिकल उपचार हो सकता था, और गाँधी उपवास करने के उत्साही समर्थक थे। उनकी मान्यता थी : 'बाह्य उपचारों में जिस तरह आहार के प्रकार और परिमाण की मर्यादा आवश्यक है, उसी तरह उपवास के बारे में भी समझना चाहिए। इंद्रियाँ इतनी बलवान हैं कि उन्हें चारों तरफ से, ऊपर से नीचे से, यों दसों दिशाओं से घेरा जाए तो ही वे अंकुश में रहती हैं।'[२७] अगर राजनीतिक संघर्षों के दौरान गाँधी के मशहूर उपवासों की याद करें तो हम देख सकते हैं कि

उनके लिए उपवास की भूमिका किस तरह उस ब्रह्मचर्य के रक्षक की भी थी जो उन्हें बहुत प्रिय था। उपवास करके ब्रह्मचर्य बचाने के जरिये वे आश्वस्त होना चाहते थे कि उनकी मानसिक ताकत का क्षय नहीं होगा और परिणामस्वरूप उनकी राजनीतिक क्षमताओं में भी गिरावट नहीं आएगी।

एंद्रिकता के शैतानी देवताओं के खिलाफ आजीवन चलने वाले अपने संघर्ष में गाँधी युद्ध, हथियार, विजय और पराजय जैसी शब्दावली इस्तेमाल करते हुए नजर आते हैं। गाँधी की जिंदगी में एंद्रिकता उनकी एकमात्र विपक्षी थी जिसका विरोध उन्होंने अहिंसक तरीकों से नहीं किया, और न ही वे उसे कभी पूरी तरह अधीनस्थ कर पाए। इस संघर्ष में उनके ब्योरे में इस तरह के रूपक जगह-जगह मिलते हैं : 'एक कपटी दुश्मन के हमलों' को कठोरता से 'पीछे धकेलना' ही होगा; उनके लिए एंद्रिकता के खिलाफ किया जाने वाला संकटपूर्ण युद्ध 'तलवार की धार पर चलने के समान' था। हिंदू मिथकों में प्रेम के देवता काम को अधिकांशतः बड़ा ऊँचा स्थान दिया गया है, पर गाँधी उसे ऐसा दर्जा देने के लिए तैयार नहीं थे। वे तो मानते थे कि यह देवता तो वह 'साँप है जो मैं जानता हूँ कि मुझे काट लेगा'। वे उसे 'कामुकता के बिच्छू' की संज्ञा देते हैं जिसका नाश करना, जिसकी हत्या करना और जिसे जला डालना उनके आध्यात्मिक प्रयासों का सर्वोच्च उद्देश्य था। गाँधी अपने अन्य सभी विपक्षियों की मानवता का सम्मान करने से कभी नहीं चूके, पर काम का देवता एक ऐसा शत्रु था जिसके साथ वे न केवल समझौता करने के लिए तैयार नहीं थे, बल्कि उसकी मानवता (उसके देवत्व की बात तो छोड़ ही दीजिए) को भी वे हमेशा खारिज करते रहे।

इस युद्ध में कोई भी पराजय गाँधी को तीखी आत्म-निंदा की तरफ ले जाती थी। वे सार्वजनिक तौर पर पराजय के कारण हुई अवमानना कबूल करते, और जब जीत हासिल होती तो उन्हें बड़ा आनंद होता। उन्हें लगता कि उन्हें 'नया सौंदर्य' प्राप्त हुआ है, उनकी शक्ति और आत्मविश्वास में वृद्धि हुई है जिसके कारण वे अपने चिर-वांछित मोक्ष के अधिक निकट आ गए हैं। इस द्वंद्व के नकारात्मक पहलू भी रहे होंगे। पर, गाँधी की महानता और आधुनिक होने से जुड़ी बहुत-सी दुविधाओं के बारे में उनकी भविष्य-दृष्टि से वाकिफ उनका कोई भी हमदर्द पाठक उनके निजी संघर्ष

से प्रभावित हुए बिना नहीं रह सकता। उसे लगेगा कि यह संघर्ष अपने आयामों में महानायकत्व से भरा हुआ था, उसकी शिद्दत अचरज में डाल देने वाली थी और गाँधी ने उसका सिलसिला कभी भंग नहीं होने दिया। आत्मकथा के इन आखिरी शब्दों तक वे यह संघर्ष चलाते हुए दिखते हैं :

> मन के विकारों को जीतना संसार को शस्त्र–युद्ध से जीतने की अपेक्षा मुझे अधिक कठिन मालूम देता है। हिंदुस्तान आने के बाद भी मैं अपने भीतर छिपे हुए विकारों को देख सका हूँ, शर्मिंदा हुआ हूँ किंतु हारा नहीं हूँ। सत्य के प्रयोग करते हुए मैंने आनंद लूटा है और आज भी लूट रहा हूँ. लेकिन मैं जानता हूँ कि मुझे विकट मार्ग तय करना है और इसके लिए मुझे शून्यवत बनना है।[२८]

गाँधी की आवेगमय निष्ठा और ईमानदारी पर कोई पाठक शक नहीं कर सकता। किसी साधारण धर्मावलम्बी की तरह उनकी नैतिकता महज प्रतिक्रियात्मक और आवेगहीन नहीं थी।

यहाँ पूछा जा सकता है कि स्वयं गाँधी को अपनी यौन कामनाओं, एंद्रिकता के प्रलोभनों और सीमाओं का अनुभव स्वयं कैसे हुआ होगा? इसे जानने के लिए जरूरी है कि हम गाँधी की बातें उसी भाषा में ध्यान से सुनें जिसमें वे बोली गई थीं यानी उनकी मातृभाषा गुजराती में। गाँधी जैसी महान हस्ती के अनुयायियों में विरुदावलि गाने का रवैया होना स्वाभाविक ही है। इसीलिए उनकी बातों का, खासकर अपने नेता के यौन द्वंद्वों से संबंधित बातों का अनुवाद उस इनसान की आवाज को प्रामाणिक नहीं रहने देता जो महात्मा की छवि के पीछे छिपी हुई है। गाँधी के निष्ठावान सचिव महादेव देसाई ने उनकी आत्मकथा का अंग्रेजी अनुवाद किया है जिसे गाँधी ने भी सुधारा था। इसके बावजूद यह अनुवाद इसी तरह की कमियों का शिकार है। इस अनुवाद के आधार पर की गई कोई भी व्याख्या गाँधी के अपने अनुभव तक पहुँचाने में नाकाम रह सकती है। उदाहरण के लिए गाँधी की युवावस्था के एक मशहूर वाकये को लिया जा सकता है, जब स्कूल में पढ़ने वाला लड़का पहली बार चकलाघर में वेश्यागमन करने पहुँचा। उसके साथ उसका मुसलमान दोस्त और उसे लगातार गलत रास्ते पर भटकाने वाला शेख मेहताब भी था। इस घटना का मूल गुजराती संस्करण में इस प्रकार वर्णन किया गया है :

> मैं घर में घुस तो गया पर जिसे ईश्वर बचाना चाहता है वह गिरने की इच्छा रखते हुए भी पवित्र रह सकता है। उस कोठरी में मैं तो बिल्कुल अंधा बन

गया। मुझे बोलने का भी होश न था। मारे शरम के सन्नाटे में आ कर उस औरत के पास खटिया पर बैठा, पर मुँह से बोल न निकल सका। औरत ने गुस्से में आकर मुझे दो-चार खरी-खोटी सुनाई और दरवाजे की राह दिखाई। *(हिंदी संस्करण का अनुवाद)*[२९]

इस घटना का अंग्रेजी अनुवाद यथातथ्य नहीं है। वह काफी-कुछ ऑगस्टीनियन शैली में है जिसमें युवा गाँधी को 'बुराई के आगार' में प्रवेश करते हुए और 'पाप के जबड़ों में' फँसते हुए दिखाया गया है। मूल पाठ में ये विशेषण मौजूद नहीं हैं। 'विकारों' के पहले 'दुष्ट' और 'पशुवत' जोड़ कर यह अनुवाद पूरे प्रकरण को एक ईसाई धर्मशास्त्रीय तात्पर्य प्रदान कर देता है, जो दरअसल गाँधी के वृत्तांत में अनुपस्थित है। सेंट ऑगस्टिन की रचना *कन्फेशंस* और गाँधी की *सत्य के प्रयोग* में वैसे तो कई बातें समान हैं, पर ऑगस्टीन अक्सर 'अपने भीतर निवास करने वाले पाप' के बारे में क्रंदन करते रहते हैं। ऑगस्टीन 'अक्सर आसानी से किए जाते रहने वाले उस पाप के दण्ड, जो मैंने आदम के बेटे के रूप में किए' की चर्चा करते हुए मिलते हैं।[३०] इसके उलट गाँधी वासना के लिए *विषय* और कामुकता के लिए *विकार* नामक दो शब्दों का इस्तेमाल करते हैं। विषय की व्युत्पत्ति विष से है। इसी से जाहिर होता है कि गाँधी सेक्शुअलिटी को जहरीला क्यों मानते हैं और उसकी तुलना साँप या बिच्छू से करना क्यों पसंद करते हैं। विकार का मतलब विकृति से है। हिंदू दृष्टि पारंपरिक रूप से मानती है कि आत्मा के स्वच्छ जल में विकृतियाँ पैदा करने वाली तरंगें विकारों के रूप में आती हैं। इस तरह गाँधी के लिए वासना पापमय न हो कर विषाक्त है जिससे अमरता प्रदान करने वाला अमृत दूषित हो जाता है। वह अपने आप में ही नहीं, बल्कि कुल मिलाकर खतरनाक है। मनोवैश्लेषिक शब्दावली में वासना 'संरचनात्मकता को नष्ट करने वाली' है, और महज अनैतिक होने के बजाय निश्चित सामाजिक और नैतिक पाबंदियों के खिलाफ जाती है। इसी तरह गाँधी के लिए कामुक होने का मतलब शोभा के स्थान से गिरना नहीं है, बल्कि सत्य को विकृत करना है। गाँधी की आत्मकथा का अंग्रेजी संस्करण उनके प्रत्येक हिंदू द्वंद्व को ईसाई द्वंद्व में बदल देता है। सेक्शुअलिटी के खिलाफ गाँधी का संघर्ष लाजमी तौर पर पाप और नैतिकता के बीच का संघर्ष नहीं है। वह तो मानस की मृत्यु और अमरता के बीच का संघर्ष है जिसके ऊपर नैतिक असमंजस छाया हुआ लगता है।

इस बारे में पूरी तरह तय करना मुश्किल है कि एंद्रिकता के मामले में गाँधी बेइंतिहा कामुक व्यक्ति थे, या फिर उनका मामला एक ऐसी अतिवादी चेतना का था जो पवित्रता के असंभव आदर्श से जरा से भी विचलन को एक अत्यंत भीषण गलती के रूप में बढ़ा-चढ़ा कर देखने की आदी होती है। न ही इस बात का आकलन किया जा सकता है कि गाँधी जिन कामनाओं का शमन करना चाहते थे, कहीं गाँधी के नैतिक संकोच विरोधाभासी रूप से उन्हीं को भड़का तो नहीं देते थे। कहीं ऐसा तो नहीं था कि दोनों एक-दूसरे को तीव्र करते हों और फ्रॉयड के मशहूर रूपक के मुताबिक आत्म-नियंत्रण का ढक्कन नीचे की तरफ दबाव डालता हो और कड़ाही में खदबदा रही कामनाएँ उत्तप्त हो कर और उत्तेजित हो जाती हों। नतीजतन उनकी बढ़ी हुई तीव्रता उन्हें संयमित करने के लिए और ज्यादा कड़े प्रयासों की माँग करने लगती हो।

१९२८ में टॉल्स्टॉय की जन्म शताब्दी के मौके पर बोलते हुए स्वयं गाँधी ने चेतावनी दी थी कि ऐसे मामलों में हमें सही या गलत की शैली में फैसले देने से बचना चाहिए। धार्मिक रूप से महान व्यक्तियों के जीवन में ऐसे संघर्षों के महत्त्व की चर्चा करते हुए गाँधी श्रेणियाँ आरोपित करने के बजाय हमदिली से पेश आने की अपील करते नजर आते हैं :

> टॉल्स्टॉय के जीवन के प्रकट अतर्विरोध न तो उनके ऊपर कलंक थे, और न ही उनकी विफलता के चिह्न। वे तो प्रेक्षक की विफलता के सूचक हैं ... यह तो केवल व्यक्ति ही जान सकता है कि उसने अपने दिल की गहराइयों में कितना संघर्ष किया या राम-रावण के युद्ध में कितनी जीतें हासिल कीं। जो दर्शक है, वह तो इसके बारे मैं कुछ जान ही नहीं सकता।[३१]

किसी महान व्यक्ति का आकलन करने के तरीके के बारे में बताते हुए ऐसा लगता है कि गाँधी टॉल्स्टॉय के बारे में ही नहीं अपने बारे में भी बोल रहे थे :

> ईश्वर गवाह है कि उन्होंने अपने हृदय में कितनी लड़ाइयाँ लड़ी होंगी कितनी जीतें हासिल की होंगी। ये तो उनकी विफलताओं और सफलताओं के सबूत भर हैं। हालाँकि टॉल्स्टॉय आत्म-परीक्षण के मामले में बड़े बेरहम थे और किसी को उनकी कमी बताने का कोई मौका मिल ही नहीं सकता था, पर फिर भी अगर कोई उनकी कमी की तरफ इंगित कर पाता तो उन्होंने इस कमी को बढ़ा-चढ़ा कर विकराल बना लिया होता। उन्होंने अपनी कमी को समझ लिया होता और इससे पहले कि कोई उन्हें इसका एहसास

दिलाता, उन्होंने अपने लिहाज से उसका सर्वाधिक उचित प्रायश्चित्त कर लिया होता।[३२]

गाँधी की यह चेतावनी हमें गंभीरता से अवश्य लेनी चाहिए, पर दरअसल हमें इसकी जरूरत ही नहीं है। कारण यह कि हमारा इरादा गाँधी के द्वंद्व का विसर्जनवादी ढंग से 'विश्लेषण' करना है ही नहीं। हम तो उनके द्वंद्व को दोनों तरह से समझना चाहते हैं कि उसमें क्या स्पष्ट है और क्या अस्पष्ट। गाँधी की पीड़ा हमारी पीड़ा भी है। आखिरकार हम सभी लाजमी तौर पर शिशु अवस्था से वयस्कता तक के लंबे सफर के दौरान ही निर्मित होते हैं। हम सभी को अपनी कामनाओं के खिलाफ युद्ध लड़ना पड़ता है।

एक आवेगपूर्ण व्यक्ति के रूप में गाँधी अपनी दैहिक कामनाओं को अपनी आंतरिक इयत्ता के लिए जहरीला मानते थे। उनका खयाल था कि उनकी एंद्रिकता उनके आत्मिक उद्देश्यों को विकृत कर देती है। लेकिन, कामदेव को ऐसी निगाह से देखने वाले गाँधी का उसके खिलाफ संघर्ष ऐसा नहीं कि बीच में टूटता न हो। उनके वयस्क जीवन में ऐसे लंबे-लंबे दौर भी आते थे जब एंद्रिकता उनकी बाकी शख्सियत के साथ समरस हो जाती थी। गाँधी पर बनी पुरानी फिल्मों के टुकड़ों और उन्हें निजी तौर पर जानने वालों की यादों में इस एंद्रिकता की झलकियाँ मिलती हैं जिस पर उन्हें एतराज नहीं था। मुझे इसकी अभिव्यक्तियाँ उनकी उत्साही तेज चाल में मिलती हैं, उनकी आँखों की चमक और उनकी शानदार मुस्कराहट में दिखाई पड़ती हैं। गाँधी जिस तरह अपनी पोशाक पर ध्यान दिया करते थे, उसमें भी इसकी झलक देखी जा सकती है, भले ही वह पोशाक धुली हुई बेदाग लंगोटी ही क्यों न हो। इस अभिव्यक्ति की कुछ और भी मिसालें हैं : गाँधी द्वारा अपनी देखरेख में सादा आहार की तैयारी और फिर उसे ग्रहण करना, बड़े आह्लाद के साथ भजन गाना और सुनना, और पूरे मजे से रोज अपनी तेल मालिश करवाना। यह सब देख कर ईसाई संत ऑगस्टीन को तो सदमा ही लग जाता। भारतीय किस्म का महात्मा तो यहाँ पश्चिमी किस्म के महात्मा द्वारा अपनाए जाने वाले बेहद रूखे-सूखे और आत्मपीड़क जीवन से अलग तरह का रास्ता अपनाते हुए दिखता है। यहाँ हमें एक और खास बात दिखाई पड़ती है कि गाँधी किस प्रकार अपनी श्रांगारिक प्रफुल्लता के जरिये जनता को मोह लेते थे। शास्त्रों के वचनों से भी ज्यादा गाँधी की मौजूदगी ही लोगों को बाँध लेने

के लिए काफी होती थी।

लेकिन, जैसे ही गाँधी हताशा का सामना करते, वैसे ही उनकी एंद्रिकता और आध्यात्मिकता का एकीकरण गड़बड़ा जाता, और यौनेच्छा संबंधी पीड़ा उन पर हावी हो जाती थी। हताशा के इन क्षणों का आगमन उन सामाजिक-राजनीतिक आंदोलनों में मिलने वाली विफलताओं और धक्कों के कारण होता था जिनके लिए गाँधी ने अपना समग्र जीवन समर्पित कर रखा था। ये हताशाएँ एक बार फिर उन्हें उसी पुराने शत्रु के खिलाफ संघर्ष में धकेल देती थीं जिसे हराने के लिए गाँधी अपनी पराजयों की सार्वजनिक स्वीकारोक्ति का हथियार इस्तेमाल करते थे।

१९२५ से १९२८ के बीच का दौर ऐसा ही था। वे जेल से रिहा किए गए थे और यह मान कर अक्सर अवसाद के शिकार रहते थे कि भारत में राजनीतिक और धार्मिक दरारें बेहद गहरी होने के कारण ही देश उनका नेतृत्व और उनके द्वारा प्रवर्तित सविनय अवज्ञा आंदोलन स्वीकार नहीं कर पा रहा है। इसी दौरान उच्च रक्तचाप के कारण उनकी तबीयत काफी खराब हो गई। डॉक्टरों ने उन्हें लंबे आराम की सलाह दी। दिलचस्प बात यह है कि इसी दौरान उन्होंने अपनी सब-कुछ कबूल कर डालने वाली आत्मकथा लिखी जिसमें उन्होंने खिन्न हृदय से लिखा है : 'आज मुझे छप्पन वर्ष पूरे हो चुके हैं, फिर भी इसकी कठिनता का अनुभव तो मुझे निरंतर होता ही है। यह एक अधिसारा-व्रत है, इसे मैं अधिकाधिक समझ रहा हूँ और निरंतर जागृति की आवश्यकता महसूस करता हूँ।'[३३] उन्हें लग रहा था कि वे अपने आदर्शों और लक्ष्यों को पाने में नाकाम होते जा रहे हैं। उदात्त उद्देश्यों और एकाग्रता की संरचनाएँ उन्हीं के सामने ढहती जा रही थीं जिसके परिणामस्वरूप स्थगित कामनाओं ने प्रबल हो कर फिर से सिर उठा लिया था। मनोविश्लेषक की निगाह में 'उदात्तीकरण' (यानी अशुद्ध मनोकामनाओं के सामाजिक रूप से अनुमोदित आकांक्षाओं में परिवर्तन) के इस विखंडन के कारण हुआ पीड़ाजनक एकांत प्रतिगमन भी दिखेगा।

१९२७ और १९२८ के बीच गाँधी ने जम कर चिट्ठियाँ लिखीं। इस दौरान लिखे गए उनके सबसे लंबे और निजी किस्म के पत्र न तो उनके घनिष्ठ राजनीतिक सहयोगियों के नाम हैं, और न ही नेहरू, पटेल व राजगोपालाचारी जैसे नेताओं के नाम हैं जिनके हाथ में आजाद भारत का नेतृत्व जाने वाला था। न ही उन पत्रों का संबंध महत्त्वपूर्ण सामाजिक और

राजनीतिक मुद्दों से था। उन्हें तो दो अनजान युवकों के लिए लिखा गया था। इन पत्रों में जो दर्ज था उससे अंदाज लगाया जा सकता था कि गाँधी के दिमाग में उन दिनों किस तरह की नैसर्गिक उलझनें चल रही थीं। एक पत्र बालकृष्ण भावे के नाम था जिसने गाँधी द्वारा दो लड़कियों के कंधों पर हाथ रख कर चलने के औचित्य पर संदेह व्यक्त किए थे। इस पत्र में गाँधी अपनी विशेषता के मुताबिक इस क्रिया में भी किसी प्रच्छन्न एंद्रिकता की खोज करने की धुन में नजर आते हैं।[३४] दूसरा पत्र हरजीवन कोटक के नाम है जिसमें गाँधी ने अपने मार्मिक संघर्ष को विस्तार से पेश किया है कि किस तरह वे अपना मानसिक और श्रांगारिक संश्लेषण भंग हो जाने से परेशान थे। इस पत्र का लंबा उद्धरण यहाँ मौजूँ रहेगा :

> जब मन अशुद्ध विचारों से अशांत हो, तो उनसे निजात पाने की कोशिश करने के बजाय किसी काम में व्यस्त हो जाना चाहिए, जैसे कि पढ़ने लगना चाहिए या किसी ऐसे शारीरिक काम में लग जाना चाहिए जिसमें दिमाग की जरूरत भी हो। आँखों को उनकी मर्जी के मुताबिक कभी घूमने नहीं देना चाहिए। अगर वे स्त्री पर पड़ती हैं तो उन्हें फौरन घुमा लेना चाहिए। किसी पुरुष या किसी स्त्री के चेहरे की तरफ सीधे देखना शायद ही कभी जरूरी होता हो। यही कारण है कि ब्रह्मचारियों या दूसरों को भी अपनी आँखें झुका कर चलने में अच्छा लगता है। अगर हम बैठे हुए हैं तो आँखों को एक दिशा में स्थिर रखना चाहिए। है तो यह एक बाहरी हल, पर है बड़ा कीमती। ... जब भी जरूरत समझो तुम उपवास कर सकते हो ... अगर उपवास के दौरान अपने आप तुम्हारा स्खलन हो जाए तो तुम्हें चिंता नहीं करनी चाहिए। वैद्यों का कहना है कि अशुद्ध कामनाओं की अनुपस्थिति में भी आँत में होने वाले दबाव के कारण ऐसे स्खलन हो जाते हैं। लेकिन, यह मानने के बजाय यह मानना हमारे लिए ज्यादा मददगार होगा कि उनका कारण भी अशुद्ध कामनाएँ ही हैं। हम हमेशा ऐसी कामनाओं के प्रति सचेत नहीं होते। पिछले दो हफ्तों में मेरे इस तरह के दो स्खलन हो चुके हैं। मुझे तो याद नहीं आता कि मैंने कोई सपना देखा हो। मैंने हस्तमैथुन कभी नहीं किया। इन स्खलनों का एक कारण मेरी शारीरिक कमजोरी जरूर हो सकती है, पर मैं यह भी जानता हूँ कि मेरे भीतर कहीं गहरे में अशुद्ध कामनाएँ हैं। जाग्रत अवस्था में तो मैं इस तरह के विचारों को दूर रखने में कामयाब रहता हूँ। लेकिन, शरीर के भीतर जो जहर की तरह छिपा है, वह हमेशा अपना रास्ता बना ही लेता है, कभी-कभी तो जबरन। मुझे इससे दुख है, पर मैं घबरा कर डर नहीं गया हूँ। मैं हमेशा चौकन्ना रहता हूँ। मैं दुश्मन का दमन

कर सकता हूँ, पर उसे पूरी तरह निष्कासित करने में कामयाब नहीं हो पाया हूँ। अगर मैं सत्य पर कायम रहा तो ऐसा करने में भी सफल हो जाऊँगा। दुश्मन सत्य की ताकत का सामना नहीं कर पाएगा। अगर तुम्हारी हालत भी मेरी जैसी ही है, तो मेरे अनुभव से सबक सीखो। कुल जमा बात यह है कि चाहे अपनी पत्नी से हो या किसी दूसरी औरत से, यौन आनंद की कामना उतनी ही अशुद्ध होती है। उसके नतीजे अलग-अलग होते हैं। इस समय तो हम दुश्मन पर उसकी बुनियादी प्रकृति के संदर्भ में विचार कर रहे हैं। इतना समझ लो कि जहाँ तक अपनी पत्नी के प्रति विषय-भोग की भावना का सवाल है, मैं जितना विषयी था उतना तुम्हें शायद ही कोई और मिले। यही कारण है कि मैंने अपनी दयनीय हालत का वर्णन तुम्हारे सामने किया और तुम्हें हिम्मत देने की कोशिश की।[३५]

जब किसी के मानस में इस तरह के एहसास हों कि शरीर में कोई 'शक्ति छिपी हुई है' और 'कोई दुश्मन है जिसे निष्कासित' करना है, तो देह एक अजनबी जमीन में तब्दील हो जाती है, एक ऐसी जमीन में जिस पर मनोभावों और आवेगों के वे राक्षस निवास करते हैं जो इयत्ता से टूट कर अलग हो गए हैं। उद्देश्य के प्रति एकाग्रता भंग की स्थिति में इयत्ता के और ज्यादा टुकड़े हो जाते हैं। नैतिक असमंजस के कारण आदिम किस्म के द्वंद्व सिर उठाने लगते हैं। दूसरों के जिन विचारों और प्रवृत्तियों को अपना कर हम शुरुआत में अपनी इयत्ता रचते हैं, वे सभी तत्त्व फिर से जाग खड़े होते हैं और खून का स्वाद चख कर या इससे भी बेहतर कहें तो जहर का स्वाद ले कर हमारी अस्मिता, संपूर्णता के हमारे एहसास, हमारे नैरंतर्य और हमारी एकनिष्ठता के लिए खतरा बन जाते हैं।

१९३५ के मध्य से गाँधी के जीवन में भावनात्मक रूप से कमजोर एक और दौर की शुरुआत हुई। उस समय गाँधी तकरीबन ६६ वर्ष के थे। उनका रक्तचाप खतरनाक रूप से नियंत्रण के बाहर हो गया जिसमें उनका स्नायुविक संतुलन बिगड़ जाना भी शामिल था। गाँधी को उनके डॉक्टरों द्वारा कुछ महीने तक पूरी तरह आराम करने की सलाह दी गई। गाँधी का कहना था कि उनकी तबीयत बहुत ज्यादा काम करने से तो खराब हुई ही है, साथ ही उसके पीछे उनकी दिमागी थकान का भी हाथ है। गाँधी के अनुसार उनके सहयोगियों की निजी समस्याओं के साथ सरोकार रखने और उनके प्रति भावनात्मक प्रतिक्रिया करने के कारण उन्हें थकान हुई थी। गाँधी का विचार था कि ये बातें देश की स्वाधीनता के समान ही महत्त्वपूर्ण

हैं। उन्हें अफसोस था कि वे गीता में दर्ज निरासक्ति के हिंदू आदर्श की उपलब्धि नहीं कर पाए हैं। डॉक्टरों द्वारा उन पर थोपे गए आराम की अवधि का इस्तेमाल गाँधी ने अपने गिरेबान में झाँक कर देखने के लिए किया। उन्होंने फैसला किया कि वे दो लड़कियों के कंधों पर हाथ रख कर चलना अब बंद कर देंगे। इसी दौरान उन्होंने 'एक त्याग' शीर्षक से अपने अखबार में लेख भी लिखा। लेख में गाँधी ने लड़कियों के कंधों पर हाथ रख कर चलने के अपने व्यवहार का इतिहास बताया, लड़कियों के प्रति अपने पितृतुल्य इरादों की पवित्रता का दावा किया, यह माना कि वे इस तरह की छूट लेने के खतरों से नावाकिफ नहीं थे, और बताया कि वे इस व्यवहार का त्याग युवा पीढ़ी के सामने अच्छी मिसाल पेश करने के मकसद से कर रहे हैं।[३६]

यहाँ उल्लेखनीय यह है कि डॉक्टरों ने जब उन्हें लिखने की इजाजत दे दी तो अपने पहले लेख में ही वे अपनी बीमारी के कारणों की चर्चा करते हुए अपने ब्रह्मचर्य के सवाल पर आ गए। उन्होंने बंबई में स्वास्थ्य लाभ करते हुए एक महिला से अपनी मुलाकात का जिक्र किया जिसने उन्हें न केवल बहुत अशांत किया बल्कि उन्हें अपने आप से नफरत भी हुई। साबरमती आश्रम की अपनी विश्वस्त और अनुयायी प्रेमा कंटक को लिखे एक पत्र में उन्होंने इस घटना के बारे में विस्तार से लिखा :

> मुझे हमेशा से स्वप्नदोष होता रहा है। दक्षिण अफ्रीका में दो स्खलनों के बीच शायद वर्षों का अंतर होता था। मुझे ठीक से याद भी नहीं है। लेकिन, यहाँ अंतर कुछ महीनों का है। मैंने अपने इन स्खलनों का जिक्र अपने एक-दो लेखों में भी किया है। अगर मेरा ब्रह्मचर्य बिना इस वीर्य स्खलन के होता तो दुनिया के सामने मैं शायद ज्यादा बातें पेश कर पाता। लेकिन, जो व्यक्ति पंद्रह से तीस वर्ष की आयु तक अपनी पत्नी के साथ ही सही पर विषय-भोग करता रहा हो, वैसे व्यक्ति के लिए ब्रह्मचारी होने के बावजूद वीर्य संरक्षण करना असंभव लगता है।
>
> वीर्य को रोक कर रखने की जिसकी ताकत पंद्रह साल तक प्रति दिन कमजोर हुई हो, उसे यह शक्ति एकदम मिल जाने की उम्मीद नहीं करनी चाहिए। इसीलिए मैं खुद को अपूर्ण ब्रह्मचारी मानता हूँ। लेकिन, जहाँ वृक्ष नहीं होते, वहाँ न काँटे होते हैं न ही झाड़ियाँ। मेरी यह कमजोरी सारी दुनिया को पता है।
>
> बंबई में हुआ त्रासद अनुभव विचित्र और पीड़ादायक था। मेरे सभी

स्खलन स्वप्नदोष के रूप में ही हुए हैं, जिससे मुझे परेशानी नहीं हुई। लेकिन, बंबई में तो यह अनुभव जागृत अवस्था में हुआ। मुझमें उस कामना की पूर्ति की कोई इच्छा नहीं थी।

मेरी देह पूरी तरह नियंत्रण में थी। लेकिन, मेरी कोशिश के बावजूद मेरा संवेदी अंग जाग्रत रहा। यह नया और अशोभनीय अनुभव था। मैंने इसके कारण का वर्णन किया है।* इस कारण को खत्म करने से संवेदी अंग की उत्तेजना शांत हो गई यानी वह जाग्रत अवस्था में उत्तेजित नहीं रह गया।

मेरी कमजोरी के बावजूद एक बात मेरे लिए बहुत आसान रही है, और वह यह है कि हजारों स्त्रियाँ मेरे हाथों में सुरक्षित रही हैं। मेरी जिंदगी में ऐसे कई मौके आए हैं जब कई स्त्रियाँ अपनी यौन कामनाओं के बावजूद बच गईं या मुझे ईश्वर द्वारा बचा लिया गया। मैं सौ फीसदी यह बात मानता हूँ कि भगवान ने ही मुझे बचाया। इसलिए मैं इस पर कोई गर्व नहीं करता। मैं ईश्वर से रोज प्रार्थना करता हूँ कि ऐसी स्थिति मेरे जीवन के अंत तक बनी रहे।

मेरा उद्देश्य शुकदेव के स्तर तक पहुँचना है।* मैं यह लक्ष्य हासिल नहीं कर पाया हूँ। अन्यथा वीर्य पैदा करने के बावजूद मैं नपुंसक हो गया होता, और स्खलन होना असंभव हो जाता।

हाल ही मैंने ब्रह्मचर्य के बारे में जो विचार व्यक्त किए हैं, वे नए नहीं हैं। इसका मतलब यह नहीं है कि मेरे जीवन में सारी दुनिया इस आदर्श को अपना लेगी या फिर हजारों पुरुष और स्त्रियाँ इसे मानने लगेंगे। इसमें हजारों वर्ष लग सकते हैं, पर ब्रह्मचर्य सत्य है, प्राप्त किया जा सकता है और इसे प्राप्त किया जाना चाहिए।

मनुष्य को अभी बहुत दूर जाना है। उसका चरित्र अभी भी पशु जैसा है। केवल रूप मनुष्य का है। लगता है कि हिंसा ने हमें चारों तरफ से घेर लिया है। इसके बावजूद जिस तरह सत्य और अहिंसा संदेह से परे हैं, उसी तरह ब्रह्मचर्य भी संदेह से परे है।

जो अपने प्रयासों के बावजूद सुलगते रहते हैं, वे पर्याप्त प्रयास नहीं कर रहे हैं। अपने मन में विकारों को पालते रह कर वे चाहते हैं कि उनका वीर्य स्खलन न हो और वे स्त्रियों से दूर रहें। गीता का दूसरा अध्याय ऐसे लोगों के बारे में ही है।

आजकल मैं विचार-शुद्धता में लगा हुआ हूँ। आधुनिक विचार ब्रह्मचर्य को गलत आचरण मानता है। जन्म नियंत्रण के कृत्रिम तरीके अपना कर वह यौन विकारों को नष्ट करना चाहता है। मेरी आत्मा इसके खिलाफ विद्रोह करती है। यौन कामना इस संसार में रहेगी, पर संसार की प्रतिष्ठा

ब्रह्मचर्य पर निर्भर करती है और करती रहेगी।[३७]

गाँधी ने इसे एक अक्षम्य 'त्रुटि' माना जिसके परिणामस्वरूप और अधिक आत्म-दमन की तरफ चले गए। आश्रम का संन्यासी जीवन भी उन्हें विलासितापूर्ण लगने लगा। उन्होंने आश्रमवासियों की देख-रेख कस्तूरबाई के हवाले की, और खुद गरीब अछूतों के एक दूरस्थ गाँव में एक कमरे की झोंपड़ी में रहने के लिए चले गए। हालाँकि उनकी इच्छा एकांतवास की थी, पर उनकी जैसी हैसियत के व्यक्ति के लिए अकेले रह पाना नामुमकिन था। जल्दी ही वे एक नए समुदाय के केंद्र में आ गए।

गाँधी के जीवन की एक और बेचैन अवधि उनकी जिंदगी के आखिरी दो साल की थी। वह १९४७ में आजादी मिलने की पूर्व संध्या का नजारा था। गाँधी की इच्छाओं के काफी-कुछ खिलाफ जाते हुए भारत विभाजन करके मुसलमानों के लिए पाकिस्तान के रूप में अलग देश बनाया जाने वाला था। गाँधी चाहते थे कि हिंदू और मुसलमान एक राज्य में सद्भावना से रहें, पर उनका यह सपना इस कदर खंडित हो चुका था कि कोई उम्मीद बाकी नहीं बची थी। देश का विभाजन बचाने के लिए गाँधी आजादी लेना भी स्थगित करने के लिए तैयार हो जाते, लेकिन उनकी आवाज उन सभागारों में पूरी जोरदारी के साथ नहीं गूँज पा रही थी जहाँ सत्ता के हस्तांतरण के लिए समझौता वार्ताएँ चल रही थीं। हवा हिंसा के अंदेशों से भारी थी। हिंदू और मुसलमानों की निगाह एक-दूसरे को संभावित कातिल या फिर मक़तूल के रूप में देख रही थी। कलकत्ता की भीड़ भरी गलियों और ग्रामीण बंगाल के सरसब्ज मैदानों में हत्याएँ तो शुरू हो ही चुकीं थी।

इन्हीं मैदानों में अठहत्तर साल का एक महात्मा थके हुए पाँवों से गाँव-दर-गाँव आगजनी, बलात्कार और हत्याओं के ज्वार को थामने की कोशिश करता हुआ घूम रहा था। जल्दी ही देश के अन्य बहुत से भाग इसकी गिरफ्त में आ जाने वाले थे। इस शांति की मुहिम पर गाँधी के साथ रहे कुछ घनिष्ठ साथियों ने अपनी आँखों से उनकी निराशा और लाचारी देखी। वे आधी रात को उनके कमरे से आने वाली 'क्या करूँ? क्या करूँ?' की आवाजें भी सुनते थे।[३८] गाँधी ने उन दिनों के बारे में लिखा है : 'मैं खुद को अतिरेक और मिथ्या के बीच पाता हूँ। मैं सत्य खोजने में असमर्थ हूँ। आपस में कितना जबरदस्त अविश्वास है। पुरानी से पुरानी दोस्तियाँ टूट

गई हैं। जिस सत्य और अहिंसा से मैं वचनबद्ध हूँ और मेरी जानकारी में जिनके दम पर मैं साठ साल से टिका हुआ रहा, उस सत्य और अहिंसा में वे विशेषताएँ नहीं दिख रही हैं जो मैं उनमें मानता रहा हूँ।'[३९]

अपनी 'विफलताओं' और हताशा की अनुभूति का कारण समझने के लिए ही शायद गाँधी ने अपनी खास शैली में अपने ब्रह्मचर्य की खामियों को जाँचा होगा। उन्होंने यह पता लगाने की कोशिश की होगी कि कामदेव ने कहीं उनके मस्तिष्क के किसी अनजान कोने में अपनी जीत तो दर्ज नहीं कर ली है और क्या इसी वजह से तो वे अपनी राजनीतिक क्षमताओं से वंचित नहीं हो गए हैं। इसीलिए इनसानी तबाही और राजनीतिक अनिश्चितता के बीच उन्होंने अपने साप्ताहिक अखबार में ब्रह्मचर्य पर पाँच लेखों की एक श्रृंखला लिख मारी। उनके पाठक चकित रह गए। गाँधी के अस्थायी सचिव एन.के. बोस ने लिखा भी है कि पाठकगण अंदाजा नहीं लगा पा रहे थे कि 'बेहद राजनीतिक लेखों के बीच यह श्रृंखला अचानक कैसे प्रकट हो गई।'[४०]

गाँधी के सरोकार का यह सार्वजनिक प्रमाण था, पर इससे भी ज्यादा उल्लेखनीय तो उनके निजी प्रयोग थे जिनके जरिये यह उम्रदराज महात्मा बड़े दयनीय ढंग से खुद को अपने ब्रह्मचर्य की ताकत का यकीन दिलाना चाहता था। गाँधी के इन प्रयोगों के बारे में जान कर कई लोगों को सदमा लगा। यह प्रयोग गाँधी द्वारा 'वृद्धावस्था में निर्वस्त्र युवतियों के साथ सोने' के रूप में जाना जाता है। यह अलग बात है कि इस प्रयोग के पीछे न तो इस कथन के प्रचलित अर्थों जैसा इरादा था, और न ही इसका नतीजा वैसा था। होता यह था कि किसी गाँव में ठहरते समय गाँधी का काफिला रात में मिले-जुले रूप में सोता था। गाँधी अपनी किसी घनिष्ठ महिला सहयोगी को अपने साथ अपने बिस्तर पर सोने के लिए कहते थे। इनमें उनकी १९ वर्षीय पोती भी होती थी।

सुबह उठ कर गाँधी यह सुनिश्चित करने की कोशिश करते थे कि उनमें या उनके साथ सोने वाले में कामुकता की कोई भावना तो पैदा नहीं हुई। अपने घनिष्ठ सहयोगियों द्वारा की गई आलोचना के बावजूद गाँधी इन प्रयोगों की तरफदारी करते रहे। उन्होंने इन आरोपों से इनकार करना जारी रखा कि इन प्रयोगों का उनमें शामिल स्त्रियों पर बुरा असर पड़ सकता है। बजाय इसके गाँधी की मान्यता थी कि वे स्त्रियाँ भी उस यज्ञ की अभिन्न

अंग हैं जो वे कर रहे हैं। इस यज्ञ का एकमात्र मकसद था व्यक्तिगत मानसिक पुंसत्व की पुनः प्राप्ति जिससे वे राजनीतिक घटनाओं और व्यक्तियों पर पुनः वह नियंत्रण प्राप्त कर सकें जो बड़े घातक ढंग से उनके हाथ से फिसलता लग रहा था। यहाँ एक बार फिर गाँधी अपने लक्ष्य के लिए अपनी कामनाओं का (जिनमें महिलाएँ भी शामिल थीं) दोहन करते हुए दिखते हैं। ऐसा गर्वीला अवगुण एक समझौताहीन पुण्यात्मा पुरुष में ही हो सकता था।

दो स्त्रियाँ

गाँधी की अधेड़ावस्था और फिर वृद्धावस्था में कई युवा स्त्रियाँ उनकी महात्मा छवि से आकर्षित हुईं। उनके उद्देश्यों या उनकी प्रसिद्धि से प्रभावित हो कर इन स्त्रियों ने गाँधीजी की निकटता प्राप्त करनी चाही, और अंततः उनके आश्रम-जीवन का अंग बन गईं। इनमें से कई औरतों को आश्रम के संन्यासी जीवन की कठोरताएँ अपनाने के लिए अपने मध्य या उच्चवर्गीय आरामदेह घर छोड़ने पड़े। ये महिलाएँ किसी भी लिहाज से आम औरतों जैसी नहीं थीं। इनमें से कुछ महिलाएँ तो न केवल 'अतिसंवेदनशील' थीं, बल्कि किसी न किसी बड़े भावनात्मक संकट से गुजर रही थीं। आज के जमाने में ऐसी ही स्त्रियाँ आधुनिक किस्म के संत-महात्माओं का शिष्यत्व ग्रहण करती हैं। दरअसल, गाँधी के पास आने वाली स्त्रियाँ उनके भीतर एक महात्मा और राष्ट्रवादी आकांक्षाएँ मूर्तिमान करने वाले नेता के साथ-साथ एक थेरेपिस्ट के दर्शन भी करती थीं। अगर एक अच्छे थेरेपिस्ट की निशानी यह है कि वह इनसान को नकारा बना देने वाली भावनात्मक अशांति की तीव्रता घटा कर उसकी छिपी हुई उत्पादक या रचनात्मक ताकतों को जागरूक कर देता है, उन क्षमताओं को जगा देता है जिनके बारे में न उस व्यक्ति को पता है और न ही जिनके बारे में समुदाय जानता है, तो फिर गाँधी को एक असाधारण थेरेपिस्ट मानना होगा। उनकी इस खूबी के बारे में हम आगे चर्चा करेंगे। तकरीबन विक्षिप्तावस्था में अपने पास आई इन औरतों को गाँधी ने ओजस्वी नेताओं में बदल दिया। इन स्त्रियों ने सामाजिक नवाचार में लगे संस्थानों का नेतृत्व किया और आजादी के आंदोलन में सक्रिय भागीदारी की।

गाँधी का इन औरतों के साथ रिश्ता कई लिहाज से आकर्षित करता है। इनमें पहली बात तो यह है कि गाँधी जब किसी औरत को किसी भी स्तर पर अपने अंतरंग दायरे में ले लेते थे, तो फिर उस रिश्ते को कायम रखने के लिए उनकी तरफ से हर तरह की दिक्कतें भी उठाई जाती थीं। देश के अन्य भागों का दौरा करने या फिर लंबी जेल यात्राओं के कारण उन्हें अपनी चुनिंदा स्त्री अनुयायियों से दूर रहना पड़ता था। ऐसी स्थिति में अपनी सार्वजनिक व्यस्तताओं के बावजूद वे उन्हें नियमित रूप से पत्र लिखने में कभी कोताही नहीं करते थे। इन पत्रों को अगर मिलाकर पढ़ा जाए तो महात्मा के आंतरिक द्वंद्वों की एक तस्वीर उभरती है। अपनी पसंदीदा स्त्री अनुयायियों की भूमिका गाँधी के जीवन में उस समय और भी अहम दिखती है जब उनकी भावनात्मक संवेदनशीलता बहुत मुखर होती थी।

इन पत्रों की सबसे अच्छी बात यह है कि इनमें गहन मानवता के दर्शन होते हैं। इनमें जीवन और उद्देश्यों के प्रति प्रज्ञा भरी पड़ी है। यहाँ तक कि तनाव के क्षणों में भी गाँधी इन पत्रों में स्त्रियों के प्रश्नों को हाथों-हाथ लेते हैं, उनकी अंतरंग समस्याओं पर उन्हें सलाह देते हैं और बड़ी खुशी के साथ हर किस्म की बीमारी का अपना पसंदीदा आहार संबंधी हल बताते नजर आते हैं। एक महिला को भेजे गए पत्र में गाँधी लिखते हैं : 'तुमने जो अंदाजा लगाया है, वह एकदम सही है। आश्रम की समस्याएँ हल करने में, और आश्रम के भीतर बहनों की समस्याएँ हल करने में मिलने वाला आनंद भारत की उलझनों का निबटारा करने के आनंद से भी बड़ा है।'[४२]

इन पत्रों का एक दूसरा उल्लेखनीय पहलू भी है। इनमें गाँधी की वह अनजानी कोशिश दिखती है जिसके तहत वे एक तरफ तो पत्र में स्त्री के साथ अपनी अंतरंगता बढ़ाते हुए दिखते हैं, और दूसरी तरफ कदम वापस खींचते हुए भी प्रतीत होते हैं ताकि वह स्त्री गाँधी द्वारा निर्धारित लक्ष्मण रेखा लाँघ कर अधिक निकट आने की कोशिश में कामयाब न हो सके। इसके परिणामस्वरूप स्त्री को लगने वाली ठेस या उसकी कदम वापसी को गाँधी रिश्ता टूटने की नौबत तक भी नहीं पहुँचने देते थे। गाँधी अपने खास तरह के आकर्षण और अनुनय क्षमता का इस्तेमाल करके उस औरत को फिर से अपनी ओर खींच लेते थे, और वह बेचारी स्त्री अंतरंगता और

अजनबियत के बीच में डोलती रह जाती थी। जाहिर है कि आश्रम में परस्पर निकट संपर्क में रहने वाली स्त्रियों के भीतर, और एक हद तक गाँधी के भीतर भी भावनाओं का उभार तो होता ही होगा। भावनाओं की इसी खदबदाहट से आश्रम के काँचघर जैसे माहौल में अक्सर विस्फोट भी होते रहते थे। हम यहाँ अपने आख्यानात्मक उद्देश्यों के मुताबिक ऐसे ही दो स्त्री प्रकरणों पर संक्षेप में नजर डालेंगे, हालाँकि इन दोनों महिलाओं की कहानियाँ अपने-आप में उपन्यास लिखने लायक सामग्री रखती हैं।

प्रेमा कंटक महाराष्ट्र के एक छोटे से कस्बे में रहने वाले मध्यवर्गीय परिवार से आई थीं। स्कूल में पढ़ते समय उन्होंने पहली बार गाँधी और दक्षिण अफ्रीका के भारतीयों के लिए किए गए उनके सराहनीय काम के बारे में सुना। पाँच भाइयों के बीच अकेली बेटी होने के कारण प्रेमा अपने पिता की चहेती थीं, और इसीलिए उन्हें उस जमाने में अपने वर्ग की अन्य लड़कियों के मुकाबले अधिक आजादी प्राप्त थी।

प्रेमा जैसे-जैसे जवान हुईं, उन्हें राष्ट्रवादी राजनीति का बुखार चढ़ने लगा। इसी के साथ निजी किस्म की आध्यात्मिक उलझनें भी उन्हें परेशान करती थीं। गाँधी की शख्सियत में इन दोनों बातों का जोड़ था। वैसे भी गाँधी कहते ही थे, 'धर्म से वंचित राजनीति खतरनाक होती है।'

गाँधी से प्रेमा की पहली मुलाकात तब हुई, जब वे पूना में उनके कॉलेज में छात्रों को संबोधित करने आए। प्रेमा ने स्वयं बताया है कि भाषण देने के बाद वे मंच पर बैठे गाँधी के पास गईं ताकि उनके पैर छू कर आदर व्यक्त कर सकें। लेकिन, गाँधी पालथी मार कर बैठे हुए थे जिसके कारण उनके पैर नीचे दबे थे। प्रेमा लिखती हैं :

> बिना किसी मानसिक संकोच के मैंने उनके घुटने उँगलियों से छुए और प्रणाम किया। शुरू में उन्होंने घूम कर मेरी तरफ देखा, प्रणाम का उत्तर दिया और फिर दूसरी तरफ देखने लगे। काश वे जान सकते कि उन्हें छू कर किस तरह मेरा हृदय अतुलनीय गर्व से खिल उठा था! उस पवित्र स्पर्श से मेरे हृदय में एक विद्युत तरंग सी दौड़ गई और मैं आनंद में डूबी हुई घर लौटी।[४३]

संवेदनशील, भावुक, योग्य और आदर्शवादी प्रेमा ने शादी करके एक पारंपरिक भारतीय लड़की का जीवन गुजारने से इनकार कर दिया। इसके

पीछे एक कारण सेक्शुअलिटी के प्रति उनका समस्याग्रस्त रवैया भी था जिसे कई विश्लेषक 'क्लासिकल किस्म के उन्माद' की श्रेणी में ही रखेंगे। प्रेमा लिखती हैं : 'एक बार सोलह की उम्र में भागवत पढ़ते हुए मैंने कपिल और देवहुति* के बीच हुई बातचीत पढ़ी। तब मैंने जाना कि बच्चे इस दुनिया में कैसे आते हैं। मुझे याद है कि किस तरह मेरे रोंगटे खड़े हो गए थे। मैंने अपने गर्भाधान की कल्पना की और अपने माता-पिता और अपनी देह के प्रति घृणा से भर उठी। मुझे अपना जीवन गंदा लगने लगा। यह घिन मैं कई वर्ष तक भुला नहीं सकी।'[४४] एक दिन पिता और उनकी चहेती बेटी के बीच जम कर झगड़ा हुआ और प्रेमा घर छोड़ कर स्त्रियों के होस्टल में रहने चली गई। बच्चों को पढ़ा कर उसने अपनी जीविका चलाई और एमए की डिग्री के लिए अपनी पढ़ाई भी करती रही।

गाँधी के प्रति प्रेमा का आकर्षण और उनके साथ आश्रम में रहने का फैसला आसानी से समझा जा सकता है। आश्रम-जीवन और उसके आदर्शों के लिहाज से प्रेमा को वहाँ घिनौनी सेक्शुअलिटी से सुरक्षा का आश्वासन उपलब्ध था। प्रेमा की मनपसंद कल्पना गाँधी को एक आदर्श माता-पिता के रूप में देखने की थी। यह कल्पना असली माता-पिता से मिली निराशा की भरपाई कर देती थी। अपनी राजनीतिक और आध्यात्मिक दिलचस्पियों के दायरे में भी प्रेमा के लिए गाँधी की भूमिका एक सराहनीय पथप्रदर्शक की थी, क्योंकि वे उनकी आत्मिक जरूरतों को समझ सकते थे।

तेईस साल की उम्र में निर्दोष उत्साह से भरी हुई प्रेमा अहमदाबाद में गाँधी के पास पहुँचीं। आदत के मुताबिक गाँधी ने पहले उन्हें हतोत्साहित किया। गाँधी ने उन्हें विस्तार से बताया कि अगर उन्होंने आश्रम का जीवन स्वीकार किया तो उन्हें किस तरह कठोर शारीरिक परिश्रम करना पड़ेगा, रोज सब्जियाँ काटनी पड़ेंगी, चक्की पीसनी पड़ेगी, खाना पकाना पड़ेगा, बर्तन धोने पड़ेंगे और शौचालय साफ करने पड़ेंगे। लेकिन, जवानी के जोश और आदर्शवाद में प्रेमा को ये सब बातें मामूली लगीं। आश्रम में अपनी पहली रात गुजारते हुए प्रेमा ने एलान किया, 'मैं कुछ जबरदस्त कर दिखाना चाहती हूँ।' गाँधी ने उनके जोश पर ठंडा पानी डाले बिना संयमित करने के लिए कुछ वक्रोक्ति के साथ कहा, 'सबसे जबरदस्त काम तो इस समय तुम यह कर सकती हो कि जा कर सो जाओ।'[४५]

एक बार जब गाँधी बाहर गए हुए थे, भोर के वक्त प्रेमा को एक

सपना आया। उन्होंने देखा कि वे छोटी-सी बच्ची हैं और गाँधी की गोद में लेटी हुई हैं। गाँधी के वक्ष से मीठे और पौष्टिक दूध की धार बह कर सीधी उनके मुँह में गिर रही है। प्रेमा दूध पी रही हैं और महात्मा कह रहे हैं, 'पियो, पियो और पियो।' प्रेमा छक कर दूध पी लेती हैं, पर गाँधी फिर भी उनसे और पीने का आग्रह कर रहे हैं। प्रेमा के कपड़े और देह पूरी तरह दूध में तर हो चुके हैं, पर दूध की धार है कि बंद होने का नाम ही नहीं ले रही है। यह सपना देखते हुए अलार्म बजने पर प्रेमा की नींद टूटी।[४६]

प्रेमा ने गाँधी को अपना सपना बताया और उसका मतलब पूछा। गाँधी का जवाब था, 'सपने सात्विक हो सकते हैं, और राजसिक भी। तुम्हारा सपना तो पवित्र किस्म का है। इसका मतलब है कि तुम मेरे साथ सुरक्षित महसूस करती हो।'[४७] फ्रॉयडियन परंपरा के लिहाज से सपने की इस व्याख्या में त्रुटि नहीं निकाली जा सकती। एक नैसर्गिक मनोविश्लेषक के रूप में गाँधी मरीज को रिश्ते के इस चरण में भरोसा बँधाते हैं, और उसे प्रोत्साहित करते हैं कि वह भी उन्हें अपना भरोसा दे। यहाँ गाँधी अनजाने में मनोविश्लेषण के उसी तकनीकी नियम का पालन करते हुए दिखते हैं जिसके तहत विश्लेषक सतह से चल कर गहराइयों तक पहुँचता है। शुरुआत में मनोविश्लेषक स्वप्न-छवियों के गहरे तात्पर्यों के बारे में अपनी परिकल्पना मरीज को नहीं बताता, और चुपचाप अपने तक ही सीमित रखता है। इस परिकल्पना में दूध वीर्य का पर्याय भी हो सकता था। प्रेमा के सपने में उसकी अतृप्य लोलुपता पढ़ी जा सकती है, उसमें उत्पीड़नकारी वक्ष की संभावित फैंटेसी भी छिपी हो सकती है।

आज के किसी भी गुरु के आश्रम की ही तरह उस आश्रम में भी स्त्रियों के बीच गाँधी का ध्यान खींचने की बड़ी जबरदस्त होड़ रहती थी। शाम को टहलने के लिए जाते समय गाँधी अपने हाथ आश्रम की दो लड़कियों के कंधों पर रख कर चलते थे। इस बात को लेकर स्त्रियों में बड़ी जलन-कुढ़न रहती थी। वे कड़ी निगाह रखती थीं किसी स्त्री की ज्यादा तरफदारी तो नहीं की जा रही है। इस बात का ध्यान रखा जाता था कि कितने बार किस लड़की को इस काम के लिए चुना गया और कितनी देर तक बापू का हाथ किसके कंधे पर रहा। जब लड़कियाँ छेड़ती थीं तो शुरू में प्रेमा को चिढ़ होती थी, 'प्रेमाबेन, बापूजी तुम्हारे कंधों पर तो अपना हाथ रखते ही नहीं।' प्रेमा का तुर्की-बतुर्की जवाब होता, 'वे क्यों रखने

लगे। मैं तुम लोगों जैसी नहीं हूँ कि इसके लिए आगे झपटूँ।' इस पर प्रेमा को सुनाया जाता, 'नहीं, वे कैसे रख सकते हैं। आश्रम का नियम तो यह है कि वे केवल उन लड़कियों के कंधों पर हाथ रखेंगे जिनकी उम्र सोलह से कम होगी।'[४८]

एक दिन जब प्रेमा को अपनी उपेक्षा बर्दाश्त नहीं हुई तो वह गाँधी के पास गई। गाँधी ने उससे कहा : अगर वह चाहती है कि उसके साथ कम उम्र की लड़की जैसा व्यवहार करें तो उसे आश्रम के अधीक्षक की इजाजत लेनी होगी। इस पर प्रेमा के आत्मसम्मान को ठेस लगी और वह गुस्से में इतना कह कर चली गई : 'आपके हाथ के लिए मैं क्यों इतनी ललचाती फिरूँ कि मुझे उसके लिए इजाजत लेनी पड़े?' एक बार रात में जब गाँधी अपने किसी आहार संबंधी प्रयोग के कारण हैजे से पीड़ित थे तो शौचालय जाते समय कमजोरी के कारण बेहोश हो गए। प्रेमा ने उनके गिरने की आवाज सुन ली और उनकी मदद के लिए पहुँची। गाँधी उसकी देह का सहारा ले कर वापस गए और उन्हें बिस्तर पर लिटाने के लिए प्रेमा को उन्हें उठाना तक पड़ा। उस रात के बाद से वे अक्सर शाम के समय टहलते वक्त प्रेमा के कंधे पर हाथ रखने लगे। मैं कल्पना कर सकता हूँ कि प्रेमा उस समय कितने गर्व के साथ अपने आस-पास देखती होगी, क्योंकि गाँधी की पसंदीदा स्त्री बनने के प्रच्छन्न संघर्ष में यह उसकी जीत थी। गाँधी की निकटता पाने के आह्लाद में प्रेमा ने एक दिन उनका हाथ चूम लिया, और कहा, 'ब्रिटिश साम्राज्य को हिला देने वाला हाथ इस समय मेरे कंधों पर रखा हुआ है। यह कितने फख्र की बात है!' इस पर गाँधी हँसे और अपना सीना अकड़ाकर बादशाह सरीखी चाल का मंचीय अभिनय दिखाकर बोले, 'हाँ, हम सभी को कितना फख्र है।'[४९]

१९३३ में जब प्रेमा की उम्र सत्ताइस साल की थी, गाँधी ने उसे आजीवन ब्रह्मचारी रहने का वचन देने की भिक्षा माँगी। प्रेमा ने जवाब में उन्हें लिखा कि उनका यह आग्रह मानने में उसे कोई दिक्कत नहीं होगी क्योंकि ब्रह्मचर्य उसका भी आदर्श है। एक तरह के अविचारित दर्प के साथ उसने इस बात में यह भी जोड़ दिया : 'मैं किसी भी पुरुष के साथ रात भर एक ही बिस्तर पर सो सकती हूँ पर सुबह एक निर्दोष बच्चे की तरह ही उठूँगी।' दरअसल, यह कह कर प्रेमा ने गाँधी की दुखती रग छेड़ दी थी। गाँधी ने उसे नसीहत दी कि ऐसा दर्प किसी ब्रह्मचारी को शोभा नहीं

देता। उन्होंने मिथकों से दृष्टांत देते हुए बताया अपने ब्रह्मचर्य पर गर्व करने वालों का संयम कितनी बुरी तरह भंग होता है। फिर प्रेमा कोई देवी तो है नहीं, क्योंकि उसे मासिक धर्म तो होता ही है। गाँधी को यकीन था कि अगर स्त्री वास्तव में ब्रह्मचारी होगी तो उसका मासिक धर्म पूरी तरह रुक गया होगा। वे मानते थे कि मासिक धर्म असल में एक विकार ही है। वह औरत की आत्मा की एक यौनिक विकृति के अलावा कुछ नहीं है।[५०]

धीरे-धीरे प्रेमा को आश्रम के संचालन की अधिकाधिक जिम्मेदारियाँ दी जाने लगीं, हालाँकि आश्रम की अन्य सभी औरतों की तरह उसका संघर्ष भी गाँधी की अंतरंग निकटता पाने का ही बना रहा। गाँधी पूरी कोशिश करते थे कि प्रेमा का ध्यान आश्रम की बिरादरी पर ही केंद्रित रहे। उनकी हिदायत थी कि वह खुद को इस बिरादरी का माने और बिरादरी बदले में उसे अपना। बदले में प्रेमा का तर्क होता था : 'आप मुझे प्यारे हैं, इसीलिए 'आपका' आश्रम मुझे प्यारा है। प्रेम सहारा चाहता है, प्रेम स्पर्श चाहता है। यह मानवीय प्रकृति ही है कि न केवल मन सहारा चाहता है, बल्कि देह और संवेदी इंद्रियाँ भी सहारा चाहती हैं।'[५१] तब गाँधी उसे सलाह देते थे कि उसे अपने मनोभावों का परिष्कार करना चाहिए। वे उसे स्नेह के साथ उन्मादी बोलते, और फिर बताते कि उन्मादी कहने का उनका मतलब भावनाओं के तूफान में बह रहे व्यक्ति से है। वे प्रेमा को उसकी खामियों के लिए डाँटते, और अगर वह कुछ हताशा दिखाती तो बहला कर वापस रास्ते पर लाते। प्रेमा स्नेह से गाँधी को 'बूढ़े प्रियतम' के संबोधन से याद करती थी। जब उसने कहा कि इस बूढ़े प्रियतम ने उसे फँसा लिया है, तो गाँधी ने जवाब दिया :

> मैं किसी को अपने जाल में नहीं फँसाना चाहता। अगर हर कोई मेरी कठपुतली बन गया तो मेरा क्या होगा? मैं इस तरह की कोशिश निरर्थक मानता हूँ। लेकिन, अगर मैं किसी को फँसाने की कोशिश करता भी हूँ, तो भी तुम्हें अपना आत्म-विश्वास नहीं खोना चाहिए। तुम्हारे पत्र बताते हैं कि तुम चौकन्नी हो। हाँ, यह बात सही है कि तुम्हें हमेशा डर लगता रहा है कि कहीं तुम मेरे जाल में न फँस जाओ। यह अच्छा संकेत नहीं है। एक बार जब तुमने तय कर लिया है (अपना सब कुछ मेरी खातिर कर देने के लिए) तो फिर डर किस बात का? या फिर कहीं ऐसा तो नहीं है कि 'फँसा लेने' से मेरा और तुम्हारा मतलब अलग-अलग हो?[५२]

जाल में फँस जाने के इस एहसास को विश्लेषकों की निगाह कुछ

इस तरह देखेगी जैसे कि प्रेमा गाँधी से संबंधित अपनी अचेत कामनाओं के कारण हताशा की शिकार हो गई हो। बहरहाल, इसी कारण से प्रेमा ने गाँधी से कटने की कोशिश भी की। वह गाँधी से ऐसे कई मसलों पर भिड़ गई जो बाद में देखने पर मामूली किस्म के ही लगते हैं। गाँधी और उनके आदर्शों की समर्पित अनुयायी के रूप में प्रेमा वाकिफ थी कि महात्मा से उसका अलगाव किस स्तर का है। अंतत: १९३९ में वह महाराष्ट्र वापस गई और एक छोटे से गाँव में एक आश्रम की स्थापना की। इसका उद्देश्य था गाँधी के सामाजिक एजेंडे का कार्यान्वयन : गरीबों और अछूतों का उत्थान, स्त्री शिक्षा, ग्राम समुदाय की आत्मनिर्भरता, आदि। गाँधी से शुरुआती मुलाकात के समय देखे गए विलक्षण स्वप्न की तरह दोनों का अलगाव भी एक और सपने का कारक बना। प्रेमा ने देखा कि वह एक विशाल मैदान में अकेली है जहाँ दूर क्षितिज पर जमीन और आसमान मिल रहे हैं। वह मैदान के बीच में कुर्सी पर बैठी है और उसके आसपास हरी घास है। उसे लगता है कि कुर्सी के पीछे कोई आदमी है। वह उसे देख तो नहीं सकती, पर उस पुरुष के संरक्षक और साथी होने में उसे कोई शक भी नहीं है। अचानक चार-पाँच सुंदर और अच्छे कपड़े पहने हुए लड़के दौड़ते हुए आते हैं जिनके हाथों में फूलों की टोकरियाँ हैं। वह लड़कों से बात करने लगती है। फूलों की टोकरियाँ लिए हुए बच्चे और आते जा रहे हैं। आसमान से उसके ऊपर फूलों की बरसात होने लगती है। वह झटके से जाग जाती है। जागने के बाद जब वह सपने के बारे में सोचती है तो उसे यकीन हो जाता है कि उसके पीछे खड़ा पुरुष गाँधी ही थे, और उनका आशीर्वाद उसके साथ हमेशा रहेगा।[५३]

मैं इस सपने और उसके संदर्भ पर जितना सोचता हूँ, उतना ही मैं यह सोचने पर मजबूर होता जाता हूँ (इसका ताल्लुक उस सपने की व्याख्या से कम और उससे मेरे संबंध का ज्यादा है) कि शायद यह सपना प्रेमा की अंतर्विरोधी कामनाओं की पूर्ति करने वाला था। गाँधी की जिस दुनिया से प्रेमा हाल ही में निष्कासित हुई थी, उसी के केंद्र में उसकी वापसी होते ही वह हिंदू मिथकों की उसी ब्रह्मचर्य से परिपूर्ण देवी की तरह महसूस कर रही थी जिसके ऊपर स्वर्ग से देवता अनुमोदन और श्रद्धांजलि स्वरूप पुष्पवर्षा करते हैं। दूसरी तरफ, इस सपने में प्रेमा महात्मा की जीवनसाथी भी बन जाती है। कस्तूरबाई ने तो गाँधी को चार बच्चे ही पैदा करके दिए

थे, पर प्रेमा तो उन्हें और भी कई प्यारे-प्यारे और प्यार करने वाले बच्चे देती है।

चूँकि प्रेमा की जज्बाती जिंदगी के केंद्र में गाँधी के आदर्श कम और उनकी शख्सियत ज्यादा थी, इसलिए उनके निधन के बाद धीरे-धीरे प्रेमा पर पहले वाली आध्यात्मिक दिलचस्पियाँ हावी होती चली गईं। वे योगियों और रहस्यदर्शी साधुओं के साथ वक्त गुजारने लगीं। गाँधी की याद और उनके साथ गुजारे गए साल उनके जेहन के एक कोने में सिमट कर रह गए। यह कोना कभी-कभी ही खुलता, और बड़े निजी तौर पर उन यादों का आस्वादन किया जाता। गाँधी की स्मृतियाँ शेष जीवन में अवसाद के क्षणों में उन्हें चुपचाप ढाढ़स बँधाती रहीं।

गाँधी की पसंदीदा स्त्रियों में एक और थीं, मेडलाइन स्लेड जो कई तरह से कुछ ज्यादा असामान्य समझी जाएँगी। वे ब्रिटिश नौसेना के एक एडमिरल की बेटी थीं जो ईस्ट इंडीज स्क्वाड्रन के कमांडर थे। इस प्रकार स्लेड अंग्रेज हुक्मरानों की उस दुनिया की सदस्य थीं जो गाँधी से एक जबरदस्त दुश्मन के रूप में नफरत भी करता था, और डरता भी था। उस जमाने के उच्चवर्गीय अंग्रेज घर की आजादी में उनका लालन-पालन हुआ था। लेकिन, मेडलाइन बताती हैं कि तीस की उम्र पार करने के बाद गाँधी को खोज लेने और भारत रवाना होने से पहले वे कई वर्षों से दुखी और असंतुष्ट चल रही थीं।[५४] वे बीथोवन की बहुत बड़ी प्रशंसक थीं। उन्होंने सोचा था कि बीथोवन के संगीत और जीवन के अध्ययन में ही वे अपना जीवन समर्पित कर देंगी। लेकिन, रोम्याँ रोलाँ द्वारा गाँधी पर लिखी गई किताब (महात्मा गाँधी, १९२४) पढ़ने के बाद उनकी इस योजना में जबरदस्त तब्दीली आ गई। मेडलाइन ने जल्दबाजी नहीं की। पहले उन्होंने आश्रम का कठिन जीवन गुजारने के लिए खुद को तैयार किया। अपनी सामान्य प्रवृत्तियों के अनुसार मेडलाइन ने अपना मकसद हासिल करने के लिए बड़ी एकाग्रता का परिचय दिया। उन्होंने चरखा कातना और जमीन पर पालथी मार कर बैठना सीखा। मद्यपान पूरी तरह से छोड़ दिया, शाकाहारी हो गईं और उर्दू सीखी। फिर उन्होंने गाँधी को अपनी इच्छा व्यक्त करते हुए पत्र लिखा। गाँधी ने उन्हें एक सौहार्दपूर्ण उत्तर भेज कर

आश्रम में आने का निमंत्रण दिया।

मेडलाइन एक लंबी-तगड़ी स्त्री थीं। वे सुदर्शन तो थीं, पर उनके रूप में लावण्य नहीं था। उन्होंने आश्रम के संन्यासी जीवन को उत्सुकता के साथ अपना लिया। वे हर हालत में कोशिश करतीं कि किसी न किसी प्रकार गाँधी के साथ लगी रहें। मेडलाइन के इस चिपकू रवैये से गाँधी को काफी दिक्कत हुई। शायद इसका एक कारण वह भावना थी जो गाँधी में मेडलाइन द्वारा उनके साथ शारीरिक निकटता के आग्रह के कारण पैदा हो जाती थी। चौबीस साल लंबे साथ में गाँधी ने मेडलाइन को बार-बार दूरस्थ इलाकों में बने आश्रमों में काम करने के लिए भेजा। गाँधी से अलगाव होने पर हर बार मेडलाइन को विकलता सताने लगती और वे 'हृदय के संघर्ष' (उनके अपने शब्दों में) और 'आध्यात्मिक पीड़ा' (गाँधी के शब्दों में) के तहत गाँधी के पास दौड़ी चली आतीं। हर बार गाँधी उन्हें दूर भेज देते। गाँधी ने पूरी कोशिश की कि वे मेडलाइन की उन्हीं में लगी लगन को उस मकसद में लगा पाएँ जिसके लिए वे दोनों काम कर रहे थे :

> आज की विदाई बड़ी दुखपूर्ण थी, क्योंकि मैंने देखा कि मैंने तुम्हें तकलीफ पहुँचाई है। मैं चाहता हूँ कि तुम अपनी सारी खामियों से मुक्ति पा लो ...
>
> अपनी विकलता त्याग दो। तुम्हें मेरे साथ नहीं लगा रहना चाहिए, क्योंकि यह तो केवल शरीर है। देह के बिना आत्मा हमेशा तुम्हारे साथ है। और यह बेहतर है क्योंकि देह में कैद आत्मा उन सभी कमजोरियों की शिकार होती है जो हाड़-मांस में होती ही हैं। देह के बिना आत्मा संपूर्ण होती है, और उसी की तो हमें जरूरत है। उसका एहसास तभी किया जा सकता है जब हम निरासक्ति का अभ्यास करेंगे। तुम्हें भी यही हासिल करने की कोशिश करनी चाहिए।
>
> अगर मैं तुम्हारी जगह होता तो इसी तरह अपना विकास करता। लेकिन तुम्हें अपने तरीके से अपना विकास करना चाहिए। इसलिए अगर तुम्हारे दिल या दिमाग को मेरी कोई बात न जँचे तो उसे खारिज कर दो। तुम्हें अपनी शख्सियत किसी कीमत पर नहीं छोड़नी चाहिए। अगर जरूरत पड़े तो तुम्हें मेरा प्रतिरोध करना चाहिए। क्योंकि हो सकता है कि तुम्हारे प्रति अपने समस्त प्रेम के बावजूद मैंने तुम्हें गलत समझा हो। मैं नहीं चाहता कि तुम मुझे निरभूल मान लो।[५५]

मेडलाइन का नाम गाँधी ने मीरा ठीक ही रखा था, क्योंकि उनकी गाँधी के प्रति प्रेमांधता मीरा की कृष्ण के प्रति प्रेमांधता से किसी मायने में

कम नहीं थी। मेडलाइन पर किसी समझाने-बुझाने का असर नहीं होता था। उनके भीतर जिन ताकतों की लड़ाई छिड़ी हुई थी, उन पर पार पाना आसान नहीं था। मनोविश्लेषक राल्फ ग्रीनसन ने ऐसी ही महिलाओं के बारे में बताया है कि उन्हें मनोविश्लेषण के जरिये अपनी थाह लेने की कम और विश्लेषक की निकटता का आनंद उठाने की जरूरत ज्यादा होती है।[५६] इस तरह के स्त्री-मरीजों की जिंदगी में उपलब्धियाँ होती हैं, उनका सामाजिक जीवन भी ठीक-ठाक होता है, लेकिन प्रेम के मामले में वे असंतोष की शिकार रहती हैं। वे किसी की शख्सियत से समरस हो जाने की इच्छा से ग्रस्त रहती हैं। वे उसके प्रति स्वत्वबोध रखती हुई उसमें विलीन हो जाना चाहती हैं। गाँधी का मीरा के प्रति रवैया किसी विश्लेषक के मरीज के प्रति रवैये से मिलता-जुलता था। वे हमदर्दी से उनकी बात सुनते, साथ में उनकी तृप्ति संबंधी आकांक्षाएँ कुंठित होती रहतीं। इसका असर प्रेम की अग्नि भड़काने वाली जड़ी की तरह होता, उनके भीतर प्रेम करने की क्षमताएँ और सघन होतीं, उनमें नए कल्ले फूटते।[५७] परिणामस्वरूप मीरा का महात्मा के प्रति वह भाव और तीव्र हो जाता जिसे विश्लेषक अंतरण की प्रक्रिया के नाम से पुकारते हैं। अंतरण यानी सघन प्रेम का वह प्रकार जो हमारे जीवन में वही भूमिका निभाता है, जिसकी पूर्ति बचपन में माता-पिता के जरिये होती है।

मान्यता है कि मीरा और महात्मा का रिश्ता एकतरफा नहीं था, और मीरा भी गाँधी के भीतर अपने लिए 'प्रति-अंतरण' की भावना पैदा करने में सफल हो गई थीं। इसकी पर्याप्त पुष्टि गाँधी द्वारा मीरा को लिखे पत्रों से हो जाती है। एक बार १९२७ में जब मीरा को पता चला कि गाँधी काफी तनाव में चल रहे हैं, तो वे दौड़ी-दौड़ी उनके पास आईं, पर गाँधी ने उन्हें उसी तत्परता के साथ वापस भेज दिया। तब गाँधी ने मीरा को पत्र लिखा :

> यहाँ पहुँचने पर मैं तुम्हें प्रेम संदेश भेजने से खुद को नहीं रोक पाया। तुम्हें जाने देने के बाद मैं बहुत दुखी हो गया। मैंने तुम्हारे प्रति बड़ी कठोरता बरती है, पर इसके अलावा मैं और कर ही क्या सकता था। मुझे एक ऑपरेशन करना था जिसके लिए मुझे खुद को स्थिर करना जरूरी था। अब हमें आशा करनी चाहिए कि सब कुछ ठीक-ठाक चलेगा और सारी कमजोरी खत्म हो जाएगी।[५८]

इस पत्र के अगले दिन ही गाँधी ने मीरा को एक पोस्ट कार्ड भेजा :

'यह सिर्फ तुम्हें यह बताने के लिए लिख रहा हूँ कि मैं तुम्हें अपने दिमाग से नहीं निकाल सकता। हर संगीन ऑपरेशन के बाद हर सर्जन के पास एक राहत देने वाली मलहम होती है। यही है मेरी मलहम ...।'[५९] दो दिन बाद उन्होंने एक और पत्र लिखा :

> तुम्हारा हाल जानने के लिए मैं इस बार जितना चिंतित कभी नहीं हुआ, क्योंकि एक गंभीर ऑपरेशन के बाद मैंने तुम्हें कुछ ज्यादा जल्दी ही वापस भेज दिया था। पिछली रात तुम नींद में भी याद आती रहीं, और जिनके पास तुम्हें भेजा था उन दोस्तों ने जानकारी दी कि मैं नींद में प्रलाप कर रहा था पर खतरे की कोई बात नहीं है। उनका कहना था, 'आप चिंतित न हों। हम इनसानी तौर पर जितना हो सकता है उतना कर रहे हैं।' मैं जब जागा तो मन में बड़ी चिंता थी और भगवान से मनाया कि तुम्हें किसी किस्म का नुकसान न हो ...।[६०]

कारागार से अपनी भावनाएँ व्यक्त करना गाँधी के लिए ज्यादा आसान था, क्योंकि वहाँ वे मीरा की दुराग्रही दैहिकता से सुरक्षित थे। मीरा के लिए स्तोत्रों की एक किताब का अंग्रेजी में अनुवाद करते हुए उन्होंने लिखा : 'तुम्हारे लिए स्तोत्रों का अनुवाद करते हुए मैं काफी आनंद प्राप्त कर रहा हूँ। स्नेह की नरम सुखदायक बौछारों के रूप में अपने प्रेम की अभिव्यक्ति करने के बजाय क्या अक्सर मैंने तूफानी अभिव्यक्ति का सहारा नहीं लिया है? उन्हीं तूफानों की यादों ने सिर्फ तुम्हारे लिए किए जा रहे इस अनुवाद का सुख और बढ़ा दिया है।'[६१] अपनी अन्य पसंदीदा स्त्रियों की भाँति मीरा को भी गाँधी एक सीमा से अधिक दूर करने के लिए तैयार न थे। यह सीमा उनके अवचेतन में कहीं स्थित थी और जिसे वे खुद को दुरुस्त रखने के लिए बहुत जरूरी मानते थे।

यह रिश्ता बच्चे और माँ जैसा था। दुनिया का पहली बार संधान करता हुआ बच्चा माँ से एक खास दूरी तक ही जा पाता है, क्योंकि एक अदृश्य डोरा उसे लगातार माँ के साथ बाँधे रहता है। स्थायी अलगाव की किसी भी संभावना से गाँधी भी परेशान हो उठते थे, और तुरंत उनका प्रयास होता था कि किसी तरह उस स्त्री को फिर से नजदीक खींच लिया जाए।

> चिरंजीव मीरा,
>
> तुम दिमाग पर छायी हुई हो। मैं खुद को देखता हूँ तो तुम्हारी याद आती है। मैं कातने के लिए चरखा खोलता हूँ, तो तुम्हारी याद आती है। यही होता रहता है। लेकिन, इसका भी क्या फ़ायदा? तुमने जो किया, वह एकदम सही

था। तुमने अपना घर छोड़ा, अपने लोगों को छोड़ा और अपने प्रियजनों को भी छोड़ दिया है, लेकिन मेरी निजी सेवा के लिए नहीं, बल्कि उस उद्देश्य के लिए जिसके लिए मैं संघर्ष कर रहा हूँ। तुम हमेशा अपना प्रेम मेरे ऊपर निजी तौर पर बरबाद करती रहती हो, और इस बेजा इस्तेमाल से मैं खुद को कसूरवार महसूस करता हूँ। इसीलिए जरा सा बहाना मिलते ही मैं फट पड़ता हूँ। चूँकि अब तुम मेरे पास नहीं हो, इसलिए अब मुझे हर बार तुम्हें इतनी बुरी तरह डाँटने के लिए अपने ऊपर ही गुस्सा आ रहा है। लेकिन, तुमसे अपनी सेवा करवाते हुए मैं अंगारों पर लोट रहा था। तुम अगर खुशी-खुशी मेरे उद्देश्य के लिए काम करोगी, तो वही मेरी सच्ची सेवा होगी। अब उदास होने की जरूरत नहीं। खुश रहो।

इस पर मीरा की टिप्पणी यह थी, 'यह बड़ी मुश्किल जद्दोजहद थी। मैं भी अंगारों पर लोट रही थी, क्योंकि मैं महसूस कर सकती थी कि बापू की भी यही हालत थी। यह एक ऐसा मौका था जब मैं किसी न किसी प्रकार खुद को उनसे दूर करने में सफल हो गई थी।'[६२]

१९३६ में गाँधी की तबीयत कुछ ठीक हुई और उन्होंने तय किया कि वे साबरमती छोड़ कर एक दूरस्थ ग्राम में जा कर रहेंगे। मीरा को लगा कि अब उन्हें अपनी वह इच्छा पूरी करने का मौका मिल जाएगा जो उसके दिल में न जाने कबसे बसी हुई थी। वे देहात में बापू के साथ रहना चाहती थीं। लेकिन, गाँधी अड़ गए। उन्होंने कहा कि वे मीरा के गाँव में तभी रहेंगे जब वह पास के गाँव में रहने के लिए चली जाएगी। इस बारे में मीरा ने लिखा है, 'इससे मेरा दिल तकरीबन टूट ही गया। लेकिन किसी तरह मैं काम में लगी रही और जब अंत में बापू ने सीगाँव आ कर रहने का फैसला किया तो मैंने उनके लिए कुटिया और गौशाला तैयार करने की खुशी में अपने दुख को डुबो दिया। अपने लिए मैंने एक मील दूर वड़ोदा गाँव की हरियाली पट्टी पर एक कुटिया बनायी, और सीगाँव में बापू के आगमन के एक हफ्ते के भीतर पहाड़ी पर बनी कुटिया में चली गई जहाँ मेरे साथ केवल मेरा घोड़ा ही था।'[६३] एक लिहाज से मीरा और महात्मा के बीच यह दूरी भी अपेक्षाकृत कम ही थी, पर जल्दी ही राजनीतिक घटनाक्रम ने मीरा से यह सुख भी छीन लिया और गाँधी अपनी यात्राओं पर रवाना हो गए।

१९४८ में गाँधी के निधन के समय मीरा ऋषिकेश के पास हिमालय की तलहटी में बने एक आश्रम में रह रही थीं। उसका सारा समय बगल

के गाँव के मवेशियों की देखभाल में लगता था। वे हिमालय में और गहरे उतरते हुए एक के बाद एक आश्रम खोलती रहीं। मीरा भारत में १९५८ तक रहीं और गाँधी की खोज में घर छोड़ने के ३५ साल बाद उन्होंने यूरोप लौटने का फैसला किया। १९६४ में मैं एक दोस्त के साथ वियना के पास बेडन के पास बने जंगलों में मीरा से मिलने गया। वहाँ उन्होंने एक अलग-थलग से फार्म हाउस में घर बना रखा था। उनके साथ एक कुत्ता और ऋषिकेश का एक बूढ़ा भारतीय नौकर रहता था। वे हमसे कृपापूर्वक पर संयम से मिलीं, हमें चाय-बिस्कुट से नवाजा और कुछ-कुछ भावहीन ढंग से भारत के घटनाक्रम के बारे में पूछताछ की। लेकिन, मीरा ने गाँधी के बारे में बात करने से इनकार कर दिया और कहा कि अब उनकी गाँधी में कोई दिलचस्पी नहीं रही। उनकी रुचि केवल बीथोवन पर चर्चा में थी। उनकी मान्यता थी कि बीथोवन में ही उन्होंने इनसानी जीवट की सर्वोच्च अभिव्यक्ति देखी है। रोम्याँ रोलाँ की गाँधी पर किताब पढ़ कर मीरा का जीवन बदल गया था, पर उनका पहला प्रेम तो बीथोवन ही थे। गाँधी के साथ पैंतीस साल गुजारने के बाद वे बीथोवन की जीवनी पर काम कर रही थीं और बीथोवन का संगीत ही उनका एकमात्र साथी था। मीरा के इस रवैये से हम थोड़ा निराश हुए और उन्हें उनके प्रिय संगीतकार के साथ छोड़ वहाँ से चल दिए। हम फार्महाउस से थोड़ी दूर खड़ी कार की तरफ जा ही रहे थे कि मीरा का नौकर दौड़ता हुआ आया। उसके चेहरे की झुर्रियों में हताशा साफ देखी जा सकती थी। उसने हमसे कहा, 'साहब, मैं यहाँ नहीं रहना चाहता। मैं घर जाना चाहता हूँ। मेहरबानी करके मुझे घर ले चलिए।' उसकी मदद करना हमारे हाथ के बाहर था। हमने धीमी आवाज में उससे माफ़ी माँगी। दोपहर बाद की नरम धूप में उस घसियल जमीन पर खड़ा वह बूढ़ा नौकर हमारी कार जाते हुए देखता रहा।

गाँधी के सेक्शुअल सरोकारों को उनके सांस्कृतिक संदर्भ में देखना जरूरी है। हमें याद रखना चाहिए कि हिंदू संस्कृति का सेक्शुअलिटी से सरोकार अनंत काल से चला आ रहा है। इसे भारतीय कला की श्रांगारिक रूप-सज्जा में देखा जा सकता है। धार्मिक कर्मकांडों के लोक-प्रचलित कामविषयक पहलुओं में इसकी अभिव्यक्ति पाई जा सकती है। कामुकता

को नाटकीय संघर्ष में जीत कर योगियों द्वारा आध्यात्मिक शक्ति में उसके रूपांतरण की चिर-आकांक्षा में भी यही सरोकार मिलता है। इसी जगह हमें उस पहेली का हल मिल सकता है जो गैर-भारतीयों को अक्सर परेशान करती रहती है। उनकी उलझन यह है कि फ्रॉयड भारतीय बौद्धिकता को इतना आकर्षित क्यों करते हैं, जबकि भारतीय चिंतन और जुंग के विचारों में इतनी ज्यादा ऊपरी समानता है। भारत के कई आधुनिक रहस्यदर्शी जुंग के काम की हल्की-सी उपेक्षा करके तो निकल लेते हैं, पर कामप्रवृत्तियों की अनिश्चितताओं और रूपांतरण से संबंधित फ्रॉयड की मान्यताओं और निष्कर्षों पर चर्चा करने से नहीं बच पाते। कुल मिलाकर भारतीय आध्यात्मिकता 'उदात्तीकरण' का सिद्धांत ही है।

भारतीय 'रहस्यवाद' खास तौर से बेहद व्यावहारिक किस्म का मामला है। वह कामप्रवृत्तियों के साथ एक तरह की कीमियागीरी करने की फिराक में रहता है ताकि काम-शक्ति को मृत्युदाता से अमरत्व के स्रोत में बदला जा सके। इस प्रक्रिया में यौन उत्तेजना की आग कीमियागीरी से हो सकने वाले रूपांतरण के लिए प्रोत्साहन का काम करती है, जबकि देह वह बर्तन है जिसमें यौनिक स्रावों से आसवित तेल में रूपांतरण की कामनाएँ खदबदाती हैं। सभी जातियों और सभी क्षेत्रों में यह पारंपरिक आकांक्षा अलग-अलग स्तरों पर पलती रहती है कि किसी न किसी तरह सेक्शुअलिटी का उदात्तीकरण करके उसे आध्यात्मिकता में बदला जाए, और वीर्य सोमरस बन जाए। मुश्किल यह है कि भारतीय समाज का एक छोटा सा हिस्सा ही कीमियागीरी की इस महत्त्वाकांक्षा पर अमल करने की स्थिति में रहता है। हालाँकि निरक्षर ग्रामीणों समेत ज्यादातर हिंदू इस सिद्धांत में यकीन करते हैं। उदात्तीकरण के इस हिंदू सिद्धांत का सबसे लोकप्रिय रूप इस प्रकार है :

शारीरिक ताकत और मानसिक शक्ति का स्रोत वीर्य में निहित माना जाता है। वीर्य एक ऐसा शब्द है जो यौन ऊर्जा का पर्याय समझा जाता है, और साथ ही शिश्न से निकलने वाले तरल पदार्थ का भी। इस धारणा के मुताबिक वीर्य मर्दानगी के सार के रूप में ग्रहण किया जाता है। संभोग के परिणामस्वरूप वीर्य नीचे की तरफ आता है और फिर तरल के दैहिक रूप में निकल जाता है। पर, वीर्य मेरुदंड के सहारे ऊपर की तरफ भी यात्रा करता है और मस्तिष्क में पहुँच कर ओजस का परिष्कृत रूप ग्रहण कर

लेता है। हिंदू मान्यता है कि जब वीर्य नीचे की तरफ जा कर रज के रूप में स्खलित होता है तो उससे दुर्बलता आती है, जीवनी-शक्ति और अनिवार्य ऊर्जा पर क्षीणकारी असर पड़ता है। यह धारणा मानती है कि सभी मनोभावों में वासना एक ऐसा मनोभाव है जो समूचे दैहिक तंत्र को जबरदस्त अराजकता में धकेल देती है। प्रत्येक श्रृंगारिक भावावेग करोड़ों लाल रक्त कोशिकाओं को नष्ट करता है। भारतीय शरीरशास्त्र की अधिभौतिक समझ दावा करती है कि आहार वीर्य में बदलने के लिए तीस दिन की अवधि लेता है। इस दौरान आहार सिलसिलेवार रक्त, मांस, वसा, अस्थि और मज्जा में रूपांतरित और परिशुद्ध होता हुआ अंत में वीर्य के रूप में आसवित होता है। वीर्य की एक बूँद बनाने में खून की चालीस बूँदें खप जाती हैं। हर बार स्खलन से करीब आधा औंस वीर्य नष्ट होता है, यानी साठ पाउंड रक्त से पैदा हो सकने वाली जीवनी-शक्ति बरबाद हो जाती है।

इसी सिद्धांत को और भी आसानी से समझाने के लिए एक और गणना प्रचलित है। कहा जाता है कि एक बार संभोग करने पर चौबीस घंटे के बराबर संकेंद्रित बौद्धिक श्रम या दो घंटे के कठोर शारीरिक परिश्रम के बराबर ऊर्जा खर्च हो जाती है।[६४] गाँधी के निम्न कथन में यही विचार झलकते हुए देखे जा सकते हैं :

> एक बार जब पुरुष और स्त्री यह मान लेंगे कि यौनांगों का एक मात्र और सबसे बड़ा काम प्रजनन ही है, तो फिर वे किसी अन्य उद्देश्य से किए गए मैथुन को जीवनदायक तरल की आपराधिक बरबादी समझेंगे, साथ ही उसके कारण पुरुष और स्त्री को हुई उत्तेजना को भी बेशकीमती ऊर्जा की उतनी ही आपराधिक बरबादी माना जाएगा। अब यह समझना आसान है कि क्यों प्राचीन काल के वैज्ञानिकों ने इस जीवनदायक तरल को इतना महत्त्वपूर्ण माना है और क्यों उन्होंने पूरे समाज के हित के लिए इस तरल के ऊर्जा के उच्चतम रूप में परिवर्तन पर जोर दिया है।[६५]

इसी धारणा के मुताबिक समझा जाता है कि अगर वीर्य स्खलित नहीं होने दिया गया, और ब्रह्मचर्य के पालन से ओजस में बदल कर ऊपर की तरफ यात्रा कर सका तो दैहिक क्षय के बजाय वह आध्यात्मिक जीवन का स्रोत बन जाएगा। वीर्य संरक्षण से उम्र लंबी होती है, रचनात्मकता में वृद्धि होती है, दैहिक और मानसिक शक्ति बढ़ती है। ब्रह्मचर्य याद्दाश्त और इच्छा-शक्ति सुधारने का कारक माना जाता है; उसका अनुपालन वैज्ञानिक

और कलात्मक प्रेरणाओं का उद्गम समझा जाता है। कहा जाता है कि अगर पूरे बारह वर्ष तक विचार, कर्म और वाणी के स्तर पर अखंड ब्रह्मचर्य का पालन कर लिया जाए, तो तुरंत मोक्ष प्राप्त हो सकता है।

वीर्य और ब्रह्मचर्य से संबंधित ये विचार भारतीय संस्कृति की विरासत हैं जिन्हें हिंदुओं के बीच साधुओं की ही नहीं, पापियों की मान्यता भी प्राप्त है। भारतीय मनोविश्लेषण के प्रकाशित साहित्य की पहली केस हिस्ट्री तो गाँधी के विचारों की पैरोडी ही लगती है :

> रोगी एक विवाहित युवक और कई बच्चों का पिता है। उसका रुझान धार्मिक है और वह हिंदू शास्त्रों में उल्लिखित जीवनमुक्ति का आदर्श प्राप्त करना चाहता है यानी वह किसी भी किस्म के सांसारिक बंधनों से मुक्ति और सभी तरह के दैहिक व मानसिक भावावेगों से पूरी स्वाधीन अवस्था चाहता है। रोगी को इस बात में कोई शक नहीं है कि ऐसी कोई अवस्था हो सकती है और उसे प्राप्त भी किया जा सकता है। उसे उन हिंदू शास्त्रों में पूरा यकीन है जो कहते हैं कि ब्रह्म की प्राप्ति से इस तरह की मुक्ति मिल सकती है। (उसे यकीन है) ... कि इसके लिए उसे सिर्फ इतना भर करना है कि हर तरह के सेक्स का परित्याग करना है जिसके बदले में उस मुक्ति का पुरस्कार मिलेगा। ... चूँकि एक तरह का आनंद दूसरे तरह के आनंद से जुड़ता है इसलिए बेहतर यही होगा कि हर तरह का आनंद त्याग दिया जाए ताकि यह सिलसिला सेक्स तक न पहुँच सके। रोगी किसी भी तरह की आसक्ति के खिलाफ है, चाहे वह पत्नी के प्रति हो, बच्चों या मित्रों के प्रति हो या फिर किसी निर्जीव वस्तु के प्रति हो। कभी-कभी वह बहुत अशांत हो उठता है जब उसे लगता है कि निरासक्ति और सेक्स-त्याग के बावजूद उसके मन में अश्लील किस्म के कामुक विचारों और प्रेम व आकर्षण की बेकाबू भावनाओं का प्रवेश हो जाता है। ... बावजूद इसके कि हिंदू देवी-देवताओं के प्रति उसके मन में गहरी श्रद्धा है, उनकी मूर्तियों के सामने झुकते समय उसके दिमाग पर गंदे सेक्शुअल विचार छा जाते हैं।[६६]

आत्मसिद्धि को अपना आदर्श मानने वाली कई भारतीय मनो-दार्शनिक चिंतन पद्धतियों को प्राय: 'रहस्यवादी' श्रेणी में रखने की गलती की जाती है। दरअसल, ये सभी चिंतन पद्धतियाँ 'जीवन के बीज की ऊर्ध्वगामिता' के सिद्धांत में यकीन करती हैं। इसीलिए वेंडी ओ'फ्लेयरटी ने कहा भी है : 'वीर्य के मस्तिष्क तक उठने की अवधारणा इतनी व्यापक है कि दर्शन के प्रचलित संस्करणों में तो मस्तिष्क को ही वीर्य का उद्गम

मान लिया गया है।'[६७] यह अवधारणा *कामसूत्र* तक में है, हालाँकि जीवन के श्रृंगारिक पक्षों की यह पाठ्यपुस्तक संन्यासी आदर्शों के खिलाफ समझी जाती है। *कामसूत्र* सफल प्रेमी उसे नहीं मानता जिसकी भावोत्तेजना बहुत बढ़ी हुई है, बल्कि उसे मानता है जिसने इंद्रियों को ब्रह्मचर्य और ध्यान के जरिये काबू में कर रखा है।[६८] भारतीय मिथकों में भी ऐसे दृष्टांत भरे हुए हैं जिनमें डरे हुए देवता ऋषियों का तप भंग करने के लिए अप्सराओं को भेजते हैं ताकि वे ब्रह्मचर्य और ध्यान के माध्यम से अभूतपूर्व शक्तियाँ प्राप्त करके अमर न हो सकें। इन प्रकरणों में वीर्य की एक बूँद भी तपस्या भंग करने के लिए काफी मानी जाती है, जिससे योगी साधारण भोगी में पतित हो सकता है।

चूँकि सेक्शुअलिटी की छवि पतन और बरबादी के आईने में देखी जाती है, इसलिए प्रजनन क्रिया भी लोगों के लिए किसी आनंद का स्रोत नहीं बन पाती। प्रजनन करने के लिए भी उन्हें अगर 'सांस्कृतिक पराअहं' के आदर्शों और सेक्शुअल तजवीजों की खुली अवज्ञा नहीं तो उसके प्रति खासा संशयग्रस्त रवैया तो विकसित करना ही पड़ता है। यही कारण है कि स्वर्ग से भेजी गई मोहिनी के आकर्षण के सामने तपस्वी ऋषि की पराजय न केवल देवताओं को संतोष देती है, बल्कि साधारण व्यक्ति भी नौटंकी में यह दृश्य देख कर उतना ही संतुष्ट होता है। एक साथ दो बातें होती हैं : ब्रह्मचर्य के आदर्श का समर्थन भी होता है और उसका उपहास भी। भारतीय परंपरा में दोनों तरह के ऋषि मिलते हैं। अपने ब्रह्मचर्य और उससे मिलने वाली शक्तियों के लिए प्रशंसनीय ऋषियों की एक श्रेणी है, जिसमें सबसे ताजा नाम गाँधी का शामिल हुआ है। दूसरी तरफ कामांध ऋषियों के कारनामों से भी लोक-कथाएँ भरी पड़ी हैं। इन्हीं में एक शालीन किस्म का मिथ यह भी प्रचलित है जिसके मुताबिक सृष्टिकर्ता भी एंद्रिकता के सामने अपनी पवित्रता कायम नहीं रख पाए थे :

> स्वर्ग की अप्सरा मोहिनी सृष्टिकर्ता ब्रह्मा पर मोहित हो गई। प्रेम के देवता काम की मदद ले कर वह ब्रह्मा के सामने गई और नृत्य करते हुए इस प्रकार अंग प्रदर्शन करने लगी जिससे उन्हें लुभाया जा सके, पर ब्रह्मा के मन में कोई विकार नहीं आया। तब कामदेव ने उन्हें अपना तीर मारा। इससे विचलित हो कर ब्रह्मा को कामना सताने लगी। पर एक क्षण बाद उन्होंने खुद पर काबू कर लिया। ब्रह्मा ने मोहिनी से कहा, 'हे माँ, चली जाओ।

आपके सारे प्रयास यहाँ बेकार हैं। मैं आपका इरादा जानता हूँ, पर मैं आपके काम का नहीं हूँ। शास्त्र कहते हैं कि 'संन्यासियों को सभी स्त्रियों, खासकर वेश्याओं से, बचना चाहिए।' मैं ऐसा कुछ नहीं कर सकता जिसे वेदों ने घृणायोग्य माना हो। आप एक सुसंस्कृत स्त्री हैं, किसी सुसंस्कृत युवक को खोजिए जो आपके काम का हो, और तब तुम दोनों का मिलन उचित होगा। लेकिन, मैं तो वृद्ध हूँ, संन्यासी ब्राह्मण हूँ, एक वेश्या से मुझे क्या आनंद मिल सकता है?' इस पर मोहिनी ने हँस कर ब्रह्मा से कहा, 'कामनाओं की सताई हुई स्त्री के साथ संभोग करने से जो पुरुष इनकार करता है, वह नपुंसक होता है। पुरुष ग्रहस्थ हो, संन्यासी हो या प्रेमी, अपनी तरफ हाथ बढ़ाने वाली स्त्री को जो ठुकराता है, वह नर्क का भागी होता है। इसलिए, आओ और किसी एकांत में मेरे साथ संभोग करो।' इतना कह कर मोहिनी ने ब्रह्मा के वस्त्र उतारने शुरू कर दिए। जब ऋषियों ने ब्रह्मा को प्रणाम करके पूछा, 'स्वर्ग की सर्वश्रेष्ठ अप्सरा आपके साथ कैसे?' इसके उत्तर में ब्रह्मा ने अपनी योजना छिपाते हुए कहा, 'बहुत देर तक नाचने-गाने के बाद थक कर यह मेरे पास इस तरह आई है जैसे कोई छोटी लड़की पिता के पास आती है।' यह सुन कर ऋषिगण हँस दिए क्योंकि वे सारा रहस्य जानते थे, उनके साथ ब्रह्मा भी हँस दिए।'[६९]

इस दृष्टांत से समझा जा सकता है कि वृद्धावस्था में नग्न स्त्रियों के साथ गाँधी के सोने की अफवाह की सांस्कृतिक पृष्ठभूमि क्या हो सकती है। ऐसी अफवाह में तासीर ऐसी होती है कि उसे उड़ाने वाले और उसे सुनने वाले में अजीब किस्म की भावनाएँ पैदा हो जाती हैं। एक विद्वेषभरी राहत के साथ-साथ उनके दिल में कहीं यह कचोट भी होती है कि कहीं गाँधी ने ऐसा वास्तव में किया तो नहीं था।

ब्रह्मचर्य का सबसे परिष्कृत लेकिन विरोधाभासी रूप उसके तांत्रिक संस्करण में मिलता है। इसके मुताबिक तंत्र का साधक कामनारहित हो कर यौनक्रिया करने का प्रशिक्षण प्राप्त करता है। चूँकि कामना अनुपस्थित होती है और साधक प्रजनन का बीज भी नहीं डालता, इसलिए उसका यौनावेग मानवीय शरीरविज्ञान से ही नहीं बल्कि उसके किसी भी तरह के अचेत या सचेत मानसिक निरूपण से भी विलग होता है। तंत्र में माना जाता है कि यौनक्रिया का कर्मकांड (जो अविश्वसनीय रूप से कामनाहीन होना चाहिए) वीर्य में उछाल लाता है जिससे ऊर्जावान शक्तियाँ पैदा होती हैं जिन्हें ऊर्ध्वगामी बनाया जा सकता है। गाँधी इसके साथ-साथ अन्य तांत्रिक

तकनीकों से भी परिचित थे। वे उस वैष्णव परंपरा में रचे-बसे थे जिसमें ऐसी तांत्रिक अवधारणाओं के लिए काफी गुंजाइश रहती है। एक तरफ तो वे चैतन्य की तरह आचरण करते दिखते हैं। पंद्रहवीं सदी में उत्तर भारतीय वैष्णव परंपरा के 'जन्मदाता' चैतन्य ने अपने एक अनुयायी को स्त्री की तरफ ध्यान देने के कारण यह कह कर ठुकरा दिया था : 'मैं उस संन्यासी के चेहरे की तरफ दोबारा नहीं देख सकता जो स्त्री से जुड़ा हो। इंद्रियों को काबू में करना मुश्किल होता है, वे स्वयं को सांसारिक वस्तुओं पर केंद्रित करती हैं। स्त्री की काठ की बनी हुई मूर्ति में भी किसी साधु का मन हरने की शक्ति होती है ...।'[७०] दूसरी तरफ गाँधी का यौन संबंधी प्रयोग रामानंद और विश्वनाथ जैसे विख्यात वैष्णव संतों की याद दिलाता है। चैतन्य के अनुयायी और साथी रामानंद अपने साथ मंदिर की दो सुंदर वेश्याओं को एकांत उद्यान में ले जाते थे। रामानंद वहाँ उन दोनों सुंदरियों की तेल मालिश करते, उन्हें स्नान कराते और वस्त्रों से सुसज्जित करते, पर इस प्रक्रिया में स्वयं पूरी तरह निरासक्त रहते।[७१] वैष्णव दार्शनिक विश्वनाथ के बारे में कहा जाता है कि वे अपने गुरु के निर्देश पर अपनी युवा पत्नी के साथ सोने के लिए गए। कहा जाता है कि 'वे उसके साथ बिस्तर पर लेटे, पर विश्वनाथ में रूपांतरण हो चुका था, और उन्होंने उसे स्पर्श नहीं किया, जैसी कि उनकी प्रथा थी। वे पत्नी के साथ अपने गुरु के निर्देशों के मुताबिक लेटे ... और इस तरह अपनी इंद्रियों को काबू में रख पाए।'[७२]

भारतीय सांस्कृतिक परंपरा में सेक्शुअलिटी को मिलने वाली अहमियत में सच्चाई के कुछ पहलू जरूर हैं। भारतीय परंपरा इस धारणा पर जोर देती है कि यौन कामनाएँ इनसान के भीतर एक रचनात्मक आग धधका देती हैं जिससे न केवल प्रजनन हो सकता है, बल्कि उसी के समान आत्म-रचना भी हो सकती है। परंपरा का यह आग्रह बड़ी शिद्दत से अपनी ओर खींचता है। दूसरे, भारतीय परंपरा सेक्स को केवल मैथुन तक ही सीमित नहीं रखती, वरन् उसे एक अनुष्ठान तक ले जाना चाहती है। एक ऐसे अनुष्ठान के स्तर तक जिसके तहत स्त्री-पुरुष पवित्रता का स्पर्श पाते हैं, और जिसके तहत ऑर्गाज्म यानी चरमानंद का अनुभव 'पुरुष को उसके पूर्वजों द्वारा और प्रकृति प्रदत्त आशीर्वाद के प्रतीक रूप' में होता है। जाहिर है कि ऐसी परंपरा सेक्स के प्रति एक तरह के हमदर्द रवैये से ही सम्पन्न होगी।[७३] इसलिए मेरा सरोकार इस रवैये के साथ-साथ चलने वाली गहरी

वीर्य संबंधी उन भारतीय दुष्चिंताओं पर केंद्रित है जो 'शुक्राणुओं की बरबादी' और 'जैविक आत्म-बलिदान' जैसे विचारों के आसपास पनपती हैं। इस तरह के विचारों और फेंटेसियों के कारण ही भारतीय पुरुषों में स्त्रियों के प्रति एक तरह का द्वैध पैदा हो जाता है जिसके कारण वे स्त्री-द्वेषी बन कर कभी-कभी औरतों से कतराने की हद तक चले जाते हैं। जहाँ तक सेक्शुअल प्रेम के परित्याग से आत्मसिद्धि की उपलब्धि का सवाल है, मैं टॉमस मान के इन विचारों से सहमत हूँ :

> निस्संदेह मानवीय गरिमा अपनी आत्मसिद्धि स्त्री और पुरुष के दो लिंगों में करती है; इसलिए अगर कोई न स्त्रीलिंग है या न पुल्लिंग और इस प्रकार इनसानी दायरे के ही बाहर खड़ा है, तो फिर मानवीय गरिमा कैसे हासिल होगी? फिर भी इस गरिमा को कायम रखने के प्रयास आदर के साथ देखे जाने चाहिए। आखिरकार इन प्रयासों के सरोकार आध्यात्मिक हैं और इसीलिए उनका सम्मान करते हुए माना जा सकता है कि वे सर्वोपरि रूप से मानवीय भी हैं। लेकिन, सत्य का काम कठोर आत्मस्वीकारोक्तियों के बिना नहीं चल सकता जिसकी कसौटियों पर आध्यात्मिक विचार खरा नहीं उतरता और दूरगामी तौर पर तो प्रकृति के खिलाफ चला जाता है। एंद्रिकता के अगम्य और खामोश ज्ञान के मुकाबले सभ्यता-बोध किस हद तक टिक सकता है! आध्यात्मिकता के दायरे में उसका कितना कम भाग आ पाता है![७४]

फ्रॉयड भी अपनी अधेड़ावस्था में ब्रह्मचारी हो गए थे। आइए देखें कि वे गाँधी के ब्रह्मचर्य और उसकी इच्छित प्रभावकारिता को किस निगाह से देखते थे? आम तौर पर यह समझा जा सकता है कि फ्रॉयड को ब्रह्मचर्य की इस ताकत पर संदेह ही रहा होगा कि सेक्स के परित्याग से मनुष्य अधिक ऊर्जस्वित हो सकता है, या मौलिक चिंतक बन सकता है या फिर साहसी समाज सुधारक में बदल सकता है। लेकिन, इसके बावजूद फ्रॉयड भी 'यौनांगों से संबंधित कामशक्ति' का उदात्तीकरण करने के प्रयासों को सापेक्षिक संदर्भ में ही देखते थे :

> स्वाभाविक ही है कि संभव उदात्तीकरण की मात्रा और आवश्यक यौन सक्रियता की मात्रा के बीच संबंध हर व्यक्ति के लिहाज से ही नहीं बल्कि उनके पेशे के लिहाज से भी अलग-अलग होगा। एक ब्रह्मचारी कलाकार की कल्पना भी नहीं की जा सकती, लेकिन ब्रह्मचर्य का पालन करने वाला युवक पंडित मिलना मुश्किल नहीं

है। एक पंडित आत्म-संयम से अपने अध्ययन के लिए लाभकारी शक्तियों को मुक्त कर सकता है, और कलाकार को लग सकता है कि उसके यौन अनुभव उसकी कलात्मक क्षमताओं को सघन उत्प्रेरण दे रहे हैं।[७५]

हो सकता है फ्रॉयड यह भी मानते रहे हों कि सफल ब्रह्मचर्य केवल कुछ असाधारण व्यक्तियों के ही बूते की बात है। उनकी निगाह में सच्ची मौलिकता के धनी या किसी मिशन या भावातीत उद्देश्यों के तहत आत्मदमन कर सकने वाले लोग ही ब्रह्मचर्य व्रत का पालन कर सकते होंगे। यानी फ्रॉयड इस लैटिन कहावत से सहमत होंगे कि 'जो जोव (रोमन देवताओं का प्रधान) के लिए उचित है वह ऑक्स (बैल) के करने योग्य नहीं हो सकता'। इन्हीं सब कारणों से इस मुकाम पर सवाल उदात्तीकरण का नहीं रह जाता, बल्कि यह हो जाता है कि गाँधी को शिश्नगत कामना इतनी आपत्तिजनक क्यों लगती थी? वे उसे जड़ से ही उखाड़ कर फेंक देने पर क्यों आमादा थे?

शिश्नगत कामना के साथ गाँधी की दिक्कत कुछ तो इस एहसास के कारण थी कि यौनिक प्रेम पिता का शापित और अरुचिकर विशेषाधिकार है। हालाँकि उनकी आत्मकथा में पिता के प्रति कई पुत्रवत सराहनाएँ दर्ज हैं, पर गाँधी अपने पिता पर अधिक 'कामी' होने का संदेह भी करते थे। आखिर उनके पिता ने चालीस की आयु पार करने के बाद चौथी बार विवाह किया था, और उस समय गाँधी की माँ पुतली बाई केवल अट्ठारह साल की थीं। समझा जा सकता है कि गाँधी अपनी फैंटेसी में अपनी कमसिन माँ को एक पकी उम्र के पुरुष की शक्तिशाली वासना के मासूम शिकार की तरह देखते रहे होंगे। ऐसी अनुभूति करने वाला बच्चा एक पीड़ित और असहाय दर्शक की तरह हो जाता है क्योंकि वह अपनी देखभाल करने वाली प्यारी माता को न तो व्यक्ति के रूप में अतिक्रमण से बचा पाता है, न ही उसकी देह के साथ होने वाली हिंसा से। शायद इसीलिए आगे चल कर गाँधी ने उम्रदराज पुरुषों से कम उम्र की लड़कियों की शादी का जम कर विरोध करना अपना लक्ष्य बना लिया। उन्होंने लेख लिखे जिनके शीर्षक इस तरह के थे : 'बूढ़े और जवान का विवाह या व्यभिचार?'। इस प्रकार के वैवाहिक प्रकरणों की रपट देने वाले अपने संवाददाताओं से गाँधी ने अपील की कि वे इस प्रथा के खिलाफ संघर्ष

करें। गाँधी के आदर्श और उनके आदर के पात्र वे बुजुर्ग थे जिन्हें उनकी ही तरह यौनांगों से संबंधित सेक्शुअलिटी से अरुचि थी। इन पुरुषों ने या तो टॉल्स्टॉय और रायचंद्रभाई की तरह यौन आवेगों को एक सार्वभौम किस्म की धार्मिक तलाश में बदलने की कोशिश की थी, या फिर रस्किन की तरह नैतिक और सौंदर्यमूलक उत्साह में।

अगर शिश्नगत कामना 'पिताओं की शैली में' हिंसा और उत्तेजना का पर्याय थी, तो इंद्रियनिग्रह या शिश्नगत कामना का परित्याग माँ की तरफ जाने वाला शांतिपूर्ण मार्ग प्रशस्त करता था। यहाँ गाँधी और सेंट ऑगस्टीन में समानता देखी जा सकती है, क्योंकि ऑगस्टीन के मन में भी ब्रह्मचर्य की शांत और मातृ-छवि ही बसी हुई थी :

> ... वहाँ मुझे दिखाई दी इंद्रियनिग्रह की पवित्र गरिमा, निरभ्र पर अनियंत्रित प्रफुल्लता से रहित, बड़ी निष्ठा से अपनी तरफ लुभाती हुई कि आओ और बिना किसी संशय के आओ। उसके पवित्र हाथ ढेर सारे सद्उदाहरणों से भरे थे; वहाँ कितने सारे युवक और युवतियाँ थीं, ढेर सारे युवजन और हर उम्र के लोग थे, गांभीर्य धारण करने वाली विधवाएँ और उम्र गुजार चुकी कुँवारियाँ थीं। और, स्वयं इंद्रियनिग्रह की उपस्थिति किसी बाँझ स्त्री की तरह नहीं बल्कि सुखों की संतानों की फलदायी माँ की तरह थी ...।[७६]

इस लेख में समीक्षित मनो-जीवनीपरक प्रमाणों के मुताबिक कुल मिलाकर कहा जा सकता है कि गाँधी के अवचेतन पर एक फैंटेसी हावी थी जिसके आधार पर उनके स्त्रियों से संबंध बनते थे। इस फैंटेसी में गाँधी मातृ-देह के साथ एक आदर्शीकृत रिश्ता कायम करना चाहते थे। माँ के साथ एकमेक हो जाने की यह इच्छा परिपोषण और कृतज्ञता की भावना से परिपूर्ण थी, उसमें परस्पर प्रेम और परिपुष्टि का भाव था। उसमें बाँट देने और द्विभाजन करने वाली कामना लेश मात्र भी नहीं थी। गाँधी सम्मिलन की इच्छाओं से भरे हुए थे। वे किसी भी किस्म के विभेदों और सीमाओं को समाप्त कर देना चाहते थे। उनकी निगाह में माँ और बच्चे, दोनों की यौन कामनाएँ उनके इस विभ्रम के रास्ते का सबसे बड़ा काँटा थीं। स्त्रियों के प्रति गाँधी द्वारा अपनाए गए कई रुझानों, आस्थाओं और कार्रवाइयों में एक प्रतिरक्षात्मक रणनीति की झलक देखी जा सकती है। वे इस तरह लामबंदी करते थे कि कहीं यह बोध चेतना के रूप में सतह पर न आ जाए।

चूँकि माँ हर हालत में है तो एक स्त्री ही, इसलिए इस रक्षात्मक

लामबंदी का पहला पैंतरा यह मान्यता होती है कि स्त्री का यौन-अस्तित्व होता ही नहीं, और अगर होता भी है तो नाममात्र का। उनके लेखन में अक्सर यह बात आती है : 'मैं नहीं मानता कि स्त्रियाँ पुरुषों की सीमा तक यौन कामना की शिकार हो सकती हैं। पुरुष के मुकाबले उनके लिए आत्मसंयम बरतना ज्यादा आसान है।'[७७] कस्तूरीबाई के साथ अपने अनुभवों की मिसाल देते हुए वे कहते हैं : 'मेरी पत्नी ने संयम की कमी कभी नहीं दिखाई। वे अक्सर संयमित दिखती थीं, पर मेरा प्रतिरोध उन्होंने शायद ही कभी किया हो। यह जरूर है कि वे कई बार अनिच्छा जरूर व्यक्त करती थीं।'[७८] गाँधी पुरुष की सेक्शुअलिटी को मनमानी लंपट हिंसा का पर्याय मानते थे, और स्त्री सेक्शुअलिटी अगर थी भी तो उनकी निगाह में निष्क्रिय और पुरुष-आक्रामकता को चुपचाप बर्दाश्त करने वाली थी। हमें नहीं भूलना चाहिए कि गाँधी का सेक्शुअलिटी संबंधी यह विचार केवल सचेत स्तर पर ही काम करता था। उनके अवचेतन में हिंसक मर्दानगी और निष्क्रिय स्त्रीत्व की स्थिति उल्टी थी जिसके प्रमाण हमें उन बिम्बों में मिलते हैं जो उन्होंने स्त्रियों के साथ हुए कुछ श्रृंगारिक प्रकरणों के वर्णन में इस्तेमाल किए हैं। लड़कपन के अपने ऐसे ही एक प्रकरण में गाँधी 'अंधे' बन गए थे और उन्हें 'बोलने का भी होश' नहीं रह गया था, जबकि वह स्त्री यकीन और आक्रामकता से भरी हुई थी। इंग्लैंड में एक ऐसे ही प्रकरण में गाँधी किसी शिकारी (स्त्री) के पंजे से बच निकलने वाले एक डरे हुए जंगली जानवर की तरह काँपते हुए दिखते हैं।

हालाँकि गाँधी स्त्री अधिकारों के उत्साही समर्थक थे, पर लिंगों के बीच की बुनियादी समस्या का हल उनकी निगाह में स्त्रियों के खिलाफ जाने वाली सामाजिक और कानूनी विषमताएँ मिटाना नहीं था। वे तो चाहते थे कि स्त्री-पुरुष संबंधों का सर्वांग अ-यौनीकरण कर दिया जाए। उनका मानना था कि इस अ-यौनीकरण का नेतृत्व स्त्रियों को करना चाहिए : 'जब उनके पति कामुक इरादों से उनके पास आएँ तो सिर्फ वे 'न' कहना सीख लें, ... अगर पत्नी अपने पति से कह दे, 'नहीं, मैं यह नहीं करना चाहती।' तो फिर वह कोई दिक्कत पैदा नहीं करेगा। लेकिन, स्त्री को तो यह सिखाया ही नहीं गया है ... मैं चाहता हूँ कि स्त्रियाँ प्रतिरोध का बुनियादी अधिकार जान लें।'[७९]

स्त्री (विशेषतौर से भारतीय स्त्री) के अ-यौनीकरण के अलावा

उसकी यौनेच्छा को पूरी तरह नकारने के लिए दूसरा रक्षात्मक पैंतरा उसे भक्तिभाव के साथ पूजा की वस्तु बना देना है। आदर्श हिंदू जीवन-चक्र में पुरुष के लिए जीवन के अंतिम चरण में संन्यास का प्रावधान है, पर अ-यौनीकरण के लिए स्त्री को ऐसे किसी संन्यास की आवश्यकता नहीं पड़ती। गाँधी कहते हैं : 'स्त्री ईश्वर का हमेशा दर्शन करती रहती है। पुरुष से विवाह करने और उसके बच्चों की देखभाल करने के अलावा उसे स्वर्ग की प्राप्ति के लिए किसी और आश्रम की आवश्यकता नहीं है।'[८०] गाँधी मानते थे कि स्त्री तो

> अहिंसा का देहधारण है। अहिंसा का मतलब होता है अक्षुण्ण प्रेम, जिसका पुनः मतलब होता है कष्ट भोगने की अनंत क्षमता। स्त्री के अलावा मनुष्य की माता के रूप में और कौन हो सकता है जिसमें यह क्षमता सर्वाधिक मात्रा में दिखती हो? उसे यह प्रेम सारी मानवता को स्थानांतरित तो करने दो, उसे भूल तो जाने दो कि वह कभी मनुष्य की विषय-वासना का लक्ष्य थी या कभी हो सकती है। ऐसा होते ही वह पुरुष के बगल में उसकी माँ, उसकी निर्माता और उसकी मौन पथप्रदर्शक के रूप में अपनी गौरवपूर्ण जगह प्राप्त कर लेगी।[८१]

स्त्री में मुख्यतः माँ का रूप देखना और मातृत्व को आदर्श बना लेना स्त्री की एंद्रिकता को नकारने का एक और तरीका है। दक्षिण अफ्रीका के फीनिक्स आश्रम की एक स्त्री मिल्ली पोलाक ने जब एक बार गाँधी द्वारा मातृत्व के आदर्शीकरण पर सवाल उठाते हुए कहा कि माँ होने से कोई स्त्री बुद्धिमान नहीं हो जाती, तो गाँधी ने जवाब में माँ के प्रेम को मानवीय जीवन में प्रेम का सर्वश्रेष्ठ रूप करार दिया। गाँधी के लिए मातृत्व का बिम्ब उस शिशु का था जो दूध के अजस्र स्रोत के रूप में माँ का स्तनपान कर रहा है। उदाहरण के लिए अपने एक पत्र में गाँधी ने उन कारणों की व्याख्या की है जिनके अनुसार हिंदुओं के पवित्र ग्रंथ गीता को भाँ की संज्ञा देना चाहिए। इस विषय में गाँधी के भावोद्गार देखिए :

> उसकी तुलना पवित्र गाय से की गई है, जो सभी कामनाओं की पूर्ति करती है। इसलिए वह माता है। यह अमर्त्य माँ हमारे आध्यात्मिक पोषण के लिए सभी तरह का दूध प्रदान करती है, बशर्ते हम शिशुवत उसके पास जाएँ और उसका स्तनपान करें। उसमें अपने अजस्र थनों से असंख्य लोगों के लिए दूध उपलब्ध कराने की क्षमता है।
>
> मिथ्यापवाद, झूठ और प्रत्यक्ष निराशा के बीच हरिजनों के लिए काम

करते हुए मुझे उसी की गोद में राहत मिलती है और वही मुझे निराशा के गर्त में गिरने से बचाती है।[८२]

मातृदेह के साथ अपनी एकता का विभ्रम कायम रखने के लिए एक तरफ तो गाँधी स्त्री में केवल दुग्धपान कराने वाली माँ देखते हैं और इस प्रकार उसका अ-यौनीकरण और आदर्शीकरण कर डालते हैं, दूसरी तरफ उनका प्रयास अपने प्रकृति प्रदत्त यौनावेगों से पल्ला छुड़ाते हुए अपने पुरुषत्व का सशपथ त्याग करने का रहता है। गाँधी वैष्णव संस्कृति में पले-बढ़े थे और उसी में हमेशा रमे रहे। यह संस्कृति न केवल पुरुष की स्त्रियोचित कामनाओं के लिए गुंजाइश प्रदान करती है, बल्कि उन्हें धार्मिक-आध्यात्मिक तलाश के स्तर तक ले जाती है। वैष्णव भक्तिमार्ग में पुरुष तो केवल भगवान कृष्ण ही हैं और सभी भक्त किसी भी लिंग के होने के बावजूद स्त्री ही माने जाते हैं। गाँधी कहते थे कि वे मानसिक रूप से स्त्री हो गए हैं, या उन्हें ईर्ष्या है कि वे स्त्री क्यों न हुए, या बजाय इसके कि स्त्रियाँ पुरुष बनने की कोशिश करें, पुरुषों द्वारा स्त्री बनने की इच्छा रखने के बहुत से कारण हैं। गाँधी के इस प्रकार के कथन उनके श्रोताओं को बहुत गहराई तक स्पर्श करते थे।

अगर गाँधी का बस चलता तो स्त्री के सौंदर्य की सराहना करने वाली कला या कविता होती ही नहीं :

> मुझे बताया गया है कि हमारा साहित्य स्त्री के अतिरंजित गुणगान तक से भरा पड़ा है। मैं कहना चाहता हूँ कि यह गुणगान पूरी तरह से गलत है। इसके लिए मैं आपके सामने एक साधारण तथ्य रखूँगा। आपका क्या खयाल है कि आप क्या सोच कर उनके बारे में यह सब लिखते हैं? मेरी राय यह है कि स्त्री के बारे में कागज पर कलम रखने से पहले आप उसे अपनी माँ के रूप में देखें, और मैं आपको यकीन दिलाता हूँ कि आपकी कलम से पवित्रतम साहित्य प्रवाहित होगा स्वर्ग से बरसने वाली उन सुंदर बूँदों की तरह जो प्यासी धरती की प्यास बुझाती हैं। याद रखिए कि तुम्हारी पत्नी बनने से पहले स्त्री तुम्हारी माँ है।[८३]

हालाँकि गाँधी का इच्छित स्त्रीकरण अपने उद्गम में प्रतिरक्षात्मक ही था, पर हम उसके रूपांतरणकारी आयामों को नजरअंदाज भी नहीं कर सकते। कई लोगों ने गाँधी के इस पहलू पर टिप्पणी की है। खासतौर से एरिक एरिकसन ने देखा है कि गाँधी अपनी कार्रवाइयों के जरिये किस तरह मातृ-प्रवृत्तियों और स्त्री परिप्रेक्ष्य का कमोबेश सचेत संधान करते

थे।[८४] हालाँकि सार्वजनिक जीवन के कारण गाँधी के पास समय की भारी तंगी रहती थी, पर इसके बावजूद हम जानते हैं कि वे किस ममता से अपने अनुयायियों के निजी जीवन की देखभाल करते थे, और किस तरह उनके स्वास्थ्य और कल्याण से चिंतित रहते थे जिसमें अनुयायियों की शौचादि क्रिया से संबंधित उत्सुक पूछताछ भी शामिल रहती थी।[८५] हम यह भी जानते हैं कि किस तरह गाँधी ने अपने इन मातृसुलभ स्त्रियोचित पहलुओं का विस्तार किया। उन्होंने लगातार इन आयामों का रेशा-रेशा अलग करना, लगातार परीक्षण करना और स्वयं को कष्टदायक परिस्थितियों में डालना जारी रखा। गाँधी की राजनीतिक शैली के निर्माण और जुझारू किस्म की अहिंसक मुहिमों में इन तत्त्वों को देखा जा सकता है।

हमने देखा है कि गाँधी द्वारा मातृदेह और स्त्रीत्व के साथ वांछित एकता हमेशा सफलीभूत नहीं होती थी। अक्सर उसमें शिश्नगत कामनाएँ बाधाएँ डालती रहती थीं। उनके पत्रों और अन्य रचनाओं से पता चलता है कि अपने जीवन की ऐसी अवधियों में वे आहार संबंधी प्रयोगों में रम जाते थे ताकि न केवल कामना के खिलाफ शरीरशास्त्रीय लामबंदी कर सकें, बल्कि मानसिक प्रतिरक्षा मजबूत कर सकें। इस प्रकार वे अपना आध्यात्मिक शस्त्रागार और सुदृढ़ बनाते थे। इसी बात को यूँ भी कहा जा सकता है कि अपनी आहार संबंधी चिंताओं (इनमें क्या नहीं खाना चाहिए भी शामिल है) के जरिये और अपने खाद्य पदार्थों में मनोवैज्ञानिक खूबियाँ देखने की निरंतर कोशिशों के माध्यम से गाँधी एक तरह की 'प्राथमिक मुखवर्त्ती फैंटेसी' से गुजरते थे। इस फैंटेसी का वर्णन मनोविश्लेषक डोनाल्ड विनीकॉट ने इस प्रकार किया है : 'भूख लगने पर मैं भोजन के बारे में सोचता हूँ, जब खाता हूँ तो भोजन को भीतर लेने के बारे में सोचता हूँ। मैं गौर करता हूँ कि क्या मुझे भीतर रखना चाहिए, और किससे छुटकारा प्राप्त करना चाहिए। और फिर मैं उस भोजन से छुटकारा प्राप्त करने पर गौर करता हूँ।'[८६] यहाँ भी गाँधी की आधारभूत विषयवस्तु माँ के साथ एकमेक होना ही है। तरह-तरह के आहारों और उन्हें ग्रहण करने की मात्रा में कमी करते जाने के प्रयोगों के दौरान गाँधी ने जीवन के बाद के वर्षों में दूध न पीने की शपथ ली ताकि उनकी अँतड़ियाँ कामुकता से बची रहें। उनका यह कदम भी अपनी माँ के साथ विलयन की पुनः प्राप्ति और फिर उसे कायम रखने का अंतर्वलयित और अंतर्जात प्रयास ही लगता है।

गाँधी की आवेगपूर्ण आत्मस्वीकृतियों से हमें जो कुछ पता चलता है, वह स्त्रियों के साथ उनके संबंधों और उनके कारण पैदा हुए भावावेगों की पूरी जटिलता का बयान नहीं करता। इन जटिलताओं के 'निदान और उपचार' से जुड़ी पारंपरिक हिंदू व्याख्याएँ और तजवीजें भी गाँधी के अंतरमन की उन गहराइयों की पर्याप्त तस्वीर पेश नहीं कर पातीं जहाँ उनकी कामनाओं का उद्‌गम निहित था। गाँधी जिन द्वंद्वों में घिरे थे, उनकी अभिव्यक्ति ईसाई किस्म की और मनोविश्लेषण की क्लासिकल पदावली में होती थी। एक तरफ वे कामनाओं के देवता द्वारा उनके भीतर पैदा किए गए भावावेगों से जूझते थे, दूसरी तरफ लालसा की देवी उनमें इच्छाओं को जन्म देती थी। इस परिस्थिति को एक भारतीय रूपक बड़ी अच्छी तरह व्यक्त करता है जिसके अनुसार एक स्त्री के दो स्तनों में से एक बच्चे के लिए होता है, दूसरा पति के लिए। गाँधी अपने अवचेतन में एक स्तन से दूसरे स्तन की तरफ यानी पुरुष से बच्चे की तरफ जाना चाहते थे, लेकिन इस प्रयास में उन्हें हमेशा सफलता नहीं मिलती थी। हम जानते हैं कि जिस श्रांगारिकता ने गाँधी के व्यक्तित्व को ऊर्जस्वित किया, वह मातृमूलक संसार से एकमेक होने की गहन अनुभूति से प्राप्त एंद्रिकता थी। इसी एंद्रिकता ने उनके भावातीत प्रयासों को उत्प्रेरित किया और वे स्वाधीनता की चेतना के उस मार्ग पर आगे बढ़े जिससे न केवल भारत बल्कि सारा विश्व लाभान्वित हुआ। लेकिन, इस विश्लेषण के दौरान हमने यह भी देखा है कि सारे जीवन गाँधी गहरी भावनात्मक उथल-पुथल की अवधियों से भी गुजरे। ये अवधियाँ वे थीं जब गाँधी का मातृदेह के साथ सूत्र भंग हो गया था, और वे समस्त आंतरिक 'उत्कृष्टता' और 'शक्तियों' से वंचित हो गए थे। गाँधी का यह सूत्र निश्चित रूप से मौलिक था, पर आखिरकार था तो काल्पनिक ही।

संदर्भ और टिप्पणियाँ

१. आत्मकथा के बारे में मनोवैश्लेषिक परिप्रेक्ष्य के लिए देखें : रॉबर्ट स्टील, 'डिकंस्ट्रक्टिंग हिस्ट्रीज़ : टुवर्ड्स ए सिस्टमैटिक क्रिटिसिज्म ऑव साइकॉलॉजीकल नैरेटिव्ज़', *नैरेटिव साइकॉलॉजी*, सं.: टी.आर. सारबिन, प्रेगर, न्यूयार्क, १९८६; एरिक एच. एरिकसन, 'इन सर्च ऑव गाँधी : ऑन दि नेचर ऑव साइकोहिस्टोरिकल एविडेंस', *डेडलस*, ग्रीष्म, १९६८

२. नाबोकोव की रचना *स्पीक, मेमोरी* पर चर्चा के लिए देखें : सुधीर कक्कड़ और जॉन रॉस, *टेल्स ऑव लव, सेक्स एंड डेंजर,* उनविन हेमेन, लंदन, १९८७, अध्याय ८
३. मोहनदास कर्मचंद गाँधी, *सत्य के प्रयोग अथवा आत्मकथा,* गुजराती से सीधे हिंदी में अनुवाद : काशिनाथ त्रिवेदी, नवजीवन प्रकाशन मंदिर, अहमदाबाद, पृष्ठ ७; आगे इस रचना का हवाला *आत्मकथा* के रूप में आएगा।
४. उपरोक्त, पृष्ठ २६-२७
५. वी.एस. नैपॉल, *इंडिया : ए वूंडेड सिविलाइजेशन,* नोफ, न्यूयार्क, १९७६, पृष्ठ १०२-६
६. गाँधी, *आत्मकथा,* पृष्ठ ६५-६६
७. उपरोक्त, पृष्ठ ६१-६२
८. ए.के. रामानुजम, 'हाँची : ए कन्नडा सिंड्रैला', *सिंड्रैला : ए फॉकलोर केसबुक,* सं. : ए. डुंड्स, गारलैंड्स पब्लिशिंग, न्यूयॉर्क, १९८२, पृष्ठ २७२
९. एम.के. गाँधी, *बीबी अम्तुस्सलाम के नाम पत्र,* नवजीवन, अहमदाबाद, १९६०
१०. गाँधी, *आत्मकथा,* पृष्ठ ८२
११. उपरोक्त, पृष्ठ ३००
१२. प्यारेलाल, *महात्मा गाँधी : दि फर्स्ट फेज़,* सेवक प्रकाशन, बंबई, पृष्ठ २१३
१३. उपरोक्त, पृष्ठ २०७
१४. एम.के. गाँधी, *दि कलेक्टिड वर्क्स ऑव महात्मा गाँधी,* पब्लिकेशन डिवीजन, गवर्नमेंट ऑव इंडिया, दिल्ली, १९५८, खंड ३, छगनलाल गाँधी और एच.पी. वोरा को ३० जून १९०६ को लिखा पत्र; इसके बाद इस रचना का हवाला *कलेक्टिड वर्क्स* के रूप में आएगा।
१५. उपरोक्त, पृष्ठ २०८-९
१६. गाँधी, *कलेक्टिड वर्क्स,* खंड ५, पृष्ठ ५६
१७. एम.के. गाँधी, *टु दि वोमेन,* हिंगोरानी, कराची, १९४३, पृष्ठ ४९-५०,५२
१८. गाँधी, *टु दि वोमेन,* पृष्ठ १९४
१९. एम.के. गाँधी, 'यरवदा मंदिर', *कलेक्टिड वर्क्स,* खंड ४, नवजीवन, १९६८, पृष्ठ २२०
२०. उपरोक्त।
२१. एम.के. गाँधी, 'हिंद स्वराज', *कलेक्टिड वर्क्स* में।
२२. मिली जी. पोलाक, *मि. गाँधी : दि मेन,* वोरा एंड को., बंबई, १९४९, पृष्ठ ६३-६४
२३. एम.के. गाँधी, 'यरवदा मंदिर', पृष्ठ २२३
२४. सेंट ऑगस्टीन, *दि कन्फेशंस,* अनुवाद : ई.आर. पसी, मॉडर्न लाइब्रेरी, न्यूयार्क, १९४९, पृष्ठ २२७
२५. उपरोक्त, पृष्ठ २२८

२६. गाँधी, *आत्मकथा,* पृष्ठ २९२
२७. उपरोक्त, पृष्ठ १८८
२८. उपरोक्त, पृष्ठ ४५४
२९. उपरोक्त, पृष्ठ २०
३०. सेंट ऑगस्टीन, *दि कन्फेशंस,* पृष्ठ १६२
३१. गाँधी, *कलेक्टिड वर्क्स,* खंड ३७, १९२८, 'स्पीच ऑन दि बर्थ सेंटेनरी ऑव टॉल्स्टॉय', (१० सितंबर १९२८), पृष्ठ २५८
३२. उपरोक्त, पृष्ठ २६५
३३. गाँधी, *आत्मकथा,* पृष्ठ १८७
३४. गाँधी, *कलेक्टिड वर्क्स,* खंड ३७, १९२८, पृष्ठ २५८
३५. गाँधी, *कलेक्टिड वर्क्स,* खंड ३६, १९२७–२८, 'लेटर टु हरजीवन कोटक', पृष्ठ ३७८
३६. गाँधी, *एक त्याग, हरिजनबंधु* में २२.९.३५
३७. एम.के. गाँधी, *कुमारी प्रेमाबेन कंटक के नाम पत्र,* नवजीवन, अहमदाबाद, १९६०, पृष्ठ २६०–६२
३८. गाँधी के बंगाल प्रवास का सबसे अच्छा आँखों देखा ब्योरा उनके अस्थायी सचिव एन.के. बोस द्वारा दिया गया है। बोस गाँधी के प्रति श्रद्धावनत अनुयायी होने के साथ–साथ उनके निष्पक्ष प्रेक्षक भी थे। देखें उनकी रचना *माई डेज़ विद गाँधी,* निशाना, कलकत्ता, १९५३
३९. उपरोक्त, पृष्ठ ५२
४०. उपरोक्त, पृष्ठ १८९
४१. गाँधी ने अपनी पुस्तक *की टु हेल्थ* का पुनर्लेखन १९४२ में किया था। उस समय वे अवसाद के दौर से गुजर रहे थे, क्योंकि भारत छोड़ो आंदोलन में व्यापक हिंसा हुई थी और उनकी पत्नी का जेल में निधन हो गया था। इस पुस्तक में गाँधी ने इस तरह के आत्मपरीक्षण का संकेत दिया था : 'मेरे कुछ प्रयोग अभी इस स्तर में नहीं पहुँचे हैं कि उन्हें जनता के सामने रखने से कोई फायदा हो सके। अगर मुझे संतोषजनक सफलता मिली तो उम्मीद है कि एक दिन मैं ऐसा करूँगा। सफलता से शायद ब्रह्मचर्य प्राप्त करना अपेक्षाकृत आसान हो जाए।' देखें : *कलेक्टिड वर्क्स,* खंड ४, पृष्ठ ४३२; इन परीक्षणों के बारे में एक संवेदनशील और अंतर्दृष्टि से संपन्न चर्चा के लिए देखें : एरिक एच. एरिकसन, *गाँधीज़ ट्रुथ,* नॉर्टन, न्यूयार्क, १९६९, पृष्ठ ४०४
४२. एम.के. गाँधी, *कुमारी प्रेमाबेन कंटक के नाम पत्र,* पृष्ठ १६
४३. उपरोक्त, पृष्ठ १९
४४. उपरोक्त, पृष्ठ १८८
४५. उपरोक्त।
४६. उपरोक्त, पृष्ठ ३९

४७. उपरोक्त।
४८. उपरोक्त।
४९. उपरोक्त।
५०. उपरोक्त, पृष्ठ १९०
५१. उपरोक्त, पृष्ठ १५१
५२. उपरोक्त, पृष्ठ १७३
५३. उपरोक्त, पृष्ठ ३६९
५४. देखें : मीरा बहन, सं. : *बापूज़ लेटर्स टु मीरा* (१९२४-४८), नवजीवन, अहमदाबाद, १९४९, और *दि स्पिरिट्स पिलग्रिमेज,* लोंगमेन, लंदन, १९६०
५५. मीरा बहन, सं. : *बापूज़ लेटर्स टु मीरा* (१९२४-४८), पृष्ठ २७-२८
५६. आर. ग्रीनसन, *दि टेकनीक एंड प्रेक्टिस ऑव साइकोएनालैसिस,* इंटरनेशनल यूनिवर्सिटी प्रेस, न्यूयार्क, १९६७, पृष्ठ ३३८-४१
५७. देखें : मार्टिन एस. बर्गमेन, 'ट्रांसफरेंस लव एंड लव इन रियल लाइफ', जे.एम. रॉस , सं. : *इंटरनेशनल जरनल ऑव साइकोएनालैटिक साइकोथेरेपी* ११, १९८५-८६, पृष्ठ २७-४५
५८. मीरा बहन, सं. : *बापूज़ लेटर्स टु मीरा* (१९२४-४८), पृष्ठ ४२
५९. उपरोक्त।
६०. उपरोक्त, पृष्ठ ४३
६१. उपरोक्त, पृष्ठ ७१
६२. उपरोक्त, पृष्ठ ८८
६३. उपरोक्त, पृष्ठ १६६
६४. प्रचलित मनोवैज्ञानिक विचारों के अंग्रेजी में विस्तृत वर्णन के लिए देखें : स्वामी शिवानंद, *माइंड : इट्स मिस्ट्रीज़ एंड कंट्रोल,* शिवानंदनगर, डिवाइन लाइफ सोसाइटी, १९७४, अध्याय २८; और, स्वामी नारायणानंद, *दि मिस्ट्रीज़ ऑव मेन, माइंड एंड माइंड फंक्शंस,* यूनिवर्सल योगा ट्रस्ट, ऋषिकेश, १९६५, अध्याय १९
६५. गाँधी, *टु दि वोमेन,* पृष्ठ ७१
६६. जी. बोस, 'आल ऑर नन एटीट्यूड इन सेक्स', *समीक्षा* १, १९४७, पृष्ठ १४
६७. वेंडी ओ'फ्लेयरटी, *वोमेन, एंड्रोजिनस, एंड अदर मिथीकल बीस्ट्स,* यूनिवर्सिटी ऑव शिकागो प्रेस, शिकागो, १९८०, पृष्ठ ४५
६८. वेंडी ओ'फ्लेयरटी, *एसिटिसिज्म एंड इरोटिसिज्म इन दि माइथॉलॉजी ऑव शिवा,* ऑक्सफोर्ड यूनिवर्सिटी प्रेस, शिकागो, लंदन, १९७३, पृष्ठ ५५
६९. ब्रह्मवैवर्त पुराण, ४.३१,४.३२, १.२०, ४.३३, १.७६; संक्षिप्त अंग्रेजी अनुवाद : वेंडी ओ'फ्लेयरटी, *एसिटिसिज्म एंड इरोटिसिज्म इन दि माइथॉलॉजी ऑव शिवा,* पृष्ठ ५१
७०. एडवर्ड सी. डिमॉक जू. में उद्धृत, *दि प्लेस ऑव हिडिन मून,* यूनिवर्सिटी ऑव

शिकागो प्रेस, शिकागो, १९६६, पृष्ठ १५४

७१. उपरोक्त, पृष्ठ ५४

७२. उपरोक्त, पृष्ठ १५६

७३. देखें : रामचंद्र गाँधी, *ब्रह्मचर्य,* यूनिवर्सिटी ऑव हैदराबाद, डिपार्टमेंट ऑव फिलासफी, १९८१, अप्रकाशित, २६

७४. टामस मान, *जोसेफ एंड हिज ब्रदर्स,* सेकर एंड वारबर्ग, लंदन, १९५९, पृष्ठ ७१९

७५. सिग्मंड फ्रॉयड, 'सिविलाइज्ड सेक्शुअल मॉरलटी एंड माडर्न नरवसनेस', १९०८, *स्टैंडर्ड एडीशन,* खंड ९, १९७

७६. सेंट ऑगस्टीन, *कनफेशंस,* पृष्ठ १६५

७७. गाँधी, टु दि वोमेन, पृष्ठ ८१

७८. उपरोक्त, पृष्ठ ६०

७९. उपरोक्त, पृष्ठ ५७

८०. पोलाक, *मि. गाँधी,* पृष्ठ ३४

८१. गाँधी, टु दि वोमेन, पृष्ठ २८-२९

८२. बहन (सं.), बापूज़ लेटर्स टु मीरा, पृष्ठ १४१

८३. गाँधी, टु दि वोमेन, पृष्ठ १०२

८४. एरिकसन, *गाँधीज़ ट्रुथ।*

८५. वेद मेहता, *महात्मा गाँधी एंड हिज अपोस्टल्स,* इंडियन बुक कं., नयी दिल्ली, १९७७, पृष्ठ १३

८६. डी.डब्ल्यू. विनीकॉट, 'एपीटाइट एंड इमोशनल डिसऑर्डर', संकलित : *कलेक्टिड पेपर्स,* टैविस्टॉक पब्लिकेशंस, लंदन, १९५८, पृष्ठ ३४

६

पुरुषत्व / स्त्रीत्व क्लीनिक कथा

गिरींद्रशेखर बोस भारतीय साइकोएनालैटिकल सोसाइटी के संस्थापक और पहले अध्यक्ष थे। ११ अप्रैल १९२९ को फ्रॉयड के नाम भेजे एक पत्र में उन्होंने भारतीय और पश्चिमी रोगियों के मनोवैश्लेषिक उपचार के बीच अंतर पर अपने विचार इस प्रकार व्यक्त किए :

> जाहिर है मैं आपसे यह उम्मीद नहीं करता कि आप मातृ-मनोग्रंथि से संबंधित मेरी समझ बिना सोच-विचार के ही स्वीकार कर लेंगे। जहाँ तक यूरोपीय रोगियों का सवाल है, मैं बधियाकरण के अंदेशे की अहमियत मानने से इनकार नहीं करता, लेकिन मेरी दलील यह है कि वहाँ बधियाकरण के अंदेशे का असर स्त्री होने की इच्छा से जुड़ा हुआ है (इससे पहले फ्रॉयड एक पत्र में बोस को नरमी से झिड़क चुके थे। उनका कहना था कि बोस मरीजों पर बधियाकरण के अंदेशे की प्रभावकारिता कम करके आँक रहे हैं)। असली द्वंद्व तो पुरुष होने और उसका विलोम होने यानी स्त्री होने की इच्छा के बीच है। मैं पहले ही स्वीकार कर चुका हूँ कि भारतीय समाज में बधियाकरण का अंदेशा आमतौर से पाया जाता है, पर मेरे भारतीय रोगियों में यूरोपीय रोगियों की भाँति इसके लक्षण स्पष्ट नहीं दिखते। यूरोपीय मरीजों के मुकाबले स्त्री होने की इच्छा का भारतीय पुरुष रोगियों में कहीं आसानी से पता लगाया जा सकता है। ... यह एक बेहद

महत्त्वपूर्ण तथ्य है कि मातृ-मनोग्रंथि के तहत माँ की छवि अक्सर माता-पिता की मिली-जुली छवि सरीखी होती है। मेरे पास इस मान्यता का आधार है कि मातृ-देवी से जुड़े अधिकतर कारणों का उद्गम इस जगह पाया जा सकता है।

बोस के इस पत्र का जवाब फ्रॉयड ने शिष्ट लेकिन कुछ-कुछ रणनीतिक अंदाज में दिया :

> भारतीय और यूरोपीय रोगियों के बीच बधियाकरण के अंदेशे पर होने वाली प्रतिक्रिया के अंतर की अहमियत मैं पूरी तरह समझता हूँ और मैं यकीन दिलाता हूँ कि जिस विलोम इच्छा पर तुमने जोर दिया है उस पर मैं गंभीरता से गौर करूँगा। तुम्हारा पत्र इतना महत्त्वपूर्ण है कि उस पर जल्दबाजी में कुछ नहीं कहा जा सकता।[१]

अपने एक अन्य लेख में बोस ने अपने प्रेक्षणों की विस्तार से व्याख्या की और विलोम इच्छाओं का अपना सिद्धांत पेश किया :

> भारतीय रोगियों का मनोविश्लेषण करते हुए मेरे सामने बधियाकरण मनोग्रंथि का वह रूप कभी नहीं आया जो यूरोपीय विश्लेषकों द्वारा किए गए वर्णन के मुताबिक हो। इससे लगता है कि बधियाकरण का अंदेशा रोगी की कुछ अधिक आदिम प्रवृत्तियों को प्रभावित करने वाले माहौल के कारण विकसित होता होगा। भारतीय और यूरोपीय रोगियों की अलग-अलग बातों के पीछे उनके सामाजिक माहौल की भिन्नता होती है। आम तौर पर कहा जाता है कि बचपन के शुरुआती दिनों में सताने वाले बधियाकरण के अंदेशों का प्रत्यक्ष कारण किसी अनुचित कृत्य से जुड़ा होता है। लेकिन, भारतीय रोगियों के अनुभव यह धारणा प्रमाणित नहीं करते।[२]

बोस के अनुसार बधियाकरण के अंदेशे भारत में भी काफी पाए जाते हैं और लड़कियों के मनोविज्ञान में तो यह साँपों द्वारा दी जाने वाली सजा का रूप ग्रहण कर लेता है, पर भारतीय प्रतिक्रिया अलग इसलिए होती है कि यहाँ बच्चे पालते समय नौ से दस साल की उम्र तक (लड़कियों में सात साल तक) उनकी जननेंद्रियाँ हमेशा ही नहीं ढँकी जातीं। बचपन की इसी नग्नता के कारण से लिंगों का अंतर उन्हें कभी चकित नहीं करता। बधियाकरण का विचार सपनों में प्रतीकात्मक रूप से प्रकट होता है। कभी शिरोच्छेदन के रूप में, कभी उँगली कटने के घाव की तरह, तो कभी शरीर के किसी भाग की दुखन के रूप में। कुल मिलाकर बधियाकरण के अंदेशे की जिम्मेदारी स्त्री होने के 'आदिम' एहसास पर ही जाती है।

शुरुआती दौर में दर्ज किए गए भारतीय रोगियों के रोग-इतिहास पर नजर डालने से यह बात और पुष्ट हो जाती है। उनमें दिखता है कि इन रोगियों को लिंगगत और पीढ़ीगत तादात्म्य स्थापित करने में कोई दिक्कत नहीं होती। माता और पिता की यौनिक विशेषताएँ ग्रहण करने की फैंटेसी चेतना के स्तर पर भारतीय रोगी कहीं आसानी से आत्मसात कर लेता है। बोस ने अधेड़ उम्र के एक वकील का शब्द चित्र खींचते हुए बताया कि वह अपने माता-पिता की परिकल्पना किस प्रकार किया करता था। कभी-कभी तो वह रोगी

> अवचेतन में अपनी माता ही नहीं, पिता को भी स्त्री मान कर सक्रिय पुरुषोचित यौनिक भूमिका में आ जाता; और कभी विशेष रूप से अपने पिता के प्रति स्त्रियोचित रवैया अपना लेता जैसे कि उनसे संतान प्राप्त करना चाहता हो। पुरुषोचित भूमिका में वह खुद को पिता ज़ैसा महसूस करता, और माँ के प्रति उसमें श्रांगारिक कामना जाग जाती। कभी उसका अवचेतन माता और पिता का समास रच लेता। ऐसी हालत में उसकी यौनिक जरूरतों का झुकाव उसी की तरफ हो जाता। अपने इसी रवैये के तहत उसने अपने सपने में पिता से एक स्त्री की तरह बच्चे को जन्म दिलाया।[३]

एक अन्य बंगाली युवक जब भी एक विशेष पुरुष के बारे में सोचता था, उसके ऊपर एक प्रकार का भ्रांतिजनक भावोद्रेक हावी हो जाता था। उसे लगता था कि उसका शिश्न और अंडकोष पूरी तरह से गायब हो गए हैं और उसकी जगह स्त्रियों के जननांग आ गए हैं। मल त्याग करते हुए उसे लगता था कि उसके गुरु की आवाज उससे कह रही है,'अभी तक तुमने मुझे बच्चा दिया या नहीं?' अपने सपनों में उसे अपने पिता और भाई स्त्रियों के रूप में दिखायी पड़ते। पत्नी से संभोग करते समय वह आँखों पर एक रूमाल बाँध लेता। ऐसा करने से उसे स्वयं घूँघटधारी दुलहन बन जाने का एहसास होता। वह अपने शिश्न की पिता के शिश्न के रूप में और पत्नी की यौनि की माँ की यौनि के रूप में कल्पना करता।[४]

मनोविश्लेषण में बोस के इस योगदान की मुझे कुछ दिन पहले तक थोड़ी-बहुत जानकारी ही थी। लेकिन, बोस के सूत्रीकरणों के पचास साल बाद भी स्वयं मनोविश्लेषण करते हुए भारतीय मानसिक जीवन की ऐसी संरचनाओं ने मेरा ध्यान खींचा है जिनकी बोस द्वारा उल्लिखित संरचनाओं से तुलना की जा सकती है। मेरे और बोस के प्रेक्षण एक-दूसरे से स्वतंत्र थे। हमारी भावनात्मक अभिरुचियाँ, हमारी विश्लेषण शैलियाँ, हमारे

सैद्धांतिक सरोकार, हमारी भौगोलिक स्थानिकता और ऐतिहासिक परिस्थितियाँ भी अलग-अलग थीं। इस लिहाज से प्रेक्षण की यह तुलनीयता अहम बन जाती है। इससे मेरे उस यकीन को और बल मिलता है जो मेरा ही नहीं, बल्कि कई अन्य प्रेक्टिस करने वाले मनोविश्लेषकों का यकीन भी है। इस यकीन के मुताबिक कहा जा सकता है कि मानसिक दुनिया का निरूपण करने के मामले में कोरे मनमानेपन से काम नहीं चलता, क्योंकि विश्लेषक की मनमर्जी का प्रतिरोध करने वाला कुछ न कुछ वहाँ जरूर मिल जाता है। यहाँ 'कुछ' तो वह 'मानसिक यथार्थ' है जिसे विश्लेषण करने वाला मनोचिकित्सक और विश्लेषित होने वाला मनोरोगी मिल कर खोजता है, और उसे एक तरह के तात्पर्य से संपन्न करता है।

मेरा खयाल है कि 'स्त्री होने का आदिम विचार' भारतीय संस्कृति में सर्वव्यापी है और इसे तरह-तरह के रूपों में देखा जा सकता है। दरअसल, यह फैंटेसी भारतीय परिवार के मातृमूलक विन्यास में अंतर्निहित है। जहाँ तक मेरे अपने प्रेक्षणों का सवाल है, मैं इसी पहलू पर प्रकाश डालना चाहूँगा। मेरी मुख्य दलील यह है कि पुरुष के विकास के बारे में हिंदू संस्कृति का 'प्रधान आख्यान' न तो फ्रॉयड द्वारा व्याख्यायित मातृ-मनोग्रंथि के जरिये समझा जा सकता है, न ही ईसाइयत प्रदत्त आदम की परिकल्पना के जरिये। मैं समझता हूँ कि हिंदू संस्कृति में प्रचलित एक अत्यंत प्रमुख आख्यान के केंद्र में देवी है। एक हिंदू पुत्र की मानसिक दुनिया में यह देवी माँ के रूप में तरह-तरह से मौजूद रहती है। मनोविश्लेषण को कल्पनाशक्ति का विज्ञान समझा जाता है, अगर नहीं तो फिर वालेस स्टीवेंसन के शब्दों में इसे 'विभ्रम का विज्ञान' (क्या इसे *मेय-अलॉजी* भी कहा जा सकता है?) माना जा सकता है।[५] यदि ऐसा है तो फिर भारतीय संदर्भों में मनोविश्लेषण का मुख्य कार्यभार 'महामाया' की अवधारणा से जूझना होना चाहिए। हम जानते हैं कि महामाया या 'महा-विभ्रम' देवी का ही एक नाम है। जाहिर है कि मैं यहाँ पश्चिमी मनोविश्लेषण में मौजूद माँ की शक्तिशाली उपस्थिति न तो नकार रहा हूँ और न ही उसकी अहमियत कम करके आँक रहा हूँ। मैं तो सिर्फ यह कहना चाहता हूँ कि मातृमूलक-स्त्रीत्व के कुछ रूप पश्चिम के मुकाबले भारतीय मिथकों और भारतीय मानसिक बनावट में अधिक केंद्रीय महत्त्व रखते हैं। यह कहने के बाद अब मैं अपनी चर्चा की शुरुआत रोगोपचार के दौरान मनोविश्लेषण सत्र

के पहले पंद्रह मिनट का वर्णन करके करूँगा।

मेरा मनोरोगी छब्बीस साल का एक सामाजिक कार्यकर्ता है और तीन साल से मनोविश्लेषण करवा रहा है। वह हफ्ते में चार बार आता है। उसका हर सत्र पचास मिनट तक चलता है। सत्र की कार्यवाही क्लासिकल ढंग से होती है यानी रोगी कोच पर लेटा होता है और मनोविश्लेषक उसके पीछे कुर्सी पर बैठता है। रोगी ने मनोविश्लेषण की प्रक्रिया से इसलिए गुजरना पसंद नहीं किया कि उसे किन्हीं निजी समस्याओं ने परेशान कर रखा है। उसका विचार था कि मनोविश्लेषण से उसे अपने काम में मदद मिलेगी। इस मनोविश्लेषण सत्र की शुरुआत रोगी द्वारा एक ऐसी फैंटेसी सुनाने से होती है जो तब उसके दिमाग में आई थी जब वह बस में सफर कर रहा था। यह फैंटेसी एक जंगली कबीले के बारे में है जो अपने मृतकों को निर्वस्त्र करके पेड़ पर लटका देता है। रोगी कल्पना करता है कि एक सुंदर स्त्री पेड़ पर टँगी हुई है, और वह रात में जा कर उसके साथ संभोग करता है। कबीले के अन्य सदस्य लटकी हुई लाशों के अंगों को खा रहे हैं। फैंटेसी के तुरंत बाद रोगी को पिछली शाम हुई एक घटना याद आती है। रोगी अपने माता-पिता के घर गया हुआ था, जहाँ वह शादी करके अलग घर बसाने से पहले हाल ही तक रहा करता था। माँ-बाप से अलग रहने का निर्णय न केवल उसके लिए निजी तौर से तकलीफदेह था, बल्कि सामाजिक लिहाज से भी यह एक असामान्य बात थी क्योंकि उसके समाज में शादी के बाद पत्नी को माता-पिता के घर में ही रखने का चलन था। उसी समय उम्र में उससे बड़ा एक चचाजात भाई अपने तीन साल के बेटे के साथ वहाँ आया। रोगी को यह देख कर काफी खीज हुई कि उसकी माँ और दादी किस तरह उस छोटे बच्चे के लिए चिंतित हैं। दादी बच्चे से बार-बार कह रही थीं कि वह घर के बाहर खेलने न जाए, और अगर जाए भी तो दूर न जाए। जब मैंने रोगी से कहा कि कहीं वह अपने भतीजे में खुद को तो नहीं देख रहा था, तो आम तौर से न झुँझलाने वाले रोगी ने रोष से कहा, 'हाँ, सभी स्त्रियाँ (उसकी माँ, उसकी दादी, उसकी चाची, साथ में रहने वाली अविवाहित बुआ) यही सब बातें मुझसे कहती रहती थीं।'

मनोविश्लेषण सत्र के पहले पंद्रह मिनट से शुरू करके मैं मातृमूलक निरूपणों से संबंधित रोगी के मानसिक द्वंद्वों की परतें खोलूँगा। इसके बाद

मैं उन्हें भारतीय संस्कृति में केंद्रस्थ मातृमूलक विन्यास के साथ गूँथना चाहूँगा। अपने इस मकसद को पूरा करने के लिए रोगी के मनोविश्लेषण से निकलने वाली और अधिक सामग्री को रोग-इतिहास की तरह रचना होगा। इसी प्रक्रिया को डोनाल्ड स्पेंस ने 'प्रवाहपूर्ण कथात्मकता' का नाम दिया है।[६] हालाँकि रोग-इतिहास को सच्ची कहानी माना जाता है, पर होता उसमें तथ्य और मिथ का मिश्रण ही है। उसकी कथात्मकता की गुणवत्ता कल्पनाशक्ति द्वारा उसमें जोड़े गए पहलुओं पर कम और यथार्थ के छोड़े गए पहलुओं पर अधिक निर्भर रहती है।

मेरे इस मनोरोगी का जन्म दिल्ली के पास स्थित एक गाँव में रहने वाले निम्न-मध्यम वर्गीय परिवार में हुआ था। अपने तीन भाइयों और दो बहिनों में वह सबसे बड़ा था। जवानी की तरफ कदम बढ़ाने की उसकी स्मृतियों पर चार स्त्रियों की ममत्वपूर्ण छाया हावी थी। रोगी की एकदम शुरुआती यादों में उसकी माँ का स्थान कभी तो मातृमूलक-स्त्रीत्व की श्रेणी से अलग दर्ज होता है, और कभी उसी का अंग बन जाता है। अपनी माँ की तरह ही रोगी की अक्सर स्त्रीत्व में आवाजाही होती रहती है। अंतरण की इस प्रक्रिया में वह न तो स्त्री होने की फैंटेसी से विशेष चिंतित होता है, न ही उस फैंटेसी से जिसके तहत वह बालों से बुरी तरह आच्छादित मेरे यानी मनोविश्लेषक के सीने पर उग आए स्तन से शिशु के रूप में दुग्धपान करता है। रोगी की एकदम शुरुआती स्मृतियों में एक ऐसी स्त्री दर्ज है जो सड़क पर खेलने वाले छोटे बच्चों के शिश्नों के साथ खींचा-तानी किया करती थी। उस स्त्री द्वारा अपने शिश्न पर हाथ डाले जाने से रोगी को कभी घबराहट नहीं हुई। उल्टे अच्छा ही लगता था और भरोसा भी होता था कि चलो उसके पास एक शिश्न तो है जो कम से कम इतना है कि एक स्त्री उसका वजूद स्वीकार करती है।

रोगी को नहलाने, कपड़े पहनाने, बाल काढ़ने और दुलारने की जिम्मेदारी उन चारों में से कोई न कोई स्त्री ही निभाती थी। उसकी इच्छाएँ और जरूरतें व्यक्त होने से पहले ही पूरी कर दी जाती थीं। खाने की चीजें, खासतौर से दूध से बनी भारतीय मिठाइयाँ उसे लगातार आग्रह करके खिलाई जातीं। आज भी उसके घर पहुँचते ही कोई न कोई स्त्री पहला सवाल उससे यही पूछती है कि वह क्या खाना पसंद करेगा। मनोविश्लेषण के दौरान बहुत अर्से तक जब भी किसी खास रोगोपचार सत्र के दौरान मेरी

जिरह से उसे थकावट महसूस होती तो रोगी घर लौटने से पहले शहर के किसी रेस्त्राँ में खूब मिठाइयाँ खाता था। रोगी की मान्यता थी कि मेरी पूछताछ में मातृसुलभ हमदर्दी के अभाव के कारण ही उसे भारीपन महसूस होने लगता था।

जाहिर है कि रोगी के जीवन में स्त्रियाँ सर्वव्यापी थीं, पर उनके अलावा उसके बचपन की यादों के उस हिस्से का प्रभाव मेरे ऊपर सबसे ज्यादा पड़ा जो रात में सोने से संबंधित था और जिसके साथ स्त्री स्पर्श के अनुभव जुड़े हुए थे। भारतीय परिवारों में आमतौर पर मिले-जुले रूप में रहने का चलन होता है। माता-पिता और बच्चों के लिए अलग-अलग शयनकक्षों की व्यवस्था की तो कल्पना भी नहीं की जा सकती, और प्राइवेसी की अवधारणा सिरे से नदारद होती है। गर्मी में बिना कोई कपड़ा पहने या बहुत कम कप्ड़े पहने बच्चे अपने लालन-पालन करने वालों की बगल में ही सोते हैं। माँ की देह के ऊपर उसका हाथ या पैर फैला रहता है। ऐसी ही परिस्थिति की एक अलग तरह की व्याकुल कर देने वाली स्मृति रोगी ने मुझे बताई। दरअसल, रात में सोते समय रोगी का शिश्न अपनी सोती हुई माँ के नितम्ब से लग कर खड़ा हो गया था। रोगी माँ की देह के इस स्पर्श से दूर भी नहीं हटना चाहता था, साथ ही उसे शर्म और उलझन भी सता रही थी कि कहीं माँ जाग कर इस वर्जित स्पर्श को महसूस न कर ले। थोड़ा बड़ा होने पर माँ की देह की जगह रिश्ते की बहनें लेने लगीं। कमरे में या छत की ज़मीन पर बिछे गद्दों पर वह इन बहनों के साथ सोता, देह से देह रगड़ती, यदाकदा जननांगों का स्पर्श भी हो जाता। उस समय परिवार के दूसरे सदस्य तरह-तरह से नींद में डूबे होते।

मातृ-देह और उसके स्पर्श की इस प्रचुरता में एक दुःस्वप्न भी निहित था। नींद में उसे लगता था कि एक धुँधला सा काला आकार उसे अपने भीतर ढँक लेगा। इस अनुभूति से रोगी सोते में चीख पड़ता था। यह सिलसिला बचपन से जारी था, यहाँ तक कि मनोविश्लेषण के शुरुआती दौर में भी उसे यह समस्या सताती थी। चीखने पर केवल उसके पिता उसे जगाते और भरोसा देते कि सब कुछ ठीक है जिससे शांत हो कर वह फिर से नींद में डूब जाता। उसके पिता नरम और संकोची प्रकृति के इनसान थे जो सवेरे जल्दी काम पर चले जाते और देर रात वापस आते थे। पिता की यादें उसके दिमाग में ज्यादा साफ नहीं थीं। उसके लिए

उनका वजूद उस गहमागहमी भरे घर की परिधियों पर ही था।

विश्लेषण के पहले सत्र में ही रोगी ने अपनी उस यौनविषयक विवशता का जिक्र किया जिसे स्वीकार करना उसे शर्मनाक लगता था। भीड़ भरी बस में यात्रा करते समय वह किसी भी गुदाज बदन की अधेड़ औरत के नितम्ब से अपना गुप्तांग सटा देता था। उसके उत्तेजित बने रहने के लिए जरूरी था कि वह औरत उसकी तरफ पीठ किए रहे। अगर कभी वह औरत घूम कर उसकी तरफ इस एहसास के साथ देख लेती कि उसे रोगी की श्रांगारिक कामना की जानकारी है, तो फौरन उसके गुप्तांग का कड़ापन ढीला हो जाता और वह शर्मसार हो कर दूर हट जाता। शादी के बाद भी उसकी कामना उसी समय सर्वाधिक तीव्र होती जब पत्नी उसकी तरफ पीठ किए सो रही होती। बढ़ती हुई उत्तेजना के अधीन हो कर वह पत्नी के पृष्ठभाग से अपनी देह रगड़ता और सोती हुई हालत में ही उसके साथ संभोग करने की कोशिश करता। इस दौरान अगर पत्नी यौनक्रिया में सक्रिय भागीदारी का संकेत देती तो कभी-कभी उसका असमय स्खलन हो जाता या नतीजा गुप्तांग के अनायास ढीले हो जाने में निकलता।

मेरे इस मरीज के रोग-इतिहास के संक्षिप्त अंशों से पता चलता है कि उसकी कामना स्त्री की देह के नितम्ब और कूल्हों जैसे कुछ अंगों से जुड़ी हुई थी जिनकी भूमिका प्रजनन के लिहाज से निष्क्रिय होती है। दूसरे शब्दों में उसकी कामना तुष्ट होने के लिए स्त्री का सेक्शुअली मृत होना जरूरी था। रात में लटकी हुई लाश से संभोग करने की फैंटेसी का स्रोत माँ की सेक्शुअलिटी थी जिससे रोगी डरता था। साथ में रोगी को इस बात पर गुस्सा भी था कि जब वह अपनी दुनिया का संधान करना चाहता है तो उसके रास्ते में कितनी मर्यादाएँ आ जाती हैं। मैं साफ कर देना चाहता हूँ कि इस रोगी के मामले में मेरी दिलचस्पी मनोवैश्लेषिक परिप्रेक्ष्य के कारण नहीं थी। बजाय इसके मैंने उसे उदाहरण योग्य इसलिए माना कि वह तमाम बाधाओं का मुकाबला करते हुए मातृ-देह के साथ एक आदर्शीकृत संबंध रखने के लिए तरह-तरह की कल्पनाओं का सहारा लेने में सक्षम था। मरीज की मनोव्यथाओं की यही केंद्रीय विषय वस्तु थी। माँ और बेटे के बीच संबंध की यह समस्या और स्वैरकल्पना की दुनिया में उसका हल निकालने की कोशिश भारतीय मरीजों के रोग-इतिहासों में बार-बार दिखाई देती है। जाहिर है कि बोस भारतीय पुरुष रोगी के संबंध में जब

कहते थे कि उसमें 'स्त्री होने की आदिम इच्छा' पाई जाती है तो वे सामान्य सिद्धांत के एक खास पहलू को ही व्यक्त कर रहे होते थे। बेटा जब देखता है कि माँ के साथ फैंटेसी की दुनिया में बनाया गया उसका सूत्र भंग होने वाला है तो वह स्वयं स्त्री हो जाने की इच्छा के जरिये उसका हल खोजने की कोशिश करता है। यह एक ऐसा हल है जिसे चेतना के स्तर पर कल्पित करने में भारतीय संस्कृति उसकी मदद करती है। सेक्शुअल विभेदों और लैंगिक सीमाओं की व्याप्ति के बारे में अपने नजरिये के कारण यह संस्कृति ऐसा कर पाती है। यही कारण है कि गाँधी ने सार्वजनिक रूप से कहा था कि वे मानसिक तौर से स्त्री हो गए हैं। यह कहते हुए गाँधी कारेन होर्नी और उन जैसे अन्य विद्वानों की बातों से वाकिफ नहीं थे। अपने समय के मनोवैश्लेषिक नजरिये से हट कर सोचने वाले इन लोगों ने स्त्री की प्रजननकारी क्षमताओं के प्रति पुरुष-ईर्ष्या की चर्चा इन शब्दों में की थी : 'पुरुष द्वारा स्त्री-रूप में पैदा होने की इच्छा के कारण उतने ही प्रबल हैं जितने इसके कि स्त्री पुरुष-रूप में पैदा नहीं होना चाहती।'[७] इससे अंदाजा लगाया जा सकता है कि गाँधी की इस घोषणा को लोगों ने हमदर्दी के साथ क्यों ग्रहण किया था।

भारतीय संदर्भों में यह विषय वस्तु न केवल निजी जिंदगियों में देखी जा सकती है, बल्कि उन सांस्कृतिक आख्यानों में भी उसका संधान किया जा सकता है जिन्हें हम मिथक कहते हैं। आधुनिक पश्चिम के मुकाबले ये दोनों ही पहलू भारतीय संस्कृति के साथ काफी घनिष्ठता से गुँथे हुए हैं। पश्चिम में जो होता है, भारत में उसका ठीक उल्टा होता है। यहाँ परंपरा प्रदत्त मिथक किसी मिथकशास्त्री के लिए बौद्धिक और सौंदर्यमूलक तोष के स्रोत नहीं होते, बल्कि उनकी मान्यता लोगों के भावजगत से जुड़ी होती है। वे मनोरोगी पर ज्यादा भावनात्मक असर डालते हैं, और मनोविश्लेषक पर कम। भारत में मिथक गुजरे हुए वक्त की चीज नहीं है। कार्ल अब्राहम ने मिथकों को 'प्रजाति के मानसिक जीवन के शैशव का बचा हुआ अंश' करार दिया था, पर भारतीय व्यक्ति के लिए यह कथन सही नहीं है।[८] फ्रॉयड ने भी मिथकों को 'समूचे राष्ट्रों की बचकानी फेंटेसियों के अवशेष और मानवता द्वारा यौवन में देखे गए सेकुलर सपनों' की संज्ञा दी थी, पर भारतीय संदर्भ पर उनका भी यह कथन फिट नहीं बैठता।[९]

भारतीय समाज में मिथक पूरी तरह जीवंत हैं और उनकी प्रतीकात्मक

शक्ति पहले जैसी ही है। उनके जरिये व्यक्ति को एक सांस्कृतिक मुहावरा मिलता है जिसकी मदद से वह अपनी मानसिक दुनिया बनाता है, उसे संघठित करता है। शिशु के लालन-पालन, पारिवारिक संबंधों की संरचनाओं और मूल्यों के समांतर चलती हुई मिथकों की लोकप्रिय और जानी-मानी दुनिया अपनी आकृति में संस्कृति की केंद्रीय मनो-संरचनाओं के पुंज जैसी होती है। निजी स्तर पर होने वाले आत्मगत अनुभवों के जरिये इन मिथकों का लगातार नवीकरण और वैधीकरण होता रहता है।[१०] चूँकि मिथकीय मुहावरा हमेशा उपलब्ध रहता है, इसलिए किसी मनोविश्लेषण का मिथकीकरण करना तकरीबन उतना ही आसान होता है जितना किसी मिथक का विश्लेषण करना। मेरे उस मनोरोगी के विश्लेषण का भी मिथकीकरण किया जा सकता है। किसी रोग-इतिहास का कथारूप में वर्णन करने की ही भाँति किसी मानस के भीतर छिड़े द्वंद्व की मिथकीय व्याख्या करना भी सुविधाजनक होता है।

इसी लेख में मैं यह सैद्धांतिक सूत्रीकरण कर चुका हूँ कि देवी का मिथक हिंदू संस्कृति का एक 'प्रधान आख्यान' है। वैसे तो देवी के न जाने कितने रूप हैं जिन्हें मिथकों के माध्यम से व्यक्त किया जाता है, पर मेरी दिलचस्पी यहाँ देवी के मातृ-रूप में, खासकर बेटों की माँ के रूप में, गणेश और स्कंद की माँ के रूप में है। अपने मनोरोगी की कहानी को बृहत्तर सांस्कृतिक कथा से जोड़ने से पहले मैं यह स्पष्ट कर देना चाहता हूँ कि पारंपरिक रचनाओं और आधुनिक दृष्टांतों में मौजूद इन मिथकों के बहुत से संस्करण मैंने नजरअंदाज कर दिए हैं। मैं समझता हूँ कि यह मिथकशास्त्रियों और लोककथाविदों का क्षेत्र है। मैंने यहाँ उनके सबसे ज्यादा विख्यात और लोकप्रिय संस्करणों का ही इस्तेमाल किया है।

इसमें कोई शक नहीं कि देवता के रूप में गणेश और स्कंद की भारतीय समाज में बड़ी मान्यता है। ये दोनों भारतीय पुत्र के बचपन की दो स्थितियों की नुमाइंदगी करते हैं। विघ्ननाशक और सर्वशुभारंभकारी देव के रूप में गणेश तैंतीस करोड़ हिंदू देवताओं के बीच सर्वाधिक स्नेहभाजन हैं। उनका चित्रण एक लंबोदर शिशु के रूप में किया जाता है जिसका सिर हाथी का है, पर जिसका एक दाँत गायब है। अपने परिवार में यानी पिता शिव और माता पार्वती के साथ चित्रित किए जाते वक्त उनका आकार उसी अनुपात में छोटा हो जाता है। चाहे पत्थर में उकेरी गई हो, या रंगीन मुद्रण

में हो, गणेश की छवि हर जगह पाई जाती है, चाहे वह मंदिर हो, घर हो, दूकान हो, सड़क के किनारे का कोई पूजास्थल हो, या कोई कलेंडर हो। गणेश के छोटे भाई स्कंद या कार्तिकेय के अनुयायी भी बहुत हैं। विशेषतौर से दक्षिण भारत में तो वे खासे लोकप्रिय हैं। वहाँ उनकी पूजा मुरुगन या सुब्रह्मण्यम के नाम से होती है। गणेश के विपरीत स्कंद की छवि एक सुंदर बच्चे की है जिसका शरीर इकहरा है और जो वीरोचित कारनामे करता है। मनोवैश्लेषिक शब्दावली में कहा जा सकता है कि स्कंद या कार्तिकेय की हैसियत शिश्नमूलक है।

अगर गणेश का दृष्टांत मेरे मनोरोगी के मानसिक जीवन के एक अंश पर रोशनी डालता है, तो स्कंद का मिथक उसके जीवन के दूसरे पक्ष के बारे में बताता है। मिथकों के अनुसार गणेश पूरी तरह उनकी माँ पार्वती की रचना ही हैं। दरअसल हुआ यह था कि पार्वती बच्चा चाहती थीं, पर शिव इस मामले में उनके साथ सहयोग नहीं कर रहे थे इसलिए उन्होंने अपनी देह की गंदगी और पसीने से मिले उबटन से गणेश को बना डाला। मेरे मनोरोगी के दिमाग में आने वाली अपने स्त्रीत्व की स्वैरकल्पनाओं की ही भाँति गणेश न केवल अपनी माँ के चहेते पुत्र हैं, बल्कि अपनी माँ के सारतत्त्व से संपन्न भी हैं। मेरा मनोरोगी जिस समय स्कंद की भाँति विशुद्ध पुरुष होता है, उस समय भी वह माताओं की उस दुनिया में रमा रहता है जिसकी रचना संयुक्त भारतीय परिवार में बच्चे के लिए की जाती है। मेरे मनोरोगी की तरह स्कंद भी एक से ज्यादा माताओं की संतान हैं क्योंकि उनके पिता शिव के शुक्राणु इतने ताकतवर थे कि कोई एक स्त्री उन्हें धारण नहीं कर सकती थी। शिव के ये शुक्राणु एक स्त्री के गर्भ से दूसरी स्त्री के गर्भ की यात्रा करते रहे, और इस प्रकार अंत में स्कंद का जन्म हुआ। मेरे मनोरोगी को जब खुशनुमा अनुभूति करनी होती है तो वह मिठाई पर टूट पड़ता है, ठीक उसी तरह जिस तरह गणेश को मोदक प्रिय हैं। गणेश के भक्त उन्हें मोदक का चढ़ावा चढ़ाते ही रहते हैं, क्योंकि उन्हें पता है कि लम्बोदर लड्डुओं से कभी संतुष्ट नहीं होते। उनका पेट भरते ही खाली हो जाता है।[११]

मेरा मनोरोगी पतला-दुबला है, पर वह गणेश जैसे मोटे-ताजे देवता की ही तरह मिठाइयाँ खाने की इच्छा रखता है। उसकी यह इच्छा माँ के जीवनदायी स्तनपान से जुड़ी हुई है। माँ की देह के प्रति उसकी भूख

अस्थायी रूप से तुष्ट होती रहती है, पर वह अंततः संतृप्त न हो पाने के लिए अभिशप्त है। मेरा मनोरोगी इस मामले में भी गणेश की तरह है कि शैशव से निकल कर उसने सामाजिक कार्यकर्ता का जो व्यक्तित्व प्राप्त किया है उसमें दूसरों के जीवन के साथ जुड़ने की खासी क्षमताएँ हैं।

अगर माँ के साथ संबंधों की रोशनी में मेरे मनोरोगी की दुविधाओं का नाटकीकरण किया जाए तो दिखेगा कि गणेश और स्कंद वहाँ भी प्रमुख भूमिका निभा रहे हैं। बच्चा जैसे-जैसे बड़ा होता है, उसमें आने वाली तब्दीलियाँ उसे बाह्य संसार के संधान की तरफ ले जाती हैं। इन्हीं परिवर्तनों के जरिये बच्चे को पुरुष के रूप में अपनी आधारभूत जैविक पहचान के संकेत मिलते हैं। दक्षिण भारत और श्रीलंका में इस मिथक का एक ही संस्करण प्रचलित है :

> नदी में एक आम बह रहा था। उमा (माँ पार्वती) ने कहा कि जो ब्रह्मांड का चक्कर पहले पूरा कर लेगा, उसे ही यह आम मिलेगा। (इस मिथक के कुछ संस्करणों में मोदक या पत्नियाँ मिलने के आश्वासन का जिक्र है)। माँ की बात सुन कर स्कंद फौरन अपने स्वर्ण मयूर पर सवार हो कर ब्रह्मांड की परिक्रमा करने निकल पड़े। लेकिन मूषक की सवारी करने वाले गणेश ज्यादा बुद्धिमान थे। उन्होंने सोचा कि आखिर मेरी माँ की इस बात का मतलब क्या हो सकता है? फिर उन्होंने अपनी माँ की ही परिक्रमा कर डाली और उनकी पूजा करने के उपरांत बोले, 'मैंने अपने ब्रह्मांड का चक्कर पूरा कर लिया है।' चूँकि गणेश की बात सही थी इसलिए माँ ने उन्हें ही आम दे दिया। स्कंद ने वापस आ कर आम माँगा तो उन्हें बड़ा गुस्सा आया। लेकिन, इससे पहले कि उन्हें आम मिल पाता, गणेश ने उसे दाँतों से काटा और इस चक्कर में अपना एक हाथी-दाँत तोड़ लिया।[१२]

स्कंद और गणेश थोड़े बड़े हो चुके बच्चे की परस्पर विरोधी कामनाओं के प्रतीक हैं जब बच्चे का विकास मातृ-मनोग्रंथि की पूर्व-संध्या के चरण में होता है। बच्चे को एक तरफ अपनी गतिविधियों में स्वतंत्र और स्वायत्त की तीव्र इच्छा अपनी ओर खींचती है, दूसरी ओर वह उस मातृ-देह में एक बार फिर अपना समर्पण और विलयन कर देना चाहता है जिससे कुछ समय पहले ही उसका जन्म हुआ होता है। स्कंद वैयक्तीयन और स्वतंत्रता का वरण करते हैं जिसके कारण उन्हें अपनी माँ की उदार उपस्थिति से वंचित होने का दण्ड भोगना पड़ता है, पर इसके बदले उन्हें एक पारितोषिक भी मिलता है जिसके कारण वे वयस्क और पौरुषपूर्ण

व्यक्ति का जीवन जीते हैं। दूसरी तरफ आम खाने से गणेश का हाथी-दाँत टूट जाता है और वे अपनी संभावित मर्दानगी से वंचित हो जाते हैं, लेकिन वे माँ के साथ रहना पसंद करते हैं। उनका आम खाना माँ के स्तन पान में वापसी है। हम जानते हैं कि तमिलनाडु में आम और स्त्री के स्तन के बीच समानता मानी जाती है।[१३] गणेश का पुरस्कार यह है कि वे हमेशा ही शिशु बने रहेंगे, उन्हें कभी अपनी माँ से अलग होने की तकलीफ नहीं उठानी पड़ेगी। माँ की गैरमौजूदगी की हताशा उन्हें कभी नहीं सताएगी। गणेश का चुनाव स्कंद के चुनाव से श्रेष्ठ समझे जाने के पीछे भारतीय पुरुष की वह सांस्कृतिक प्राथमिकता समझी जा सकती है जिसके तहत वह अलगाव और वैयक्तीयन की दुविधा का समाधान खोजता है। माँ नहीं चाहती कि बेटा उससे अलग हो और उसकी इस इच्छा में बेटा उसके साथ रहता है। उसी समय वह माँ के साथ साझे अपने व्यक्तित्व के स्त्री-पक्ष से बाहर निकल कर वैयक्तीयन की प्रक्रिया में भी जाता है।[१४]

जहाँ तक मेरे मनोरोगी का सवाल है, हम देखते हैं कि वह अक्सर गणेश जैसा होना चाहता है, और कभी-कभी अपनी फैंटेसी में वैसा बन भी जाता है। लेकिन, उसकी समस्या तो यह है कि वह अपने मानस पर छायी हुई माँ की उपस्थिति के मुकाबले अपनी शिश्नमूलक कामना कैसे जीवित रखे। गणेश जैसा होने की इच्छा तो इसका स्थायी हल नहीं हो सकती। इसी मुकाम पर स्कंद का प्रवेश होता है। देवताओं को सताने वाले तारकासुर का वध करने के बाद स्कंद से उनकी देवी माँ खुश होती हैं और कहती हैं कि वे जैसे चाहे अपना आमोद-प्रमोद करें। स्कंद बहक जाते हैं। उनकी विलासिता का कोई ओर-छोर नहीं रहता। वे देवताओं की पत्नियों के साथ संभोग करते हैं, और देवता उन्हें नहीं रोक पाते। देवताओं की शिकायत पर देवी माँ उसी स्त्री का रूप ग्रहण करने का निर्णय करती हैं जिसे स्कंद फुसलाने जा रहे होते हैं। स्कंद एक के बाद एक देवता की पत्नी को अपने पास बुलाते हैं, पर हर स्त्री में उन्हें अपनी माँ ही दिखाई पड़ती है। परिणामस्वरूप उनकी कामना तिरोहित हो जाती है। बाद में यह सोच कर कि पूरा ब्रह्मांड मेरी माँ से ही व्याप्त है, वे आजीवन ब्रह्मचारी रहने का व्रत लेते हैं।[१५]

मेरा मनोरोगी भी कामना-रहित हो जाता है जैसे ही बस के भीतर कोई माँ जैसी औरत उससे रूबरू होती है। लेकिन, वह ब्रह्मचर्य की शरण

नहीं लेता, बल्कि अपनी कामना संयमित करने के लिए माँ के उस श्रांगारिक अंश को मृत करने की कोशिश करता है जिसके कारण उसे नपुंसक हो जाने का खतरा सता रहा था। इसके लिए वह माँ के धड़ के निचले हिस्से को प्राणहीन करता है। बच्चे के ऊपर पूरी तरह छा जाने वाली माँ की कल्पित यौनिकता के सामने बच्चा असहाय और अपर्याप्त महसूस करता है। उसे डर लगता है कि माँ की अँधेरी गहराइयाँ उसे आगोश में लेकर अपने भीतर निगल जाएँगी। स्वैरकल्पना की दुनिया में मेरे मनोरोगी को इस यौनिकता का कोई सीधा और स्पष्ट अनुभव तो नहीं होता, पर वह बार-बार एक दुःस्वप्न से गुजरता है और चीख कर उसकी नींद टूट जाती है।

अपनी एक अन्य रचना में मैंने हिंदू मिथकों, लोक विश्वासों, कहावतों, लक्षणों और देवी के त्रिकराल रूपों में होने वाली उनकी कर्मकांडीय पूजा के जरिये शक्तिशाली और सेक्शुअल माँ की मौजूदगी की विस्तार से शिनाख्त की है।[१६] यहाँ मैं देवी के एक काफी मशहूर मिथक के वर्णन तक ही खुद को सीमित रखूँगा। इस मिथक का निरूपण मूर्तियों और चित्रों में व्यापक रूप से हुआ है। देवी की यह एक खास तरह की मातृमूलक छवि है। मेरा मकसद इस मिथक की मूर्त भाषा, छवि और प्रतीक के माध्यम से यह बताना है कि देवी के इस मातृ-रूप के कारण बच्चा किस तरह भयाक्रांत और आतंकित होता है।

मिथक में चर्चा है कि राक्षसराज महिषासुर ने तीनों लोक जीत लिए थे। लेकिन, देवी को देख कर वह उन पर मोहित हो गया और संदेश भेज कर अपनी कामना व्यक्त की। देवी का उत्तर यह था कि वे उसी को अपने पति के रूप में स्वीकार करेंगी जो उन्हें युद्ध में हरा देगा। महिषासुर युद्ध के मैदान में बहुत बड़ी सेना और साज-बाज के साथ आया। देवी अपने शेर पर सवारी करते हुए अकेली आईं। देवता यह देख कर चकित रह गए कि देवी ने कवच भी नहीं पहना हुआ था। वे अपने वाहन पर सवार हो कर युद्ध में नग्न उतरी थीं। शेर से उतर कर देवी ने नृत्य करना शुरू किया और उसी की ताल पर अपनी तलवार से असंख्य राक्षसों के सिर काटती चली गईं। मौत सामने देख कर महिषासुर डर कर भागा और हाथी का रूप धर कर बचने की कोशिश की। देवी ने उसकी सूँड़ काट डाली। हाथी भैंसा बन गया जिसकी मोटी चमड़ी पर देवी की तलवार और भाले ने काम नहीं

किया। इससे क्रोधित हो कर देवी कूद कर उसकी पीठ पर चढ़ गईं और तब तक उस पर सवारी करती रहीं जब तक वह थक कर चूर नहीं हो गया। राक्षस भैंसे की शक्ति खत्म हो गई और वह गिर पड़ा। तब देवी ने उसके कान में अपना भाला घुसेड़ दिया और महिषासुर का अंत हुआ।

इस मिथक के तात्पर्य काफी स्पष्ट हैं। इसमें से देवी की सेक्शुअल ऊर्जा और सर्वशक्तिमत्ता अपने-आप निकल आती है। देवी के नृत्य करने और अपने वाहन पर नग्न सवार हो कर आने के बिम्बों के माध्यम से मिथक बताता है कि किस तरह सबसे शक्तिशाली पुरुष भी उनके सामने पराजित होने और अंतत: मृत्यु को प्राप्त होने के लिए मजबूर है। किस तरह वे राक्षसी कामनाओं से लैस असंख्य 'दुष्ट व्यक्तियों' का शिरोच्छेदन (यानी बधियाकरण) कर देती हैं। मैं इस मिथक के केवल एक पहलू को उभारना चाहूँगा जिसका जिक्र न तो यहाँ किए गए वर्णन में है और न ही मेरे मनोरोगी के रोग-इतिहास में इसकी चर्चा आती है। यह पहलू है तलवार और भाला धारण करने वाली देवी का शिश्नमूलक मातृरूप। इस मातृरूप की परंपरागत व्याख्या बधियाकरण के अंदेशों की अस्वीकृति के रूप में भी की जा सकती है, पर भारतीय संदर्भ में यह फैंटेसी शेसिगे-स्मिरगेल की अवधारणा से ज्यादा मेल खाती है। शेसिगे-स्मिरगेल शिश्नमूलक मातृरूप को वयस्क यौनि की अस्वीकृति और उसके कारण पैदा हुई अपर्याप्तता की अनुभूति से जोड़ कर देखते हैं।[१७] साथ ही, मैं देवी की इस छवि को स्त्री-पुरुष के मिले-जुले रूप की तरह देखता हूँ (शिव की अर्धनारीश्वर यानी आधे पुरुष और आधे नारी के रूप में कल्पना की गई है)। देवी का नारी-पुरुष रूप बच्चे की उस इच्छा का प्रतिनिधित्व करता है जिसके तहत वह अपनी माँ से यौनिक रूप से भिन्न हुए बिना पुरुष बनना चाहता है। वह पुरुष के यौनिक गुण तो अपनाना चाहता है, पर अपने स्त्रीमूलक यौनिक गुणों को नहीं त्यागना चाहता।

देवी का यह दृष्टांत आगे बताता है कि राक्षस भैंसे का वध करने के बाद भी उनका क्रोध शांत नहीं हुआ और वे नृत्य करती रहीं। इससे देवता चिंतित हो उठे और उन्होंने शिव से सहायता माँगी। शिव देवी के सामने पीठ के बल लेट गए। जैसे ही देवी का पैर अपने पति की देह पर पड़ा, लज्जा के मारे उनकी जीभ निकल पड़ी और उनका नृत्य रुक गया। मेरे मनोरोगी के मामले में भी उसके नरमदिल और खामोश किस्म के पिता की

भूमिका यही है। केवल वे ही मातृ-यौनिकता से उत्पन्न दुःस्वप्न के प्रभाव को कम कर सकते हैं। मिथक में भी शिव का प्रवेश निष्क्रिय रूप में होता है, पर इसी तरीके से वे देवी माँ की ऊर्जा और शक्ति को मर्यादित भी करते हैं। इसी बात को यूँ भी कहा जा सकता है कि भले ही पिता विनीत प्रकृति का हो और स्वयं को मुख्य गतिविधियों से दूर रखता हो, फिर भी वह शक्तिशाली होता है। यहाँ पिता की भूमिका पहले बच्चे के साथ मिल कर काम करने वाले साथी और रक्षक की होती है (यहाँ तक कि वह सह-उत्पीड़ित भी हो सकता है), प्रतियोगी के रूप में वह बाद में उभरता है। चाहे लोकप्रिय भारतीय मिथक हों या रोगियों से संबंधित मेरे अधिकतर अध्ययन हों, पुत्र और पिता की यह प्रतियोगिता भी ओडिपस की कहानी जैसी न हो कर कुछ कम ही रह जाती है। ओडिपस के मिथक में तो एक पुत्र है जो पहले फैंटेसी में और फिर अवचेतन में पितृ-हत्या के अपराध बोध से ग्रस्त है। भारतीय संदर्भों में तो पिता की ईर्ष्या पर अधिक जोर दिया गया है, जो पुत्र के प्रति होती है और जिसमें माँ भी शामिल रहती है। इसके परिणामस्वरूप पुत्र में पनपी उत्पीड़न-मनोग्रंथि पिता और पुत्र के संबंधों की मुख्य चालक शक्ति बन जाती है। पिता और पुत्र की इस प्रतियोगिता पर पुत्रहत्या का डर हावी रहता है। इसके साथ ही बेटे के बधियाकरण का डर भी होता है। यह बधियाकरण या तो पिता के हाथ से या फिर स्वयं बेटे द्वारा ही हो सकता है, ताकि इस प्रतियोगिता का कोई समाधान निकल आए। इस प्रतियोगिता के कई उदाहरण मिथकों में मिलते हैं : माँ पार्वती के स्नान करते समय उन्हीं की हिदायत के कारण शिव को भीतर न आने देने के कारण महादेव द्वारा गणेश का शिरोच्छेदन और फिर हाथी का सिर लगा कर उन्हें जीवित करना इसी का उदाहरण है। भीष्म और पुरु के दृष्टांत भी हैं जो अपने पिता का प्रेम जीतने के लिए यौन जीवन त्यागने यानी स्वयं के बधियाकरण के लिए तैयार हो जाते हैं।[१८] यह अलग बात है कि पिताओं, पुत्रों, परिवारों और पुत्रियों के आख्यान इन उदाहरणों से अलग भी हो सकते हैं। उनकी कहानियाँ अभी सुनाई जानी शेष हैं, उनके पाठ अभी रचे जाने शेष हैं।

मिथकीय कथानकों के रूप में व्यक्त सांस्कृतिक विचार एवं पुरुषत्व और स्त्रीत्व के आदर्श हमारी इयत्ता के अत्यंत गहन अनुभवों में व्याप्त रहते हैं। यही कारण है कि इयत्ता की किसी ऐसी 'पूर्व' या 'गहनतर' परत होने

का दावा नहीं किया जा सकता जो सांस्कृतिक पहुँच से परे जाती हो। 'गहनता मनोविज्ञान' के तहत मनोविश्लेषण जिन गहरे पानियों में गोता लगता है, संस्कृति की धारा भी उन्हीं पानियों में बहती है। इयत्ता के जीवन में झाँकने के लिए मनोविश्लेषण पश्चिमी मिथकों के मर्म का सहारा लेता रहा है। चाहे प्राचीन यूनान के मिथक हों, या फिर ज्ञानोदय काल में प्रवर्तित 'विभ्रम' की धारणा हो, मनोविश्लेषण यूरोपीय *महामाया* की सीमाओं में कैद रहा है। यही कारण है कि उसे इयत्ता की गहराइयों में भीतर से और परानुभूति के साथ झाँकने का अवसर मिल ही नहीं पाया है। अन्य संस्कृतियों के मिथकों के आईने में देख कर इयत्ता के कारोबार की व्याख्या करना अभी उसके लिए शेष है।

मनुष्य की बाहरी दुनिया और उसके भीतरी संसार में संबंध का बृहत्तर मुद्दा इस प्रश्न से जुड़ा है। इस संबंध के बारे में मनोवैज्ञानिकों और दार्शनिकों की दिलचस्पी न जाने कब से चली आ रही है। मेरा इरादा यहाँ इन सवालों पर विस्तार से विचार करने का नहीं है। मैं तो केवल यह कहना चाहता हूँ कि एरिक एरिकसन के उल्लेखनीय अपवाद के अलावा मनोविज्ञान के अधिकतर सिद्धांतवेत्ताओं ने आत्म-पहचान की अनुभूति विकसित होने में (जिसे आधुनिक भाषा में इयत्ता की निर्मिति कहते हैं) संस्कृति के महत्त्व को आमतौर पर कम करके ही आँका है। एरिक एरिकसन की खास बात यह थी कि वे बड़े अहम ढंग से एक ऐसे मनोविश्लेषण के बुलंद पैरोकार थे जो इतना परिष्कृत हो कि पर्यावरण के प्रभाव को भी अपने दायरे में समेट सके।[१९] फ्रॉयड ने संस्कृति का एक 'टाइमटेबिल' बनाया था, जिसका 'पराअहं की विचारधारा' के रूप में प्रवेश मनो-संरचनाओं की दुनिया में अपेक्षाकृत देर में हुआ था। मनुष्य के मानस का पत्रा बनाने वाले अन्य लोग भी अभी तक इसी से अपना काम चला रहे हैं।[२०]

यह बात हाइंस काहुट तक पर लागू होती है। जानिस लांग ने दिखाया है कि वे 'आत्मवस्तु' की अपनी ही धारणा की तार्किक निष्पत्तियों तक नहीं जाते।[२१] जाहिर है कि ये निष्पत्तियाँ अन्य के वे आयाम हैं जो आत्म (इयत्ता) में शामिल हो कर मनुष्य को उसकी आत्मपरकता के अंश की अनुभूति कराते हैं। कोहुट भी फ्रॉयड की तर्ज पर बाद के जीवन में 'सांस्कृतिक आत्मवस्तु' की चर्चा करते नजर आते हैं। यह सांस्कृतिक

आत्मवस्तु आंशिक रूप से सांस्कृतिक आदर्शों से निकाली गई होती है जिससे व्यक्तिगत इयत्ता की अखंडता और जीवनीशक्ति कायम रखने में मदद मिलती है।[२२] लेकिन, आत्मवस्तु का विचार तो प्रस्फुटित होती हुई इयत्ता के पर्यावरण से संबंध की धारणा से परे जाता है। उसके मुताबिक तो स्वयं पर्यावरण ही धीरे-धीरे इयत्ता में रूपांतरित हो जाता है। इसका तात्पर्य यह है कि 'बड़े होते हुए बच्चे के प्रति माँ-बाप जो अनुक्रिया करते हैं, जिस प्रकार अनुक्रिया करते हैं, और उसके लिए आदर्शीकरण करने लायक जो सामग्री अतीत से मुहैया कराते हैं'[२३] (जिसका अधिकांश हिस्सा सांस्कृतिक सामग्री ही होती है), उसी सामग्री से बच्चे की इयत्ता की भीतरी निर्मिति होती है। यहाँ तक कि उसकी लैंगिक इयत्ता भी उसी के आधार पर बनती है।

लालन-पालन करने वाले की बच्चे के बारे में जानकारी प्रभाव और संज्ञान के आदर्श मिश्रण से बनती है। यह मिश्रण अधिकांशतः सांस्कृतिक होता है। इसी के आधार पर बच्चा या बच्ची अपने बारे में जानकारी की संरचनाएँ बनाते हैं। यहाँ एक सतर्कता की आवश्यकता है। इयत्ता की निर्मिति और उसकी अनुभूति पर संस्कृति के गहरे प्रभाव की अवधारणा का मतलब यह नहीं समझ लेना चाहिए कि व्यक्तिगत चेहरों और सांस्कृतिक मुखौटों के बीच कोई अंतर नहीं होता या फिर बाहरी और भीतरी संसार के बीच कोई सीमा नहीं होती। इन्हीं दोनों के बीच तनाव से मनोविश्लेषण और साहित्य को उनकी कथात्मक शक्ति मिलती है। मेरा तो कहना केवल इतना है कि यह सीमा स्थिर और निर्धारित नहीं की जा सकती, न काल में और न ही मानस के काल में। यह लगातार गतिशील, चलायमान और परिवर्तनशील ही रहती है।

संदर्भ और टिप्पणियाँ

१. टी.सी. सिन्हा, 'साइकोएनालैसिस इन इंडिया', *लुम्बिनी पार्क सिल्वर जुबली सोवेनियर,* कलकत्ता, १९६६, पृष्ठ ६६

२. जी. बोस, 'दि जेनेसिस ऑव होमोसेक्शुअलिटी', १९२६, *समीक्षा* ४, अंक २, १९५०, पृष्ठ ७४

३. जी. बोस, 'ए न्यू थियरी ऑव मेंटल लाइफ', १९२६, *समीक्षा* २, १९४८, पृष्ठ १५८
४. जी. बोस, 'दि जेनेसिस एंड दि एडजस्टमेंट ऑव दि ओडिपस विश', *समीक्षा* ३, अंक १, १९४९, पृष्ठ २२२–४०
५. यह अभिव्यक्ति क्लिफर्ड गीर्ट्ज की है। उन्होंने कमेटी ऑन ह्यूमन डिवेलपमेंट द्वारा प्रायोजित कल्चर एंड ह्यूमन डिवेलपमेंट पर एक सिम्पोजियम में इसका इस्तेमाल किया था, यूनिवर्सिटी ऑव शिकागो, ५–७ नवंबर, १९८७
६. डोनाल्ड पी. स्पेंस, 'नैरेटिव स्मूथिंग एंड क्लिनिकल विजडम', *नैरेटिव साइकॉलॉजी,* संपादक टी. सबरीन, प्रेगर, न्यूयार्क, १९८६
७. एम.के. गाँधी, *टु दि वोमेन,* हिंगोरानी, कराची, १९४३, पृष्ठ १९४ और २८–२९; कारेन होर्नी, 'दि फ्लाइट फ्राम वोमेनहुड : दि मेस्क्युलिनिटी कॉम्प्लेक्स इन वोमेन एज़ व्यूड बाई मेन एंड वोमेन', *फेमिनिन साइकॉलॉजी,* नॉर्टन, न्यूयार्क, १९६७
८. कार्ल अब्राहम, *ड्रीम्स एंड मिथ्स : ए स्टडी इन रेस साइकॉलॉजी,* दि जरनल ऑव नरवस एंड मेंटल हेल्थ पब्लिशिंग कंपनी, न्यूयार्क, १९१३, पृष्ठ ७२
९. सिग्मंड फ्रॉयड, 'क्रियेटिव राइटर्स एंड डे ड्रीमिंग', *स्टैंडर्ड एडीशन,* खंड ९, पृष्ठ १५२
१०. गनानाथ ओबीसेकरे, *मेडुसाज़ हेयर : ए स्टडी इन पर्सनल एंड कल्चरल सिम्बल्स,* यूनिवर्सिटी ऑव शिकागो प्रेस, शिकागो, १९८१
११. पॉल बी. कोर्टराइट, *गणेशा,* ऑक्सफोर्ड यूनिवर्सिटी प्रेस, न्यूयार्क, १९८६, पृष्ठ ११४
१२. गनानाथ ओबीसेकरे, *दि कल्ट ऑव पातिनी,* यूनिवर्सिटी ऑव शिकागो प्रेस, शिकागो, १९८४, पृष्ठ ४७१
१३. मारगरेट टी. एगनर, *दि आइडियॉलॉजी ऑव लव इन ए तमिल फेमिली,* होबर्ट एंड स्मिथ कॉलेज, १९८४, अप्रकाशित।
१४. सुधीर कक्कड़, 'साइकोएनालैसिस एंड एंथ्रोपोलॉजी : ए रिन्यूड एलाइंस', *कंट्रीब्यूशन टु इंडियन सोशियोलॉजी* २१, अंक १, १९८७, पृष्ठ ८८
१५. संस्कृत में इस मिथक का उद्‌गम *ब्रह्मपुराण,* ८१, पृष्ठ १–५ है। अनुवाद के लिए देखें : वेंडी ओ'फ्लेयरटी, *एसिटिसिज्म एंड इरोटिसिज्म इन दि माइथॉलॉजी ऑव शिवा,* ऑक्सफोर्ड यूनिवर्सिटी प्रेस, लंदन, १९७३, पृष्ठ २०४
१६. सुधीर कक्कड़, *दि इनर वर्ल्ड : ए साइकोएनालैटिक स्टडी ऑव चाइल्डहुड एंड सोसाइटी इन इंडिया,* ऑक्सफोर्ड यूनिवर्सिटी प्रेस, दिल्ली, १९७८
१७. शेसिगे–स्मिरगेल, 'फेमिनिन गिल्ट एंड ओडीपस कॉम्प्लेक्स', फीमेल सेक्शुअलिटी, सं. : जे. शेसिगे–स्मिरगेल, यूनिवर्सिटी ऑव मिशिगन प्रेस, एन एरबर, १९६४, पृष्ठ ९४–१३४; इस संबंध में पारंपरिक विचारों के लिए देखें :

सिग्मंड फ्रॉयड, 'फेटेशिज्म', *स्टैंडर्ड एडीशन,* खंड २१, १९४०; 'स्प्लिटिंग दि ईगो इन दि प्रोसेस ऑव डिफेंस', *स्टैंडर्ड एडीशन,* खंड २३, १९४०; आर.सी. बाक, 'दि फालिक वोमेन : दि युबिकिटस फैंटेसी इन परवरजन', *दि साइकोएनालैटिकल स्टडी ऑव दि चाइल्ड,* खंड २३, पृष्ठ १५-१६

१८. सुधीर कक्कड़ और जॉन रॉस, *टेल्स ऑव लव, सेक्स एंड डेंजर,* उनविन हेमन, लंदन, १९८७

१९. एरिक एच. एरिकसन, *चाइल्डहुड एंड सोसाइटी,* नॉर्टन, न्यूयार्क, १९५०

२०. सिग्मंड फ्रॉयड, 'न्यू इंट्रोडक्टरी लेक्चर्स ऑन साइकोएनालैसिस', *स्टैंडर्ड एडीशन,* खंड २२, १९२२

२१. जानिस लांग, 'कल्चर, सेल्फऑब्जेक्ट एंड कोहिसिव सेल्फ', अमेरिकन साइकॉलॉजीकल एसोसिएशन की बैठक में पढ़ा गया आलेख, अगस्त १९८६

२२. हाइंस काहुट, सेल्फ साइकॉलॉजी एंड ह्यूमिनिटीज, सं. : डी. स्ट्रोजियर, नॉर्टन, न्यूयार्क, १९८५, पृष्ठ २२४-३१

२३. जानिस लांग, 'कल्चर, सेल्फऑब्जेक्ट एंड कोहिसिव सेल्फ', पृष्ठ ८

७

और अंत में

इन पन्नों पर उस नाटक के अभिनेताओं का नजरिया पेश किया गया है जो भारत की धरती पर नर–नारी संबंधों के रूप में खेला जाता है। हर अध्याय एक तरह से मौके पर ली गई रपट की तरह है जिसमें घटना के भागीदारों की समझ और परिभाषा के मुताबिक ही अंतरंग संबंधों का ब्योरा दर्ज है। इस विमर्श के आधार में निजी साक्ष्य हैं, जिन्हें लंबे अरसे से समाजविज्ञान पर हावी रवैये द्वारा 'आत्मपरक' कह कर अवमूल्यित किया गया है। यह रवैया निजी अनुभूतियों, कामनाओं और भयों को समष्टिगत परिघटनाओं के आईने में देखना पसंद करता है। वह मान कर चलता है कि इन सब बातों का कारण आनुवंशिकी में, इतिहास में, संस्कृति में, और श्रम के सामाजिक और सेक्शुअल विभाजन में निहित है। स्त्री और पुरुष के बीच का द्वंद्व इस रवैये के लिहाज से बौद्धिक बाजार के उन चालू सिद्धांतों द्वारा व्याख्यायित किया जा सकता है जिन्हें हम 'प्रोग्रामित आनुवंशिक विशेषताएँ', या 'पितृसत्तात्मक तंत्र' या फिर 'उत्पादन–विधि' के नाम से जानते हैं।[१]

मेरे अध्ययन का उद्देश्य भारतीय लैंगिक संबंधों को इस तरह की अमूर्त शब्दावली के आईने में देखने से बचने का रहा है। इस तरह के सैद्धांतीकरण का नतीजा मानवीय व्यवहार के अत्यधिक वस्तुनिष्ठीकरण में निकलता है और यह अध्ययन इससे भी बचना चाहता है। बजाय इसके

मेरी कोशिश रही है कि स्त्री-पुरुष संबंधों की निजी और 'कथात्मक' प्रकृति पर रोशनी डाली जाए। इसके अलावा मैंने इन कहानियों की कुछ इस तरह व्याख्या भी की है कि सामाजिक सिद्धांतों की एक और सामान्य कमजोरी का असर उन पर न पड़ सके जिसके कारण सामाजिक सिद्धांत प्रायः इनसानी मसलों में सेक्शुअलिटी को पूरी अहमियत नहीं देते, और न ही ऐसे किसी आयाम का पूरा महत्त्व समझते हैं जो बुद्धिसंगत नहीं होता।

चाहे फिल्मों की चर्चा की गई हो या लोककथाओं की, आत्मकथाएँ हों या मनोरोगियों की केस-हिस्ट्री, हर जगह लैंगिक संबंध स्नेह या प्रेम के बजाय शत्रुता से अधिक आक्रांत दिखते हैं। स्त्री द्वारा पुरुष के प्रति या पुरुष द्वारा स्त्री के प्रति जो स्वैरकल्पनाएँ पाली जाती हैं, उनमें कामना और चाह का अंश जितना होता है उतना ही उन पर घृणा और भय का प्रभाव होता है। इसका एक कारण यह भी है कि कथात्मकता की विधा ही कुछ ऐसी है। ऐसी कोई कहानी अपने श्रोताओं या पाठकों की दिलचस्पी का केंद्र नहीं बन सकती जिसमें स्त्रीत्व और पुरुषत्व के पैरोकारों के बीच कोई द्वंद्व न हो। भले ही उनके बीच पड़ी दरार अस्थायी हो और अंततः भर जाए, पर कहानी के दौरान स्त्री और पुरुष कहीं न कहीं एक-दूसरे के प्रति गलतफहमियाँ पालने, अविश्वास करने और ठेस पहुँचाने से बाज नहीं आते। जाहिर है ऐसी कहानियाँ बिरली ही होती हैं जिनके नायक-नायिकाओं के आनंदपूर्ण जीवन में किसी साँप ने खलल न डाला हो, या बिना किसी उथल-पुथल के उनका जीवन गुजर गया हो।

बहरहाल, विधा के रूप में कथात्मकता की जरूरतें जो भी हों, हमारा सांस्कृतिक अनुकूलन हमें यह मानने के लिए तैयार नहीं होने देता कि स्त्री और पुरुष के बीच शत्रुभाव की प्रकृति बुनियादी होती है। दरअसल, प्रत्येक समाज अपनी निरंतरता कायम रखने के लिए सभी मानवीय रिश्तों में आधारभूत स्त्री-पुरुष संबंध के सकारात्मक पहलुओं पर जोर देना पसंद करता है। किसी भी संस्कृति के अधिकारिक प्रवक्ताओं, परंपरा के पैरोकारों और उसके जज्बाती व्याख्याताओं के लिए इन संबंधों का सकारात्मक मॉडल बुलंद करना आवश्यक है। मसलन, भारत में पतिव्रता नारी की छवि और अर्धनारीश्वर की तरह जिंदगी गुजार रहे पति-पत्नी का बिम्ब स्त्री-पुरुष संबंधों के सर्वव्यापी यथार्थ के रूप में पेश किया जाता है। संबंधों के दौरान शत्रुता और आक्रोश के प्रकरण इस तरह खारिज कर

दिए जाते हैं जैसे कि वे कोई बीमारी हों। कहा जाता है कि ऐसी अवांछित घटनाएँ न तो स्त्री-पुरुष संबंधों के नाटक का अभिन्न अंग हैं, और न ही उनके बीच सूत्र में अंतर्निहित हैं।

लेकिन, मनोविश्लेषण हमें बताता है कि यौनेच्छा का एक अँधेरा पक्ष और भी होता है। ध्यान रहे कि यौनेच्छा के कारण ही स्त्री-पुरुष अपनी अनंत काल से चली आ रही लालसा पूरी करने की उम्मीद ले कर एक-दूसरे के नजदीक आते हैं। यौनेच्छा एक ऐसी नदी है जिसमें देह की अपेक्षाएँ, उसकी हिंसा और मस्तिष्क द्वारा यौनानंद की लालसा की धाराएँ तो होती ही हैं, अतीत की पीड़ाओं और अनिष्टकारी घृणा से छुटकारा पाने की जरूरत भी बहती है। इनके साथ-साथ इस नदी में चरम आनंद की उत्तेजना और प्रेमी अथवा प्रेमिका पर स्वामित्वभाव का विजयानंद भी बहता है।[२] यौनानंद और आत्मिक मिलन की खोज के साथ स्वार्थ, विध्वंस और द्वैध की शक्तियाँ भी सक्रिय रहती हैं। स्त्री-पुरुष के साथ-साथ आने की प्रक्रिया में हमें देह की सीमाओं के उल्लंघन से क्षोभ होता है, लेकिन साथ में उन सीमाओं से परे जाना ही हमारी आकांक्षा होती है। सेक्शुअलिटी का खतरा उस विरल व्यवस्था के सिर पर तलवार की तरह लटकता रहता है जिसकी रचना मनुष्य ने अपने विकास की प्रक्रिया में अपने लिए ही की है। लेकिन, दूसरी तरफ हमारे भीतर एक महाभाव में संपूर्ण विलियन की लालसा होती है। हमारी आंतरिक व्यवस्था से हमें छोटी-छोटी खुशियाँ और बूँद-बूँद आनंद ही मिल पाता है, जबकि महाभाव हमें परमानंद और आह्लाद का आश्वासन देता है।

यही वजह है कि लैंगिक संबंधों के सिद्धांत सेक्शुअलिटी की अस्पष्टताओं और द्वैध के सामने लड़खड़ा जाते हैं, खास तौर से तब जब उनका संबंध स्त्री के उत्पीड़न से हो। हालाँकि बहुत से समाजों में स्त्री उत्पीड़ित है, पर इसके बावजूद स्त्रियों को अन्य उत्पीड़ित समूहों, जैसे रंगभेद के शिकार अश्वेतों और भारत की छुआछूत से पीड़ित जातियों के समकक्ष नहीं रखा जा सकता। काले और गोरे समूहों को, ऊँची जातियों और नीची जातियों को परस्पर कामना की चेतन और अवचेतन अनिवार्यताओं से नहीं गुजरना पड़ता। यह परस्पर कामना दोधारी होती है। इसमें एक तरफ आत्म-उन्नति का, यहाँ तक कि भावातीत होने का आश्वासन भी होता है; और दूसरी ओर यह इयत्ता के विखंडन का खतरा

भी पैदा कर देती है। उत्पीड़ित और उत्पीड़ित के किसी भी युग्म को स्त्री और पुरुष के युग्म की भाँति एक-दूसरे की जरूरत नहीं रहती। स्त्री-पुरुष के उद्गम-मिथक के बारे में इसीलिए प्लेटो ने टिप्पणी की थी कि इन दोनों का मिलन 'हमारी मूल प्रकृति का पुनर्मिलन है, जिससे दो एक हो जाते हैं, और मनुष्य नैरोग्य-स्थिति में पहुँच जाता है।'[३]

जहाँ तक भारत में लैंगिक संबंधों का प्रश्न है, स्त्री और पुरुष की स्वैरकल्पनाओं की गहराइयाँ नापते-नापते हम मानवीय कल्पनाशीलता की ऐसी तलहटी तक पहुँच जाते हैं जो दोनों के लिए समान है। संस्कृति का दायरा हो, या संस्कृतियों के बीच संबंधों का क्षेत्र हो, स्त्री-पुरुष एक-दूसरे को कुछ इस प्रकार समझते हैं कि उनकी समानताएँ उनके विभेदों के मुकाबले भारी लगने लगती हैं। पितृसत्तात्मक समाजों के बारे में तो यह बात कही ही जा सकती है। स्त्री-पुरुष संबंधों के इस सार्वभौम आयाम का स्रोत हमारी उस बचकानी खोज में निहित है कि हम या तो सिर्फ स्त्री हैं या फिर सिर्फ पुरुष ही हैं। खास बात यह है कि हमने यह खोज उन इच्छाओं और डरों के खिलाफ संघर्ष करते हुए की है जिनके आधार पर किसी और निष्कर्ष पर भी पहुँचा जा सकता था। तथ्यों, स्वैरकल्पनाओं और लोकगाथाओं के मिले-जुले रंगों वाला जो चित्र हमने बनाया है, उसमें कुछ ऐसे साझा पहलू हैं जिनके कारण पुरुष स्त्री की शिनाख्त 'स्त्री' के रूप में, और स्त्री पुरुष की शिनाख्त 'पुरुष' के रूप में कर पाती है। हमारे प्रेम अथवा घृणा के पात्र हमारे सहोदरों और लालन-पालन करने वालों की भी यही स्थिति है। यह एक उभयनिष्ठ मनोवैज्ञानिक यथार्थ का परिणाम है। हालाँकि मैंने स्त्री-पुरुष संबंधों के इन चित्रों को 'अपरिहार्यतावादी' मनोवैश्लेषिक परिप्रेक्ष्य के आलोक में देखने की कोशिश की है, पर इसके बावजूद मैं समझता हूँ कि इनका अस्तित्व और इनकी रचना इस परिप्रेक्ष्य से अपेक्षाकृत स्वतंत्र है।

सार्वभौमिकता और समरूपता पर्यायवाची नहीं होते। मानवीय इच्छाओं और चिंताओं की वैश्विक संरचनाओं में संस्कृतियाँ किसी खास तत्त्व को दूसरे पहलुओं के मुकाबले अधिक उभार देती हैं। मसलन, भारत में हिंदू संस्कृति की प्रधानता है और उसके मिथकों में स्वैरकल्पनाओं का विन्यास कुछ इस तरह का है कि उससे एक अलग तरह का सेक्शुअल मिथकशास्त्र बन गया है। अगर सभी पितृसत्तात्मक समाजों में प्रचलित

विमर्श पर निगाह डाली जाए तो आम तौर पर दिखेगा कि उनमें मातृत्व को स्त्री के वजूद का एक मात्र नहीं तो प्राथमिक कारण अवश्य बताया गया है। विडम्बना यह है कि पितृसत्तात्मक होते हुए भी इन समाजों में पितृत्व की अहमियत कम करके आँकी जाती है। इस व्यापक रुझान का समर्थन हिंदुओं के भीतर भी मिलता है। हिंदू समाज स्त्री पर माँ की छवि इस कदर आरोपित कर देता है कि उसके यौनिक अस्तित्व की छवि ही लुप्त हो जाती है। लेकिन, अगर भारतीय पुरुषों की स्वैरकल्पना के सर्वाधिक प्रासंगिक पहलू को देखा जाए तो स्त्री की एक सामासिक छवि उभर कर आती है जो *यौनिक-माँ* की छवि है। हम देखते हैं कि यौनिक-माँ स्त्री को देखने के पुरुष के नजरिये पर बुरी तरह छाई हुई है। स्त्री का यह एक ऐसा वजूद है जिसके अधीन हो कर पुरुष अपने प्रजनन-अंग और अपनी इयत्ता दोनों खो देने के खतरे से ग्रस्त है। यह यौनिक-माँ गाँधी की पीड़ाओं में ही नहीं, बल्कि मनोरोगियों के रोग-इतिहासों, मिथकों और लोकप्रिय किस्से-कहानियों में भी व्याप्त है।

इस यौनिक-माँ के ठीक पीछे माँ का एक और रूप खड़ा है। यह है विश्वासघाती-माँ, हालाँकि इसकी आकृति न स्पष्ट है और न ठोस है। विश्वासघाती-माँ की उपस्थिति हमें सर्प-स्त्री की कहानी में प्रमुखता से दिखती है। वैसे उसका चेहरा कुछ अन्य किस्सों में, कहावतों में और प्राचीन काल के विधिकर्त्ताओं की उद्‌घोषणाओं में भी दिख सकता है। 'पिता' की यौन कामनाओं के सामने 'अनिच्छा' या इच्छा से समर्पण करके यह माँ पुत्र के प्रथम प्रेम और आदिम यौनावेग के साथ सार्वभौम घात करती है। पिछले नब्बे साल से यह विश्वासघाती-माँ मनोवैश्लेषिक कहानियों की नायिका बनी हुई है। माँ के इस रूप के बारे में इससे ज्यादा और कुछ नहीं कहा जा सकता।

यौनिक-माँ का डर और विश्वासघाती-माँ के प्रति आक्रोश की परिघटनाओं से हमारी कथाओं में कुछ खास तरह से निबटा गया है। दरअसल, संस्कृति अपनी प्रतिरक्षात्मक रणनीति खुद चुनती है। हम जानते हैं कि स्त्री को खतरनाक शत्रु समझने वाली अधिकतर पितृसत्तात्मक व्यवस्थाएँ उसे या तो हिंसा से वश में करने की कोशिश करती हैं, या फिर पुरुषों की दुनिया का नारीद्वेषी भटकाव उनके अस्तित्व से ही इनकार करने लगता है। लेकिन, भारतीय संस्कृति की रक्षात्मक रणनीति कुछ अलग तरह

की है। वह अ-यौनीकरण का रास्ता अपनाती है, जिसके तहत या तो स्त्री का अ-यौनीकरण किया जाता है या इयत्ता का। इयत्ता के अ-यौनीकरण में यौनिक विभेद की चेतना संन्यासी लालसा में समाहित हो जाती है, या माँ का स्तन चूसने वाले शिशु की निष्क्रियता की भेंट चढ़ जाती है। स्त्री के अ-यौनीकरण में हिंदी फिल्मों की तर्ज पर उसे पूरी तरह यौन रहित कर दिया जाता है। वह या तो स्वचालित मातृयंत्र बन कर जज्बात की खुराक देती रहती है, या फिर उसे अर्धनारीश्वर अक्षत-यौनि बना दिया जाता है।

हमारी कहानियों की औरतों में पाई जाने वाली खूबियाँ अन्य पितृसत्तात्मक समाजों की स्त्रियों में भी देखी जा सकती हैं। हम देखते हैं कि समाज के हर स्तर पर स्त्री को माँ या गृहिणी की भूमिका में सीमित कर देने के खिलाफ निजी किस्म का प्रतिरोध भारत में भी होता रहता है। उत्तर भारतीय उपन्यासों में वर्णित विवाह प्रकरणों में लगातार एक संघर्ष देखा जा सकता है जिसमें गृहस्थ जीवन के कलह के जरिये स्त्री-पुरुष अपना शक्ति संतुलन दुरुस्त करने की कोशिश करते रहते हैं। स्वैरकल्पनाओं द्वारा इस्तेमाल किए गए सेक्शुअल रूपकों के मुताबिक स्त्री या तो पुरुष सत्ता के प्रतीक शिश्न पर कब्जा कर लेती है, या वांछित पुत्र के रूप में स्वयं अपना शिश्न देखती है, और बाद में लालन-पालन की प्रक्रिया के दौरान पुत्र में ही अपनी संपूर्ण अनुभूतिपरक शक्ति का निवेश करती है।

इस सब के बावजूद भारतीय स्त्री की फैंटेसी में जो बात मुझे सबसे ज्यादा आकर्षित करती है, वह उसका धधकता हुआ आक्रोश न हो कर उसमें पनपता निराशा का दर्द है। लगता है कि उसकी कल्पना की चालक शक्ति के आधार में दो व्यक्तियों की दुनिया रचने की चाह है। झुग्गियों में रहने वाली स्त्रियाँ इसी को जोड़ी के नाम से व्यक्त करती हैं। वे चाहती हैं कि इस छोटी-सी दुनिया में एक साथ उनकी स्त्री-देह को और उनकी स्त्री-आत्मा को भी स्वीकृति मिले। उनकी लालसा एक आदर्शीकृत शिश्न की है जो उनकी स्त्री अस्मिता सुदृढ़ करने के लिए एक 'संक्रमणकालीन उपादान' की तरह काम कर सके। जिस बात का मैंने इस किताब में यत्र-तत्र जिक्र किया है, उसे विस्तार से कहने के लिए मैं अनुमान लगाना चाहूँगा कि स्त्री की यह आकांक्षा उस अवधि में अपना आधार प्राप्त करती है जब

बालिका की अन्योन्यक्रिया परिवार के वयस्क पुरुषों से होती है, खासतौर से पिता के साथ। हम जानते हैं कि बालिका में सेक्शुअल चेतना काफी कुछ इस बात पर निर्भर करती है कि परिवार में पिता या 'पिता' जैसी हैसियत रखने वाले लोग उस पर कितना विमोहक ध्यान दे रहे हैं। कौटुम्बिक व्यभिचार की मर्यादाओं का ध्यान रखते हुए पिता की तरफ से पुत्री को यह संदेश जाना ही चाहिए कि एक पुरुष की निगाह से वह उसके स्त्रीत्व का कितना प्रशंसक है, खासतौर से तब जब वह अपने शुरुआती बचपन और शैशव के महत्त्वपूर्ण दौर से गुजर रही हो।[४] अगर यह 'सामान्य विमोहन' नहीं होगा, तो पुत्री की कामनाएँ अपेक्षाकृत अंतर्बाधित ही रहेंगी। अगर शुरू में श्रांगारिक स्पर्श वाला आकर्षण दिखाने के बाद पिता कदम वापस खींच लेता है, या पुत्री के जीवन से अनुपस्थित हो जाता है, तो बेटी पिता-पुत्री संबंध की सामान्य अनुभूति की निरंतरता से वंचित हो जाएगी जिसके परिणामस्वरूप वह धीरे-धीरे पिता का अ-अयौनीकरण कर डालेगी। पिता द्वारा उसकी श्रांगारिकता के अस्वीकार की अनुभूति से और शुरुआती बचपन में पितृ-शिश्न के प्रति उसकी कामनाओं के उत्तेजन की आंतरिक अवस्था की स्थिरता से आगे चल कर स्त्री-मानस के कुछ नाजुक आयामों की रचना होती है।

हिंदू समाज में द्विज जातियों के एक बहुत बड़े हिस्से में स्त्रियों के व्यक्तिगत जीवन का एक विशेष विकास-क्रम परिवार में पनपने वाले स्त्री-पुरुष संबंधों, खासकर 'पिता' और 'पुत्री' संबंधों के माध्यम से ही सांस्कृतिक महत्त्व प्राप्त करता है। पुत्री के चार-पाँच साल होते ही पिता धीरे-धीरे (रजस्वला होने पर तो एकदम ही) उसके जीवन से दूर होता चला जाता है। इसी छोटी उम्र में ही बालिका घर की स्त्रियों की दुनिया में चली जाती है। हालाँकि स्त्रियों की दुनिया उसे आसपास की पितृसत्तात्मक व्यवस्था के हाथों अवमानित होने से बचाती है, पर उसका नतीजा 'पिता' से अलगाव में भी निकलता है। यही कारण है कि स्त्री में आदर्शीकृत शिश्न की चाह बढ़ती चली जाती है जिसकी अभिव्यक्ति कई तरह से होती है जिसमें फिल्मी पर्दे पर पिता सरीखे पुरुषों द्वारा किए जाने वाले बलात्कार की छवियाँ भी शामिल हैं।

इन मनोभावों के उद्गम का प्रश्न अगर हम दरकिनार भी कर दें, तो भी हमारी कहानियाँ पूरी तरह से साफ कर देती हैं, कि पुरुष की स्त्री संबंधी

स्वैरकल्पनाओं पर अगर डर और आतंक व्याप्त दिखता है, तो स्त्री की पुरुष संबंधी स्वैरकल्पनाओं का ज्यादातर हिस्सा पुरुषों के साथ रिश्तों से पैदा होने वाले आक्रोश और निराशा से ही रचा जाता है।

अंत में यह याद रखना बेहतर होगा कि अंतरंग संबंधों की भारतीय कहानी हो, या किसी अन्य संस्कृति में पनपने वाले अंतरंग संबंधों की कथा हो, इसके कई पाठ होने लाजमी हैं। इन पन्नों पर इस पाठ का एक सौम्य और उदास संस्करण पेश किया गया है जिसमें अंतरंगता का सपना दुःस्वप्न होने की हद तक चला गया है। इस संस्करण में स्त्री-पुरुष का यौन-मिलन यौनांगों के युद्ध में बदलता दिखता है। कुल मिलाकर यह संस्करण मनोवैश्लेषिक कहानी ही है। वस्तुतः, अंतरंग संबंधों का यह संस्करण ज्यादा से ज्यादा उस ऊँचे और रहस्यमय भवन में लगा एक पत्थर ही है जिसे हम प्रेम का नाम देते हैं। हमारी आत्मा का निवास अगर कहीं है, तो अनिवार्यतः प्रेम के इसी प्रासाद में है, भले ही हमारी देह फूस-मिट्टी और ईंट-पत्थरों से बने घरों में अपना वक्त गुजारती रहे।

संदर्भ और टिप्पणियाँ

१. इन अवधारणात्मक मॉडलों पर विस्तृत चर्चा के लिए देखें : ए. ब्रिटन और एम. मेनार्ड, *सेक्सिज्म, रेसिज्म एंड ऑप्रेशन,* बेसिल ब्लेकवेल, ऑक्सफोर्ड, १९८४

२. सुधीर कक्कड़ और जॉन रॉस, *टेल्स ऑव लव, सेक्स एंड डेंजर,* उनविन हेमन, लंदन, १९८७

३. प्लेटो, 'सिम्पोजियम', बी. जोवेट, अनुवाद : *दि पोर्टेबिल प्लेटो,* वाइकिंग प्रेस, न्यूयार्क, १९५०, पृष्ठ १४५

४. उदाहरण के लिए देखें : एल.एच. टेसमेन, 'ए नोट ऑन दि फादर्स कंट्रीब्यूशन टु दि डाटर्स वे ऑव लविंग एंड वर्किंग', एस.एच. कैथ वगैरह (सं.), *फादर एंड चाइल्ड : डिवेलपमेंट एंड क्लिनिकल पर्सपेक्टिव्ज,* लिटिल ब्राउन, बोस्टन, १९८२, पृष्ठ २१९-३८

□□□

अनुक्रमणिका

सुधीर कक्कड़

अंतर्राष्ट्रीय ख्याति के मनोविश्लेषक और विद्वान। **विकासशील समाज अध्ययन पीठ** (सीएसडीएस) में सीनियर फेलो के रूप में कार्यरत रहे प्रोफेसर कक्कड़ होमी भाभा फेलो, नेहरू फेलो और प्रिंसटन के इंस्टीट्यूट ऑव एडवांस स्टडीज़ में भी फेलो रह चुके हैं। उन्होंने अहमदाबाद के आईआईएम और दिल्ली के आईआईटी के साथ-साथ वियना, मेकगिल, हार्वर्ड और शिकागो विश्वविद्यालयों में अध्यापन किया है।

देश-विदेश की विभिन्न भाषाओं में अनूदित हो चुकी सुधीर कक्कड़ की रचनाओं की लोकप्रियता का अंदाजा केवल इस तथ्य से लगाया जा सकता है कि उनकी प्रस्तुत कृति *इंटीमेट रिलेशंस / एक्सप्लोरिगं इंडियन सेक्शुअलिटी* और *इनर वर्ल्ड* जैसी रचनाओं के दस से ज्यादा पुनर्मुद्रण हो चुके हैं।

प्रोफेसर कक्कड़ ने भारतवासियों के बचपन, वयस्क जीवन, यौन-संबंधों, सांप्रदायिकता, हिंसा, कला, साहित्य, संस्कृति और सिनेमा पर मनोविज्ञान की दृष्टि से गहरी निगाह डालते हुए विषद वांगमय की रचना की है। आज कल गोवा में स्थायी रूप से निवास कर रहे सुधीर कक्कड़ ने दो उपन्यास भी लिखे हैं जिनके हिंदी अनुवाद *कामयोगी* और *आनंद वर्षा* के रूप में प्रकाशित हो चुके हैं। कामसूत्र के रचियता वात्स्यायन के जीवन पर आधारित *कामयोगी* को साहित्य अकादमी द्वारा श्रेष्ठ अनुवाद के रूप में पुरस्कृत किया जा चुका है।

सुधीर कक्कड़ की **प्रमुख कृतियों** में *इंटीमेट रिलेशंस / एक्सप्लोरिगं इंडियन सेक्शुअलिटी* के अलावा *फ्रेडरिक टेलर : ए स्टडी इन पर्सनेल्टी एंड इन्नोवेशंस; दि इनर वर्ल्ड : ए साइकोएनालैटिक स्टडी ऑव चाइल्डहुड एंड सोसाइटी इन इंडिया; आइडेंटिटी एंड एडल्टहुड (संपादित); शामंस, मिस्टिक्स एंड डॉक्टर्स; टेल्स ऑव लव, सेक्स एंड डेंजर (जान रॉस के साथ); कलर्स ऑल वायलेंस; एसेटिक ऑव डिजाइर; दि इक्सटैसी और मीरा और महात्मा* शामिल हैं।

अभय कुमार दुबे

लेखक, संपादक, अनुवादक और अनुसंधानकर्ता। **विकासशील समाज अध्ययन पीठ** में **भारतीय भाषा कार्यक्रम** के संपादक। नक्सलवादी आंदोलन, दलित आंदोलन, सांप्रदायिकता, सेकुलरवाद, भूमंडलीकरण, नारी मुक्ति आंदोलन, यौनिकता और संस्कृति संबंधी विषयों पर अध्ययन। सिनेमा और खेल पर भी लेखन।

प्रमुख कृतियाँ : *क्रांति का आत्म संघर्ष : नक्सलवादी आंदोलन के बदलते चेहरे का अध्ययन; सांप्रदायिकता के स्रोत* (संपादित); *आज के नेता : राजनीति के नये उद्यमी* (आठ पुस्तकों की शृंखला का संपादन और उनमें से तीन का लेखन)। **भारतीय भाषा कार्यक्रम** के तहत प्रकाशित **लोक-चिंतक ग्रंथमाला** और **लोक-चिंतन ग्रंथमाला** की सभी कड़ियों (*आधुनिकता के आईने में दलित, लोकतंत्र के साथ अध्याय, भारत का भूमंडलीकरण, राजनीति की किताब / रजनी कोठारी का कृतित्व और बीच बहस में सेकुलरवाद*) का संपादन। घोटाले में घोटाला (शेयर घोटाले पर एक प्रचार पुस्तिका); 'हंस' के महिला विशेषांक 'स्त्री-भूमंडलीकरण : पितृसत्ता के नये रूप' का प्रभा खेतान के साथ संपादन; राष्ट्रवाद बनाम देशभक्ति (आशिस नंदी की कृति *इल्लेजिटिमेसी ऑव नेशनलिज्म* का अनुवाद); राष्ट्रवाद का अयोध्या कांड (आशिस नंदी, शिखा त्रिवेदी, शैल मायाराम और अच्युत यागिनक की रचना *क्रियेटिंग ए नेशनलिटी का अनुवाद*), भारत में राजनीति / कल और आज (रजनी कोठारी की महान कृति *पॉलिटिक्स इन इंडिया* की हिंदी प्रस्तुति);*भारत के मध्यवर्ग की अजीब दास्तान* (पवन वर्मा की कृति *द ग्रेट इंडियन मिडिल क्लास* का अनुवाद); *भारतनामा* (सुनील खिलनानी की कृति द *आइडिया ऑव इंडिया* का अनुवाद) और *पूँजी के भूमंडलीकरण से कैसे लड़ें?* (कंवलजीत सिंह की कृति *ग्लोबलाइज़ेशन ऑव फाइनेंस* का अनुवाद) के अलावा आठ किशोरोपयोगी पुस्तकों की रचना और दो का अनुवाद। १९९५-९६ में मासिक पत्रिका *समय चेतना* के चौदह अंकों का संपादन।